中　国　现　实　经　济　热　点　问　题　系　列

中国农地流转的效益研究

Benefit Analysis of the Agricultural Land Transfer in China

夏玉莲/著

图书在版编目（CIP）数据

中国农地流转的效益研究/夏玉莲著 .—北京：经济管理出版社，2016. 9
ISBN 978-7-5096-4494-2

Ⅰ. ①中…　Ⅱ. ①夏…　Ⅲ. ①农业用地—土地流转—效益评价—中国　Ⅳ. ①F321. 1

中国版本图书馆 CIP 数据核字（2016）第 168925 号

组稿编辑：郭丽娟
责任编辑：侯春霞
责任印制：司东翔
责任校对：超　凡

出版发行：经济管理出版社
（北京市海淀区北蜂窝 8 号中雅大厦 A 座 11 层　100038）
网　　址：www. E-mp. com. cn
电　　话：（010）51915602
印　　刷：北京九州迅驰传媒文化有限公司
经　　销：新华书店
开　　本：720mm×1000mm/16
印　　张：14. 25
字　　数：249 千字
版　　次：2016 年 9 月第 1 版　　2016 年 9 月第 1 次印刷
书　　号：ISBN 978-7-5096-4494-2
定　　价：58. 00 元

前言

我国农业和农村发展进入新的历史阶段，加上“互联网+”热潮，农地流转进入了新时代。截至2015年底，全国家庭承包耕地流转面积4.43亿亩，占比达33.3%，在坚持农村土地集体所有以及家庭承包经营的基本原则下，要着力加强农业供给侧结构性改革，农地流转是一个尤其值得关注的领域。自中共十八大以来，中央政治局会议、中央经济工作会议、中央一号文件等都对“农村土地改革”做出了一系列重大部署。2013年，十八届三中全会《中共中央关于全面深化改革若干重大问题的决定》提出，“允许农民以承包经营权入股发展农业产业化经营，鼓励承包经营权在公开市场上向专业大户、家庭农场、农民合作社、农业企业流转，发展多种形式规模经营”。2014年，随着《关于引导农村土地经营权有序流转发展农业适度规模经营的意见》等文件的出台，所有权、承包权、经营权“三权分置”的土地制度改革方向确立，明确了“稳定农村土地承包关系并保持长久不变，在坚持和完善最严格的耕地保护制度条件下，赋予农民对承包地占有、使用、收益、流转及承包经营权抵押、担保权能”。2015年，中央农村经济工作会议提出“鼓励探索农村集体所有制的多种实现形式”，“构建复合型现代农业经营体系”。在经济新常态下，农地流转将更加频繁，同时伴随着耕地经营的规模化、集约化、组织化、社会化，以及人口、资本等要素在城乡间的流动，农地流转研究有利于解决农业生产、农村发展以及农民富裕的激励机制问题，与资源禀赋和经济社会发展阶段高度相关；也是对基本农业经营制度的坚持和完善，有利于促进农地规模经营和农地生产效率的提高；还是我国农业现代化、工业化和城市化的客观要求，关系到社会和谐、产业安全和生态安全；更是农村经济结构调整的一个新的杠杆，是满足农业供给侧结构性改革、促进农村一二三产业融合发展的基础性条件，也是解决“三农”问题、实现“三化”协调发展的关键突破口，具有重要的学术价值与应用价值。

目前，国内外学者已在农地流转的效益及其评价方面进行了一些研究。这些研究重点阐述了当前农地流转的经济效益问题，对于未来我国农地制度的变迁与创新起到了很好的借鉴与推动作用，如农地流转效益必须要建立在明晰的产权基础之上；交易费用、市场中介缺乏仍然是阻碍我国农地流转效益发挥的障碍因素；农地流转不仅具有显著的经济效益，同时也具有不容忽视的社会效益与生态效益。但客观地评析这些研究，仍然存在不足之处：一是在研究内容上，理论资源缺乏，内容深度不够。产权理论、博弈理论、制度变迁理论、农户行为理论以及可持续发展理论等缺乏对农地流转效益问题的专门研究，有些研究基于西方私有的土地制度和文化背景，对我国农地流转效益研究没有可复制性；而有些研究主要是直白描述，基于简单的事实案例给出政策建议，同时局限于经济学的研究框架与假设前提，对利益主体的分析缺乏全面性，尤其是缺乏对不同农地流转模式的效益研究。在农地流转的效益问题研究上，大都集中于论述农地流转的经济绩效，即农地流转后的农地单位面积产量、劳动产出率变化情况，而对农地流转过程中社会效益、生态效益变化情况的关注甚少，没有一个系统研究农地流转效益的框架。在关于农地流转模式与农地经营模式的分析中，大多把二者分开来讨论，没有在现代农业建设以及新型农业经营体系的背景中分析，缺乏对模式效益的描述、测度、评价、协调以及适应性分析，没有一套比较完整、科学的研究体系。二是在研究方法上，实证研究缺乏。虽然也有个案研究和区域面上的比较研究，但个案研究挖掘得不深，比较研究的内容也偏少、不深入，且偏重横向研究。在对农地流转的效益分析中，很多仅表现为定性的描述，主观性比较强，即使有用到定量研究，也多为统计性的描述，特别是涉及经济外效益时，一般只采用几个表征数据或简单模糊的语言（如水土流失情况、农村生活环境等）概括性地进行总结，很少用计量经济学方法有针对性地分析农地流转的多重效益。在目前的一些实践研究中，对于农地流转的效益评价大都选取正效益指标，极少考虑负效益指标，评价缺乏科学性和客观性，只有充分考虑了正、负效益指标，才能真正体现效益评价的实质。农地制度和其他社会制度是一个不可分割的整体，它的产生不会和其他社会制度呈现分割性，它的影响也不仅仅在经济方面，我们应该崇尚问题导向、跨学科的研究方法，进行深入的田野调研，做出基于事实的实证研究和基于事实的规范研究。

如上所述，农地流转问题已成为国内外学术界探讨的热点问题，而新的经济社会背景下有以下几个方面的研究显得尤为迫切：一是将经济学、社会学、管理学等结合起来，分析农地流转的经济效益、社会效益以及生态效益的内涵与机理，并借助计量模型工具，分析农地流转的效益贡献度；特别是社会效益和生态效益，应当和经济效益一样得到重视。二是对农地流转的综合效益进行评价，探究发展逻辑并构建协调机制。应从效益与协调视角研究农地流转的新模式，并根据地理区域特点，结合理论与实践，进一步研究不同模式的区域适应性，进行合理的制度安排。三是从城乡协调发展的角度，实现“政治逻辑、经济逻辑和社会逻辑”三者的有机结合，研究如何进行农地流转的政策制度完善和相应的配套改革。

因此，农地流转的经济效益备受关注，但农地流转不仅具有经济效益，而且由于农业的基础性地位，农地流转的社会效益和生态效益同样值得我们关注。本书正是以效益的多维性理论为基础，以实现经济、生态、社会效益的协调和综合效益最大化为目标，基于效益视角构建一个分析农地流转效益的理论框架，研究农地流转不同效益的理论根源与主要特征，以促进农地流转的经济、社会与生态效益的协调发展，实现农地流转的现实意义，使其成为推进农业结构战略性调整、解决“三农”问题的关键突破口，成为发展高效农业、实现城乡一体化的重要契机。

目 录

第一章 导 论

第一节 研究背景与意义

农地流转是我国农村经济发展过程中的产物。自家庭联产承包责任制实施以来，农民内部自发的土地流转就开始涌现，但改革开放之初，制度层面不允许进行土地流转，这个时期的流转是一种隐秘性的、非法的、非公开的私人活动，不被公允和鼓励。1988 年 4 月，第七届全国人大第一次会议对《宪法》进行修改，该修正案第十条第四款规定："任何组织或者个人不得侵占、买卖或者以其他形式非法转让土地，土地的使用权可以依照法律的规定转让"，这次宪法修正实现了由"不得出租土地"到"土地的使用权可以依照法律的规定转让"的转变，奠定了土地使用权合法流转的宪法地位。2002 年，中共十六大报告中提出，"有条件的地方可按照依法、自愿、有偿的原则进行土地承包经营权流转，逐步发展规模经营"；同年颁布的《农村土地承包法》中明确了"通过家庭承包取得的土地承包经营权可以依法采取转包、出租、互换、转让或者其他方式流转"的法律规定，对土地流转进行了原则约束，为土地流转实践奠定了法律基础，这标志着中国土地承包经营流转制度的正式确立。2013 年，中共十八届三中全会关于农村土地改革提出了新的政策导向，"稳定农村土地承包关系并保持长久不变，在坚持和完善最严格的耕地保护制度条件下，赋予农民对承包地占有、使用、收益、流转及承包经营权抵押、担保权能"，"允许农民以承包经营权入股发展农业产业化经营"。2014 年中央一号文件也提出了相关的规定，"鼓励承包经营权在公开市场上向专业大户、家庭农场、农民合作社、农业企业流转，发展多种形式规模经营”。2015 年，中央农村经济工作会议提出“鼓励探索农村集体所有制的多种实现形式”，“构建复合型现代农业经营体系”。因此，政策层面上的松动和鼓励，为农地流转营造了良好的环境。

而现实中，农地流转反映了现在农村正在发生的深刻结构性变革，也是当前农业现代化、工业化和城市化的客观要求。从 20 世纪 90 年代末开始，经济的高速发展促进了农村劳动力向非农产业转移，农村劳动力的流动促进了资源优化配置，不仅为城镇化、工业化建设提供了丰富的人力资源，人口红利优势明显，而且对农业以及农村的发展也产生了显著的影响：劳动力的非农就业促进了农民收入增加，改善了农村消费结构，提升了农村消费总量，为农村经济的发展提供了支撑、注入了活力；农村劳动力外流也导致了农业劳动力的供给总量减少，并伴随着一些耕地的闲置和撂荒，“谁来种地”、“怎么种地”成为了农业生产亟待解决的问题。因此，从城乡协调发展的角度来看，城镇化、工业化建设仍然需要农业的基础性支撑，但传统的小农模式已经显现弊端，劳动生产效率低下，农业机械化水平难以提高，而农地流转则促进了耕地经营的规模化、集约化、组织化、社会化，以及人口、资本等要素在城乡间的流动，有利于发挥最优的效益。因此，在新的社会经济环境中，农地流转将日渐频繁，并不断深化、广化，这反映了现在农村正在发生的深刻结构性变革，更是当前农业现代化、工业化和城市化的客观要求。

此外，新型农业经营主体的出现与农业生产经营方式的创新需要加快推进农地流转。农民合作社、家庭农场等新型农业经营主体的出现带动各种流转模式层出不穷，规模化、集约化、社会化的农业生产经营方式加快了农地流转的速度。农业部 1999 年对浙江、河北等六个省的农地流转调查数据显示，在 1998 年有 24.5%的农户参与了农地流转，土地流转率的均数达到 14.3%；在土地流转率较高的浙江省，参与农地流转的农户占 33.3%，土地流转率为 35.0%。2000 年以后，农村土地流转的比例在 10%左右，其中东部地区较高，很多地区超过 10%，中部地区在 5%~10%，而西部地区大多低于 5%。国务院发展研究中心农村部 2002 年对福建省、黑龙江省的抽样调查显示，将近 25.0%的农户参与了土地租赁市场，土地流转率平均为 21.8%；到 2003 年底，全国农村耕地流转和集中的面积占全国耕地总面积的 7.0%~10.0%，是 1992

年农地流转水平的2~3倍，且流转速度和规模呈不断上升趋势；2008年，全国通过各种方式流转土地面积占全部家庭承包经营土地面积的7%左右，比2001年的5%左右有所提高。截至2014年底，全国家庭承包耕地流转面积达到4.03亿亩，比2013年底增长18.3%；流转面积占家庭承包经营耕地面积的30.4%，比2013年提高4.7个百分点。截至2015年底，全国家庭承包耕地流转面积4.43亿亩，占比达33.3%。

因此，对农业而言，农地流转有利于土地资源向种田能手集中，实现集中连片种植和集约化、规模化、机械化农业经营，节约生产成本，促进农业增产；对农民而言，农地流转为不愿意种地的农民参与工业化、城市化建设创造了条件，促进农民增收，农地流转的经济效益显而易见。但农地流转不仅具有经济效益，而且由于农业的基础性地位，农地流转的社会效益和生态效益同样值得关注。农地流转在促进农民收入多元化的同时，为城市建设提供了劳动力支持，也给农村带来了一系列的问题，如农村空心化问题、老年人问题、“谁来种地”以及农业面源污染等问题。因此，只有实现经济效益与社会效益、生态效益的协调发展，农地流转的现实意义才真正存在，才能真正成为推进农业结构战略性调整、解决“三农”问题的关键突破口，成为发展高效农业、实现城乡一体化的重要契机。本书就是基于效益最优与协调的视角，分析农地流转的效益情况，并从现实的流转模式中，探寻我国农地经营的经验，为农地流转提供新思路。因此，本书将具有很强的理论意义和实践意义。

一、理论意义

（1）从效益视角对农地流转问题进行研究，从理论上弥补了农地流转研究中的不足，在农地流转理论方面起到了一定的补充作用。

（2）促进对农地流转的系统性思考。农地流转是一个涉及多主体、多要素、多目标的复杂体系，根据均衡发展理论，农地流转的经济、社会与生态目标不是彼此分离的，而是互为条件、互相促进的，但过度强调单方面的效果可能导致其他方面或整体效益的下降。因此，本书提供了一种对于复杂且表现面广的问题的系统思考架构。

（3）在农地流转效益的研究中引入了区域空间分析理论，进一步认识了区域资源禀赋对农地流转效益的差异影响及其面临的不同约束条件，促进了空间经济理论与其他理论的互动、融合，促进了协调发展理论在农村经济发展中的应用。

（4）通过对不同农地流转模式的效益分析，进一步认识到不同农地流转模式的区域适应性，更好地理解农地流转对社会经济发展的多维作用，丰富和发展制度经济学在农地流转领域的应用，并为农地流转效益的最大化提供佐证。

二、实践意义

（1）农地流转效益研究是促进农业发展现代化、确保粮食安全的必然要求。我国是一个人口众多、人均耕地面积很少的国家，因此保护稀缺的耕地资源，保证农产品供给和粮食安全，始终关系到国家的生存和发展。当前我国户均耕地经营面积不到半公顷，由于规模小、产值低，农民利用新技术、新品种的积极性不高，许多地方的耕地甚至出现了季节性抛荒的现象，我国的农业现状与现代农业还存在极大差距。产生差距的重要原因就是农业经营规模狭小，土地细碎化严重。农地流转能够促进土地资源向种田能手集中，实现规模化、集约化和机械化的农业经营，节约生产成本，提高产出效率；同时，农地流转有利于科学的管理与经营，促进新型农业经营主体的出现，有利于农地养护、农业污染治理。因此，农地流转效益研究为农地经营制度的改进和发展提供了新的思考起点，有利于完善农村土地制度，是推进农业结构战略性调整、发展现代农业、确保粮食安全的必然要求。

（2）农地流转效益研究是促进农民土地资源财产权利实现、明确政府职能的重要契机。中共中央十八届三中全会明确提出了要“赋予农民更多财产权利”，土地是农民最重要的财产，但对农民来说，由此形成的财产性收入很有限，财产形成收入的形式很单一，由于不允许交易，只能沉淀、闲置甚至浪费，耕地除自已耕种形成农业经营性收入以外，大部分是村庄内部的委托代耕和出租，能形成的财产性收入很少甚至没有。农地流转过程就是土地增值的过程，因此，保护农民的财产利益，提高农民收入，就要创新土地流转形式，如实现耕地、宅基地的入股、抵押和担保，使农民的财产权能有更多更好的实现渠道。而政府的角色和职能是实现农地流转效益最大化的基本保证，当前政府错位、缺位和越位的现象比较严重，导致了农村土地流转过程中矛盾丛生，效益分配不公。农地流转效益研究有利于促进政府监督农地的体系建设，为实现农民财产权利和明确政府职能提供实施方案和政策思路。

（3）农地流转效益研究是促进要素平等交换、提高市场化程度的有效途径。十八届三中全会提出了“推进城乡要素平等交换和公共资源均衡配置”的改革目标，明确提出“市场对资源配置的决定性作用”。小农经营模式不仅制约了土地的规模化经营，也限制了资本、技术与劳动力之间的组合配置，导致了土地效益低下。农村农田闲置以及抛荒的原因就在于土地要素的低产出。农地流转能够改变这种现象，盘活更多土地资源，在保障基本农田以及粮食安全的基础上，促进农地资源的资产化、资本化，实现土地的资产化价值与资本化增值，使土地利益分配格局发生变化；同时，通过土地要素的流动，可以加速劳动力、资本和技术的集聚与扩散，促进以土地为依托的市场体系建设。因此，农地流转是经济体制中促进要素平等交换和提高市场化程度的有效途径与重要契机。

（4）农地流转效益研究是促进工农互惠、城乡协调发展的突破口。农地流转不仅促进了农村劳动力外流到非农产业就业，为工业与城市建设提供了廉价而丰富的人力支持，同时丰富了农民的收入渠道，使其既可以获得农地规模经营收益，也可以获得务工收入，促进了农业增产、农民增收，具有显著的经济绩效。同时，农地流转为有效保障农民土地财产权利、解决“谁来种地”以及农业污染治理等问题提供了更加明确的思路，社会效益、生态效益明显。因此，只有分析农地流转的多重效益，促进农地流转的经济效益与社会效益、生态效益协调发展，农地流转的现实意义才真正存在，才能真正成为解决“三农”问题、实现城乡协调发展的突破口。所以，农地流转的效益研究将有利于工农互惠与城乡的协调发展，具有很强的实践意义和理论意义。

第二节　研究目的与内容

一、研究目的

在我国农村，土地不仅是农民的重要经济来源之一，更是一种精神寄托、一种物质保障。当前有关我国农地流转问题的争议颇多，有些学者认为农地流转促进了农地适度规模经营，提高了农民收入，应当大力提倡；但也有研究提出了相反的观点。那么，农地流转的效益深度与广度到底如何呢？除了产生经济效益外，其他效益又如何呢？这些问题对于我国农地经营制度下一步的变革具有重要的意义，也是农业可持续性发展必须考量的关键问题。因此，本书的目的可以概括为：①基于效益视角构建一个分析农地流转效益的理论框架，研究农地流转不同效益的理论根源与主要特征；②利用相关数据，以农地流转的经济、社会、生态效益与农业、农村、农民、城乡的协调发展效益相结合的全新角度为切入点，对农地流转的经济效益、新型农民培育效益、农村社会保障效益、城镇化发展效益以及生态环境效益进行经验检验，并分别提出效益优化的路径；③对农地流转效益进行综合评价，并基于评价结果探讨我国农地流转效益的发生逻辑，构建农地流转的效益协调机制；④基于实例调研，从效益视角分析不同农地流转模式的主要效益、约束因子，并总结出不同农地流转模式的区域适应性，探讨不同模式的经营制度安排；⑤基于效益支撑、强化与保障的思路提出提高效益的策略与建议，为我国农村土地制度的创新与改革提供科学的理论与方法依据。

二、研究内容

本书的内容大致如下：

第一章为导论，罗列本书的背景、目的与意义，介绍主要的研究内容和研究方法，提出本书的研究假设，制定整个研究的技术路线图，提出本书可能存

在的创新和不足之处。

第二章为理论基础与分析框架。以地租理论、资源价值理论、比较优势理论、规模经济效益理论与范围经济效益理论等为基础，梳理已有研究成果，界定研究范围和相关概念，充分借鉴国内外有关农地流转效益的研究成果，形成本书的研究思路、研究前提、理论框架和研究内容。

第三章为农地流转的经济效益分析。本章分为四个部分，第一、第二部分运用 C-D 变异模型分析了农地流转的农业产出效益和农民收入效益；第三部分运用空间经济分析理论，构建了空间 SEM 模型，分析了农地流转的经济溢出效益；第四部分根据分析结论提出了优化农地流转经济效益的路径。

第四章为农地流转的社会效益分析。本章分为四个部分，第一部分运用多项式分布滞后模型（PDLs 模型）分析了农地流转的新型农民培育效益；第二部分运用门槛面板模型（Threshold Panel 模型）分析了农地流转的农村社会保障效益；第三部分运用动态面板模型（Dynamic Panel 模型）分析了农地流转的城镇化效益；第四部分根据研究结果提出了优化农地流转社会效益的路径。

第五章为农地流转的生态效益分析。本章分为三个部分，第一部分为农地流转生态效应的理论分析；第二部分运用超越对数函数模型（Trans-Log 模型）测度农地流转的生态总效益，即农业可持续性效益；第三部分运用联立方程模型（Simultaneous Equation 模型）对生态效益进行分解实证研究，根据研究结果提出了优化农地流转生态效益的路径。

第六章为农地流转效益的综合评价与分析。在各种评价方法的基础上，选取因子分析方法对我国农地流转进入解禁阶段之后的效益进行综合评价，测算出不同地区农地流转效益的差异性，并分析我国农地流转效益的发生逻辑，构建农地流转的效益协调机制。

第七章为效益视角的农地流转模式的案例分析。通过对典型案例的研讨，从效益角度分析了不同农地流转模式的效益表现与效益约束因子，总结了不同农地流转模式各自的适应性，并提出了不同农地流转模式的经营制度安排。

第八章为农地流转效益优化的机制设计。基于前文的分析，从提升经济效益、社会效益、生态效益和促进效益协调四个方面设计农地流转效益的优化机制。

第九章为研究结论与展望。在上述研究的基础上，对本书进行概括性的总结，依此提出一些政策建议，并做下一步研究的展望。

第三节 研究方法与技术路线

一、研究方法

（1）文献研究法。通过对前人的相关研究资料进行比较、分析、综合，指出争议和分歧，提炼问题，以便找到研究的坐标和起点。本书的研究述评就是典型的文献研究，研究假设也是对文献研究法的运用。

（2）实证研究方法。主要采用了 C-D 变异模型、PDLs 模型、Simultaneous Equation 模型、Dynamic Panel 模型、Trans-Log 模型以及 Threshold Panel 模型等研究方法进行，还涉及数理计量（因子分析方法）、空间计量等方法，综合运用了 Excel、Eviews、Stata、Geoda 等多种统计软件和工具，围绕研究目的进行有效分析。

（3）案例分析方法。案例分析方法是从效益角度对不同农地流转模式的主要效益、效益约束因子以及制度安排进行研究。

（4）分析方法。对比分析方法是对不同时期和空间的同质指标进行对比研究，以寻找相对最优的解决问题的路径、方法或措施。本书通过对同类指标的比较研究，以及对区域的比较研究，探讨了农地流转经济效益、社会效益以及生态效益的效益差异性。

（5）实地调查研究法。利用实地调研、座谈以及访谈等方式，对典型的农地流转模式进行详细的、深入的了解，作为分析、研究的辅助资料。

（6）因子分析法和综合指标体系法。利用因子分析法对各指标进行分类，并确定各指标的权重，计算出类别指标，然后进行综合评价。

本书主要的研究方法是以上几种，但在具体研究中也将运用许多其他方法（或理论），如行为理论分析方法等，对农地流转中相关利益方的行为特征等进行分析。本书跳出学科分割的研究方法，本着问题导向、跨学科的原则进行研究。

二、技术路线

依据本书的研究目标以及内容，本书对农地流转效益的研究流程如图 1-1 所示：

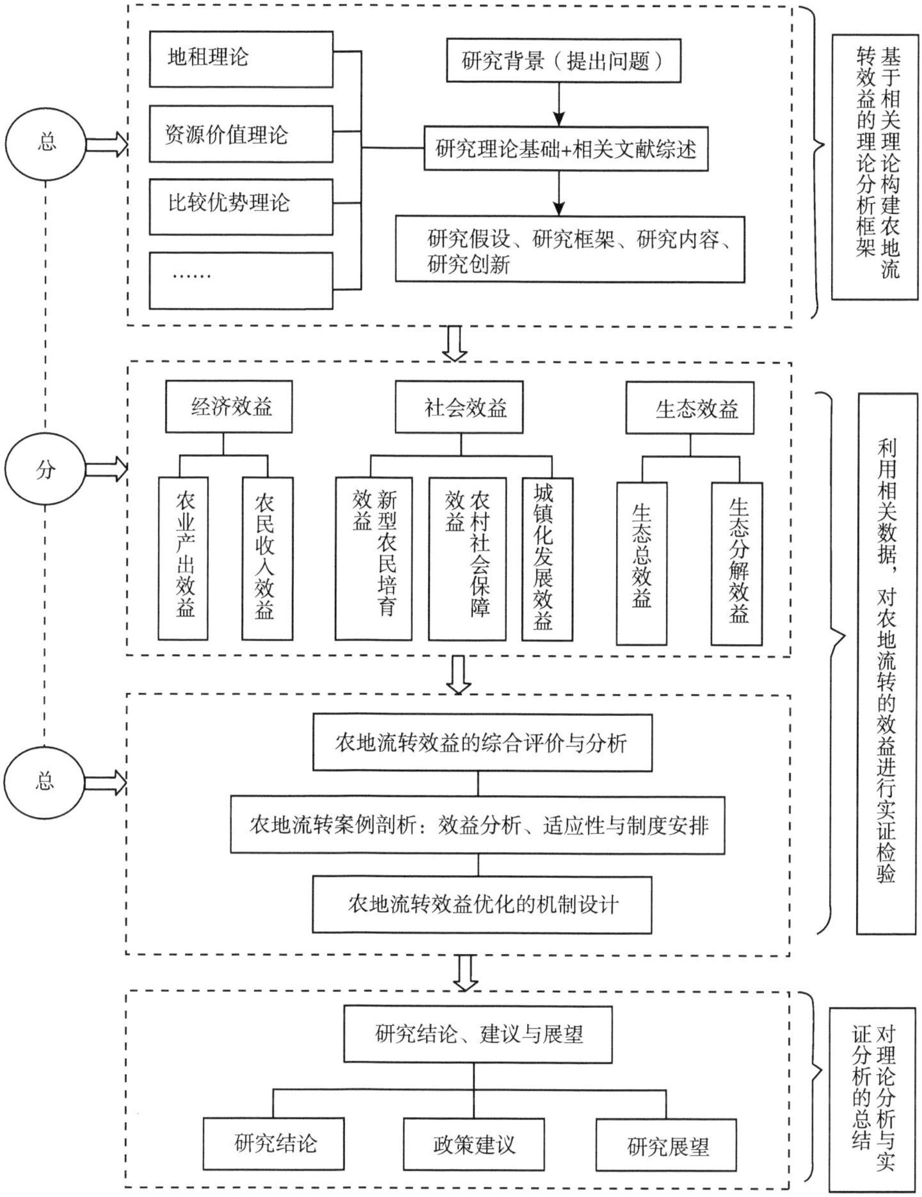

总

地租理论

资源价值理论

比较优势理论

……

研究背景（提出问题）

研究理论基础+相关文献综述

研究假设、研究框架、研究内容、研究创新

基于相关理论构建农地流转效益的理论分析框架

分

经济效益

农业产出效益

农民收入效益

社会效益

新型农民培育效益

农村社会保障效益

城镇化发展效益

生态效益

生态总效益

生态分解效益

总

农地流转效益的综合评价与分析

农地流转案例剖析：效益分析、适应性与制度安排

农地流转效益优化的机制设计

利用相关数据，对农地流转的效益进行实证检验

研究结论、建议与展望

研究结论

政策建议

研究展望

对理论分析与实证分析的总结

图 1-1 农地流转效益研究的基本思路与技术路线

第四节 研究创新与不足

一、研究创新

（1）研究视角创新。长期以来有关农地流转效益的研究不多，且大都集中于研究农地流转的经济效益，对于农地流转的社会效益、生态效益问题没有全面的研究，特别是缺乏实证研究。本书基于农地流转与“三农”问题以及城乡协调发展的直接和间接联系，进行了全面的研究，在社会效益研究中，重点对新型农民培育效益、农村社会保障效益以及城镇化发展效益进行了实证研究与效益优化设计，对生态环境效益则以农业可持续性为终极目标，从规模、技术与结构三个维度进行分析，为农地流转的效益研究提供了另一种思路。

（2）研究内容创新。一是从效益视角构建了我国农地流转效益的分析框架；二是对农地流转的典型效益进行了深入的分析，探讨了我国农地流转对农业增产、农民增收、新型农民培育、农村社会保障、城镇化发展以及生态环境的效益贡献、区域差异性以及优化路径；三是对农地流转后的效益进行了综合性评价，并构建了效益协调机制；四是从效益视角分析了不同农地流转模式的主要效益、效益约束以及适应性，并提出了效益优化经营制度。

（3）研究方法创新。分别运用柯布—道格拉斯变异模型、多项式分布滞后模型、超越对数函数模型、联立方程模型以及门槛模型对农地流转的不同效益进行了分析，更具针对性、适应性，更好地展现了农地流转的不同效益情况；并运用空间计量方法对农地流转的经济空间溢出效益进行了分析，运用因子分析法计算了综合效益情况，为农地流转研究提供了新的研究视角与方法，这也是本书的创新之一。

二、研究不足

本书分析了农地流转的主要效益，进行了综合效益评价，构建了效益协调机制，并从效益视角对农地流转模式进行了研究，提出不同农地流转模式的适应性与经营制度安排，但仍然存在许多不足之处：①局限于数据的难以获得性，本书的效益研究从区域视角展开，主要分析了省际间的平均水平，没有对农户的微观效益进行测算，也没有分析农地流转中不同农地经营主体的效益；②效益的衡量涉及很多方面，因此评价体系可能存在一定的缺陷；③在实证分析中，有些指标采取了替代指标，因而与现实动态可能存在一定的误差；④本书只对三种农地经营模式进行了效益分析和比较研究，不够全面，有待继续全面深入地开展研究。

本章小结

本章基于我国经济发展的现实背景、土地问题的政策背景，提出了农地流转效益问题研究的现实意义与理论意义；并结合农地流转效益问题的研究现状，初步提出了研究目的与内容，形成了本书的研究思路。

第二章 理论基础与分析框架

第一节 相关概念界定

一、农地与农地流转

1. 农地

目前对“农地”一词的理解主要有两种：一种是指农村土地，另一种是指农用土地。我国《宪法》和《土地管理法》规定：“农村和城市郊区的土地，除由法律规定属于国家所有的以外，属于农民集体所有；宅基地和自留地、自留山，属于农民集体所有。”因此，农村土地的概念范围更为宽泛，不仅包含农用地还包括农村建设用地。根据《中华人民共和国农村土地承包法》第二条规定：“农村土地是指农民集体所有和国家所有依法由农民集体使用的耕地、林地、草地，以及其他依法用于农业的土地”；而根据《中华人民共和国土地管理法》，农用地是指直接用于农业生产的土地，包括耕地、园地、林地草地、农田水利用地、养殖水面等。由此，本书中的农地仅指农用地中的家庭承包耕地。

2. 农地流转

一是从农地产权角度讲，土地产权中各项权能都可以发生流转，但实际上收益权、处置权一般附属于所有权和使用权。因此，产权的核心是所有权与使用权。根据相关法律的规定，国家对农村土地的所有权已经从法律上做了明确

的界定，即农村土地的集体所有制。所以，从产权的角度讲，在我国，农村土地流转是土地使用权或者经营权的流转。本书认为农地流转是指在土地的所有权属和用途不变的情况下，土地使用权在不同主体之间的流通与转让，即农户将土地使用权转让给其他农户，但仍保留承包权的农户行为。因此，农地流转是农民土地权利保障进一步深化的体现，实现了农村土地使用权与所有权的分离。

二是从流转范畴来讲，农地流转有内部流转和外部流转之分，内部流转是基于我国农村家庭联产承包制所固有的缺陷——土地细碎化（姚洋，1999、2000）的实际情况，与农村劳动力转移以及城镇化、农业现代化发展之间的矛盾而产生的，土地权属与用途没有变化；外部流转则是指农业用地向非农建设用地的流转，如农地转变为城市国有土地、集体非农建设用地或者小城镇用地，农地实现外部流转后，土地的所有权属发生了变化，农民也相应地失去了土地的承包经营权。本书仅探讨农业用地的内部流转。

三是从流转形式来讲，自家庭联产承包责任制实施以来，农民内部自发的非正规土地流转就开始涌现，但由于农地流转多发生在自然村范围内，属于熟人之间的一种口头约定，多不签订协议，也不经过村集体，租金较为随意。这种民间自发的土地流转模式逐渐演化成今天的委托经营模式，但这种传统的依赖口头协议的流转模式仍然存在。随着我国经济的发展，由于农业收入相对低，出现了农民兼业化现象，没有出去兼业的农户开始扩大土地经营规模以提高收入，至后来农业生产技术的发展，各类农业生产公司、合作社的出现，农地属性显现，由最初的土地资源变为一种可以入股、可以融资的资产。农地流转由委托经营向资本化经营的模式转变，改变了农村自生的农地属性和农地流转逻辑，推动着土地经营方式的改变和农业的发展。本书的农地流转既可以是自发的流转、委托形式的流转，也可以是资本化经营形式的流转。

此外，据现行《农村土地承包法》，农地流转主要有转包、出租、置换、转让、入股。综合多数学者的研究，还可以有如下一些模式：根据使用权流转形式分为出让、发包、出租、转让、转包、转租、反租倒包、“两权”抵押、两田制、股田制、土地换保障等多种模式；根据农地流转主体分为政府主导型、集体主导型和农户主导型；根据农地流转规模分为分散式小规模流转和集中式大规模流转。本书的农地流转是指以各种形式进行的农户主导的发生在农业内部的农地经营权流转。

二、农户与家庭经营规模

1. 农户

农户是我国农业经济的微观主体，目前，学术界对农户概念的界定主要是从以下三个角度开展的：一是从职业的角度去解释，农户是以从事农业生产为主的户，有别于工业、服务业、商业等非农户，这类农户在英语中翻译为 Farming Household；二是从居住的地理区域角度去解释，居住在农村地区的户为农户，它的对立面是城市或城镇户，此类的英文翻译为 Rural Household；三是从政治待遇或成员身份划分，不能够享受国家相关福利待遇的为农户，政治地位不高，这类农户用英文可以翻译为 Political or Status Household。随着城镇化、工业化的发展，大量农村剩余劳动力转移，农户也开始不断地分化，一部分农户虽然户籍在农村且拥有承包经营权，但是常年生活在城市或城镇，家庭收入主要来自于打工收入或者各种小生意，而非农业生产经营收入；另一部分农户则从事兼业生产，农忙时务农，农闲时务工。因此，综合来看，本书中的农户有两层意思：一是指生活在农村由血缘关系组成的一种社会组织单位，具有以组织—家庭为单位的土地承包经营权（王平达，2000）；二是全部或部分家庭劳动者从事农业生产，自主经营、自负盈亏的经济组织（郝爱民，2008）。

2. 家庭经营规模

从经济学的角度讲，经营规模是指一个限定的独立经营单位的生产、经营要素规模的数量级，泛指经济方面的规模大小。家庭经营规模就是指家庭的劳动力、劳动手段、劳动对象等生产要素的集中程度、配置比例以及组合方式，家庭经营规模本身不具有效率、效益之意（钱贵霞，2005）。家庭经营规模也可以是一个综合概念，可以表现为单生产要素的规模，如土地经营规模、劳动力经营规模以及资本经营规模，也可以表现为多生产要素综合作用的规模，如产值规模和产量规模。本书中的农户家庭经营规模仅指农户家庭农地经营规模，是一个狭义的经营规模概念。

三、效益、效率与效果

效益（Benefit）是指有效产出与其投入之间的一种比例关系，其语义学含义为效果和利益，既包括自身改变，也包括社会改变。用数学公式表达效益为：

$$B(t)=V(t)\times\frac{O(t)}{I(t)} \tag{2-1}$$

其中，B(t)是某一时间内系统的效益；V(t)是效果评价函数；O(t)是某一时间内系统的产出；I(t)是某一时间内系统的投入（何传启，1992）。V(t)的值域为[-1，1]，V(t)>0表示有利的效果（正效果），V(t)<0表示不利的效果（负效果）。

效果（Effect）是指由投入经过转换而产生的成果，其结果有有效益（Benefit）与无效益之分，效果强调的是直接的自身改变，偏向于自身，而忽略了社会所需。效率（Effieiency）是指单位时间内所取得的效果的数量，其语义学含义有两个：一是机械、电器等工作时，有用功在总功中所占的百分比；二是单位时间内完成的工作量。有的文献将效率解释为投入与产出之比、费用与效果之比、开支与收入之比、代价与收益之比。用数学公式表达为：

$$效率=O/T \tag{2-2}$$

可见，效果、效率、效益既相互联系、又相互区别。就农地流转而言，如果依赖于农地的农业产出既能满足社会的粮食需求，为农民提供生活保障，也能够促进土地的可持续发展，那么就是有效益的；否则，出现食品危机、农民生活贫困以及土地资源恶化现象，最终造成社会发展停滞甚至倒退，这就是无效益的。而农地效率与效益也并不是一致的，如通过提高农药、化肥的使用量来提高农地产出，结果是农业总产量在短期内提高了，但是增加了生态环境压力，从而导致生态环境恶化，就会出现效率提高而效益反降的现象。

四、农地流转的效益内涵与特征

农地是人类发展的物质基础和经济要素，农地流转历史漫长，从远古时代的农地占有发展到农地租佃，从国有到私有，再从私有到集体所有，依附在农地上的权利总是被各个时期的人们所追逐。经济合作发展组织（OECD）曾提出农地除了提供食物与纤维之外，农业活动也形成景观，提供环境利益，如土地保育、维持生物多样性，对乡村地区的社会经济发展具有贡献。彭开丽等（2012）提出农地除了能够依靠其生产功能而具有经济产出价值外，在空气和水的净化、生物多样性的维持、景观的提供及社会保障与安全稳定等方面也发挥着重要的作用。在我国，农村土地不仅是农民的重要经济来源之一，更是一种精神寄托、一种物质保障。农地的经济功能是增加农地产出，农地的社会功能则涉及更为广泛的范畴，农地流转的效益目标应当是实现农地流转过程中经济、生态、社会功能的协调。因此，结合效益评价的多领域和跨学科性，我们可以界定农地流转效益的简明定义："农地流转对社会发展的各种贡献与影响"，涉及就业、粮食安全、粮农增收、提高生活水平、地区融资、生态环境效益等各个方面。

1. 农地流转效益有有形和无形之分

有形的效益是指实实在在的农业产出的增加、农民收入的增加；无形的效益则反映为不能贮备和移动，甚至不能被察觉，是一种隐秘性的效益，夹杂于整个社会经济的发展过程中，如农地流转对城镇化发展、农村社会保障、农民职业分化以及生态环境的影响等。因此，农地流转效益具有有形和无形之分，而无形效应也应成为我们关注的重点。

2. 农地流转效益有内部和外部之分

农地流转效益极大部分都是一种无形效益，不能贮备和移动，农地所有者或使用者难以对其完全做出控制，其他人可以享受且可不付出代价，即这些效益难以在现有的市场体系中通过所有者、使用者与受益者的直接交换方式实现其价值，因此，农地流转效益有外部和内部之分。从效益的外部性这个角度来讲，农地具有公共品的某些特征。同时，由于农地所有者或使用者实质也能分享部分农地效益，农地实质上属于准公共物品的范畴。

3. 农地流转效益具有滞后性、多元性和溢出性

在农地流转中，由于信息的局限性、人对利润最大化的追求以及人的有限理性，农户双方在签订农地流转合同时，不可能预见未来所有可能发生的事情。因此，农地流转效益具有滞后性，即农地流转对农民、农村、农业以及生态环境的影响不仅仅表现在当期，也对下一期甚至未来的发展具有重大的影响。多元性则表现为农地流转不仅是对当代人，也对下一代人产生影响；不仅

是对农业、农村产生影响，也间接地影响到工业化以及城镇化发展；不仅具有经济效益，更多的是社会效益。溢出性则是由于受农业生产技术、劳动力素质情况以及地区资源赋存差异性等的影响，农地流转效益具有区域性以及空间上的溢出。

4. 农地流转效益有直接和间接之分

农地流转效益有直接的（如农民增收、农业增产、粮食安全等），但更多地体现为间接的，如农地流转对社会秩序、农民知识水平、城镇化建设等的影响，大多是由于农地流转促进了农村劳动力流动、资本组合以及农业现代化水平的提高而间接引致的，因而属于间接效益范畴。

5. 农地流转效益有积极和消极之分

农地流转对于社会的发展既有积极的正效益，也有消极的负效益。农地流转能够减少耕地撂荒的现象，提高耕地的利用率和产出率，有利于解决部分地区的农地细碎化问题，促进农业适度规模经营与污染的集中治理，提高农业机械化程度，使农业生产管理更加科学。但是，也可能由于过多地使用化肥、农药而造成土地资源耗竭、农村生态环境恶化等负效益。

第二节 效益视角的农地流转理论

一、地租理论视角下的农地流转效益问题

地租理论经历了漫长的发展历程，亚当·斯密、李嘉图、马克思、马歇尔等一大批经济学家都对地租提出了自己的观点，简单地说，地租就是土地所有者凭借土地权利获得的收入。农地流转以土地为依托，农地流转效益中的一部分就来自于地租。

1. 农地流转中的极差地租收益

级差地租是指生产条件较好或中等土地所出现的超额利润，按照马克思的级差地租理论，级差地租分为级差地租Ⅰ与级差地租Ⅱ，级差地租Ⅰ是等量资本投在不同等级的同量土地上所产生的个别生产价格与调节市场价格、垄断生

产价格之间的差额①，即较优等农地资源投资收益与劣等农地资源投资收益之间的差额。如果等量的资本不是同时投在质量不等的同量土地上，而是连续地追加在同一土地上，那么，由于连续追加投资的不同生产率而产生的级差地租，就是所谓的级差地租的第二形态，即级差地租Ⅱ②。由于产业结构差异、气候条件差异，同量的资本投入在不同的农地上所获得的收益是不同的，或者连续追加资本到同一块农地上的生产率也是有差别的，如农户 A 与 B，A 占有上等的农地，B 占有土质较差的农地，则 A 的农业生产成本要比 B 低，且 A 要比 B 获得更多的利润，这部分多出的利润并不是 A 经营管理的结果，而是因为他利用了更好的土地资源。在农地流转市场中，这部分利润不再被无偿地占有。在民间自发的农地流转中，农地流转的费用多以级差地租为前提，优等地付给较高的土地租金，劣等地或者需要改良的荒地、沙地、旱地则付给较低的租金或者以改良为契约，这是农地流出方可以赚取的利差。

2. 农地流转中的绝对地租收益

最早在著作中提到绝对地租的是资产阶级古典经济学流派，但他们所谈的地租只是剩余价值的一种形态；真正论述绝对地租的是英国古典经济学家亚当·斯密，他将所有权与地租联系起来，但他所提出的概念是初步的；李嘉图只承认级差地租，否认绝对地租的存在，因此对绝对地租概念的形成造成了严重的障碍；马克思在总结批判前人成果的基础上，确立了科学的绝对地租概念，指出绝对地租是指土地所有者单凭土地所有权获得的地租。我国的农地是集体所有制性质，从这个层面上看，似乎并不存在农地的绝对地租。但是，我国农地实行家庭联产承包责任制，以家庭为单位，农户拥有农地的经营权以及受益权，农地流转促进了农地财产权的分离，深化了农地使用权和收益权，虚化了土地所有权，因此，农地流转为绝对地租的实现开辟了新的渠道，促进了农户家庭收入总量和结构的变化。

二、资源价值理论视角下的农地流转效益问题

从经济学角度来看，价值是商品经济的基本范畴之一，它是伴随着生产力

---

①② 姚开建. 经济学说史［M］. 北京：中国人民大学出版社，2011.

水平的逐步提高而出现的，商品经济价值分为使用价值和交换价值。[①] 传统的资源价值观念秉承“资源无价论”，认为资源取之不尽、用之不竭。但农地资源的价值体现在为人类社会生产生活提供服务的过程中，随着经济的发展，人们的生产生活、城镇化建设需要大量的土地投入，再加上不断增长的人口，以及人类行为对土地的污染，使得有限的土地资源更加有限，人地矛盾凸显。国内的粮食安全问题、房地产问题等都源于土地资源的供求矛盾。理查德·T.伊利等在《土地经济学原理》一书中提到土地利用的社会目标是：财富的生产与分配的平衡（经济价值）；自然资源的保护（生态价值）；增加有赖于土地利用的生活乐趣（社会价值）。因此，农地效益问题可以由资源效用价值理论、生态价值理论等来解释。

（1）效用价值理论认为一切生产都是创造效用的过程，但人们获得效用却不一定要通过生产，效用可以是人类的主观感觉，如农民对土地的感情寄托，当人们的这种需要或欲望通过土地得到满足后，农户们就获得了某种效用。阿弗里德·马歇尔则认为，价值是由生产费用与边际效用共同构成的，二者缺一不可，如图 2-1 所示，D 为需求曲线，S 为供给曲线，A 为均衡点，AP 为均衡价格即价值。土地价值的形成是土地的有用性、稀缺性以及对土地的有效需求三个因素共同作用的结果。1994 年美国人莱斯特·布朗在《世界观察》杂志上发表了题为《谁来养活中国?》的文章以来，粮食安全问题已成为全球性问题，农地资源关系到粮食供给，即农地需求存在；同时，为保障粮食安全，

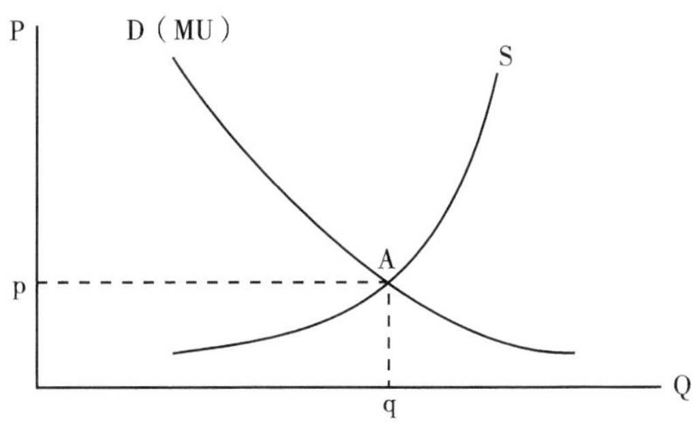

图 2-1　效用价值示意

① 姚开建．经济学说史［M］．北京：中国人民大学出版社，2011.

农地对人类具有至关重要的效用，农地成为重要的稀缺性资源。农地流转中的租金（可以无偿，可以是食物产量，也可以是货币）从本质上是通过土地稀缺性解释的，因此，从资源效用理论出发，农地流转是农地效用的价值实现过程。

（2）生态价值理论区别于劳动价值理论，认为生态系统是由生命系统及其支持系统组成的开放系统。自然系统与社会经济系统构成了生态系统，如图2-2中所示，→表示物质或能量流动的方向，生态系统中任何一个环节遭到破坏，整个功能都会受到影响。正如马克思指出的，“经济的再生产过程……总是同一个自然的再生产过程交织在一起的”。[①] 其中，Ⅱ和Ⅲ相互依赖，通过农地资源进入Ⅱ和Ⅲ产生的废物又以原料、养分或污染的形式回到了Ⅱ中发生关系。在这一循环中，Ⅲ中的废物数量减少，污染功能下降，经济不断发展，但Ⅱ中的土地功能却可能持续下降，最终导致供求失衡，人地矛盾突出，影响国民经济的持续发展。

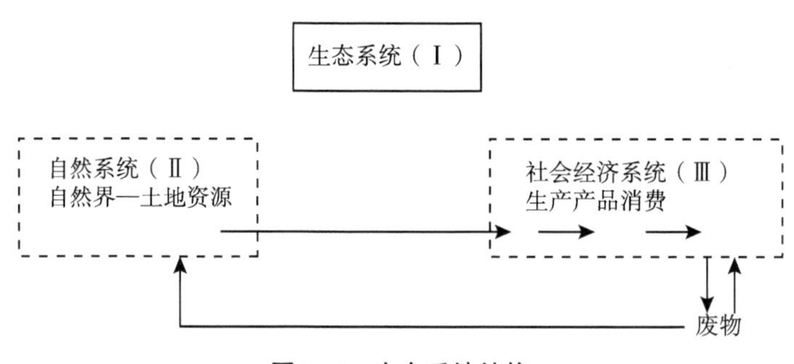

图 2-2　生态系统结构

根据马克思的社会再生产理论，商品的价值为：

$$W=C+V+M \tag{2-3}$$

其中，C 为不变资本；V 为可变资本；M 为一定的剩余。但是，从整个生态系统来看，经济生产不可避免地需要土地等自然资源的投入，同时在生产过程中会使这些自然资源受到污染甚至功能和质量下降。为保障资源的可持续性，应对使用的资源如土地资源进行补偿（B_n），因此，从整个生态系统的角

① 中共中央马克思恩格斯列宁斯大林著作编译局．马克思恩格斯全集（第二卷）［M］．北京：人民出版社，2008.

度考虑，商品的价值应为：

$$W = B_n + C + V + M \tag{2-4}$$

其中，B_n 为土地等自然资本。

农地流转可以看作农民与土地之间互动关系的过程，其目标是促进农村社会经济的协调持续发展。因此，资源价值论可以从多个角度解释土地价值，而农地流转正是让这些价值得以体现的重要途径，计算公式为：

$$农地流转价值 = 经济价值(E) + 社会价值(S) + 生态价值(SC) \tag{2-5}$$

所以，农地流转效益应综合考虑经济、社会以及生态效益。农地流转过程中经济效益是实现社会效益目标的基础，农地流转经济效益和社会效益所关注的内容也存在重叠交叉，要注重农地流转对农村社会环境、农民收入等的影响，将农地资源可持续利用的思想与经济的发展紧密地融合在一起，贯彻可持续发展观的要求。总结来说，农业产品的价值应为：

$$W = (E + S + SC) + C + V + M \tag{2-6}$$

三、比较优势理论视角下的农地流转效益问题

比较优势理论起源于亚当·斯密的“绝对优势理论”，亚当·斯密认为，商品生产的优势是由绝对有利的生产条件（生产成本绝对低）决定的，每个人都应专门生产自己擅长的产品，并去交换自己不擅长生产的产品，这样社会劳动生产率会提高，产品总成本会下降。① 李嘉图发展了绝对优势理论，提出了“相对优势理论”，认为应专门生产其比较成本相对低的产品，交换其比较成本相对高的产品，由此就能获得比较利益，即只要产品之间存在相对差别，就会存在机会成本上的差异，也就具有相对的比较优势。② 赫克歇尔和俄林进一步发展了李嘉图的比较优势理论，总结成“禀赋比较优势说”，认为产品成本间的差异不仅存在于技术上，而且也存在于要素的比例和稀缺程度上，如果各个国家或地区生产并出口那些能比较密集地利用其比较丰富的生产要素的商品，进口那些需要比较密集地使用其比较稀缺的生产要素的商品，必然会有比较利益的产生。农地流转中农户的综合生产优势可以采用综合优势指数进行评

① 亚当·斯密．国民财富的性质和原因的研究［M］．北京：商务印书馆，2008.

② 大卫·李嘉图．政治经济学及赋税原理［M］．北京：华夏出版社，2005.

价。综合优势指数（Aggregated Advantage Indices，AAI）即规模优势指数（SAI）和效率优势指数（EAI）的几何平均数，表示为：

$$AAI_{ij} = \sqrt{EAI_{ij}SAI_{ij}} \tag{2-7}$$

其中，$AAI_{ij}>1$，表明与其他农户相比，i 农户 j 作物的生产具有比较优势；$AAI_{ij}<1$，表明 i 农户 j 作物的生产不具有比较优势。AAI_{ij}值越大，比较优势越明显。某农户某种农产品种植面积所占的比重越大，其规模优势越明显。规模较大意味着较高的生产专业化程度和较好的市场需求，尤其是较长一段时间内保持较大或不断增长的规模，说明该地区在该种产品的生产上具有优势，这种优势可以通过规模优势指数（Scale Advantage Indices，SAI）加以衡量：

$$SAI_{ij} = (S_{ij}/S_i)/(S_j/S) \tag{2-8}$$

其中，SAI_{ij}为 i 农户 j 种作物的规模优势指数；S_{ij}为 i 农户 j 种作物的播种面积；S_i 为 i 农户全部农作物的播种面积；S_j 为其他农户 j 种作物的播种面积；S 为区域内全部农作物的播种面积。$SAI_{ij}>1$，表明 i 农户 j 作物的生产具有规模优势；$SAI_{ij}<1$，表明 i 农户 j 作物的生产不具有规模优势。SAI_{ij}值越大，规模优势越明显。

一般说来，生产的优势可以通过生产效率体现出来。通过测定某种作物的土地产出率和该地区所有该类作物平均土地产出率的相对水平与全国这一比率的对比关系，即效率优势指数（Efficiency Advantage Indices，EAI），可以考察该地区在该种作物上的生产效率的相对优势，用公式表示为：

$$EAI_{ij} = (AP_{ij}/AP_i)/(AP_j/AP) \tag{2-9}$$

其中，EAI_{ij}为 i 农户 j 种农作物的效率优势指数；AP_{ij} 为 i 农户 j 种作物的单产；AP 为 i 农户 j 种作物所属的某类农作物的平均单产；AP_j 为其他农户 j 种作物的平均单产；AP 为区域内 j 种作物所属的某类农作物的平均单产。$EAI_{ij}>1$，表明 i 农户 j 作物的生产具有效率优势；$EAI_{ij}<1$，表明 i 农户 j 作物的生产与区域平均水平相比生产效率处于劣势。EAI_{ij}值越大，生产效率优势越明显。对于农户而言，所要解决的就是维持何种程度的规模时效率最高，在农业生产内部，规模优势与效率优势缺一不可：①土地的比较优势很大部分来源于农地流转后的规模化收益、机械化收益和专业化收益，即农地流转能够促使同时获得规模优势和效率优势；②农户的比较优势即人力资本优势依赖于农地流转到愿意种地且具有一定优势的种田能手手中，不同的种植结构所能获得的收益是不同的，掌握科学种植等技术的转入者的租金支付能力要强于没有掌

握上述技术的需求者，因此，在农地流转过程中，能够进行科学种植的需求者相对而言具有比较优势——明显的规模与技术效率优势。

四、规模经济理论视角下的农地流转效益问题

规模经济（Economies of Scale）是指在既定条件下扩大经济规模可以降低平均成本、提高利润；反之，则为规模不经济。因此，反映规模经济的一个基本指标为函数系数，即 $FC=AC/MC$，函数系数是成本弹性 $\rho(\rho=1/FC)$ 的倒数。从产业的角度来讲，规模经济又有规模内经济和规模外经济之分，规模内经济是指随着生产规模的扩大，成本下降、收益提高；规模外经济则是指规模内部经济所需要的外部条件，如市场容量扩大、资源供给增加等。本书讨论的是规模内经济。自我国实施家庭联产承包责任制以来，农户实行的都是小规模的家庭经营，但当农业生产的内部生产规模扩大到某个点时就存在规模经济效益，即农业生产中的规模经济效益或者生产阶段的规模经济效益。下面进行简单的论述。假设以家庭为单位，农户家庭经营耕地的年产量为 q，则 C(q) 就是成本函数，若 q 的变化遵循：

$$C(\lambda q)<\lambda C(q) \tag{2-10}$$

则说明在 q 产量的附近存在规模经济效益，把上式除以 λq，可以得到：

$$\frac{C(\lambda q)}{\lambda q}<\frac{C(q)}{q} \tag{2-11}$$

这说明 q 具有规模经济效益时平均成本下降，如图 2-3 所示，在 $0\sim q_0$ 的范围内具有规模经济效益。

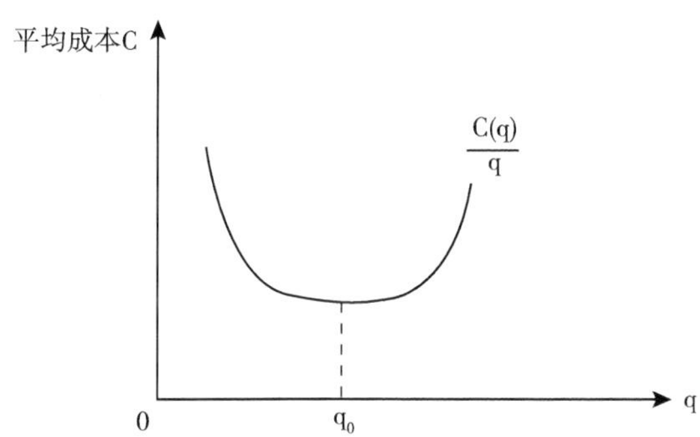

图 2-3　规模经济效益与平均成本曲线

如果有三家农户 N_1、N_2、N_3，他们各自的生产规模为 q_1、q_2、q_3，如图 2-4 所示，对应的平均成本为 q_{1c}、q_{2c}、q_{3c}，如果第三家农户 N_3 的平均成本水平为 p_3，则 N_1、N_2 的效益相比 N_3 具有极大的差距（因为粮食具有保护价，我国实行家庭联产承包制，N_1、N_2 不可能退出粮食生产市场，最终只能导致效率低下的结局），此时，若 N_3 能够流转入 N_1、N_2 的土地，并承担土地流入费用，而 N_1、N_2 外出务工或从事别的产业，这时成本上有利的 N_3 就能成为大户，进一步获得规模经济效益。现实的情况是某区域存在 n 家农户，若对应的第 n 家农户的产量为 q_i，则粮食总产量为 Q，若这 n 家农户的农地流转后变为由 m 家农户经营，则成本函数为 $C(q_m)$，和各家（n 家农户）生产各自的产量 q_i 时的成本函数 $C(q_i)$ 相比，会形成：

$$C(q_m)<C(q_1)+C(q_2)+\cdots+C(q_i),\ m<i \tag{2-12}$$

或者：

$$C(q_m)<\sum C(q_i),\ m<i,\ i=1,\ 2,\ \cdots,\ n,\ n\geqslant 2 \tag{2-13}$$

这意味着流转后 m 家生产时的成本 $C(q_m)$ 比 n 家生产时的成本 $\sum C(q_i)$ 要低，这也就是所谓的规模经营下的成本劣加性。

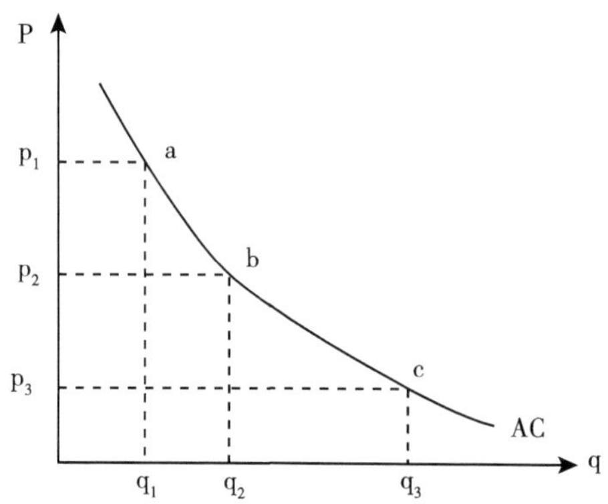

图 2-4　规模经济效益与经营规模

五、范围经济理论视角下的农地流转效益问题

范围经济是研究经济单位的生产或经营范围与效益关系的一个基本范畴，

如果由于经济单位的生产或经营范围扩大，平均成本降低、经济效益提高，则说明存在范围经济（Economies of Scope）；反之，如果经济单位的生产或经营范围扩大伴随的是平均成本不变或升高的状况，则存在范围不经济（Diseconomies of Scope）。因此，如果某农户在其承包的农地上分别轮作稻谷和土豆，这时的联合成本（Joint Cost）为 $C(q_1, q_2)$，若：

$$TC(q_1,q_2)<TC(q_1,0)+TC(0,q_2) \tag{2-14}$$

则表明联合生产比单独生产能节约成本，这种情况就可以说有范围经济效益。将上式加以变形，则可以得到下式：

$$\frac{C(q_1,q_2)-C(0,q_2)}{q_1}<\frac{C(q_1,0)}{q_1} \tag{2-15}$$

上式中左边部分的分子为生产稻谷的投入加上生产土豆的投入进行联合生产而增加设备的成本，称之为增量成本（Incremental Cost），整个左边是除以稻谷每一单位投入的增量成本，因此，称之为平均增量成本；右边则是单独生产稻谷的投入。整个上式表示稻谷和土豆联合生产的平均增量成本比单独生产稻谷的平均单独成本低，也就是存在范围经济效益。由此，可以求得范围经济的节约率为：

$$V=\frac{TC(q_1)+TC(q_2)-TC(q_1,q_2)}{TC(q_1,q_2)} \tag{2-16}$$

因此，由于范围经济效益意味着在原有农地上进行新作物的轮种要比单独生产的成本低，这也可以用成本的劣加性来说明。所以，农户家庭经营规模变化的效益主要来源于成本劣加性引致的直接效益和间接效益。

六、产权理论视角下的农地流转效益问题

土地产权制度正是通过建立起农业主体共同遵守的规则实现交易关系的有序化，从而降低了交易费用，又通过交易费用的节约影响到最终效益。

（1）土地产权制度与资源优化配置。不同的土地产权制度会导致不同的农业资源配置机制与方式，进而导致不同的农业资源配置效率与农业经济绩效。这是因为：一方面，在不同的土地产权制度下，土地的资源流转程度不同；另一方面，不同产权制度下土地的市场化程度不同。

（2）土地产权制度与交易费用。在土地产权缺乏保障的情况下，农业主

体之间的交易是困难的，交易活动的费用是高昂的，农业发展也会因之受到制约。这时，土地产权的特定安排就能降低经济运行的摩擦力，节约交易费用。由此可见，只有土地产权关系清晰，才能使土地产权主体在市场经济活动中形成明确的经营预期，减少不确定性，避免非经济的外部性损失；相反，如果界定不清楚、关系模糊，就容易出现所有权主体和使用权主体相互间对彼此利益的侵蚀，容易在交易和谈判过程中提高交易成本，造成效益降低和费用增大。因此，产权明晰的过程实际上就是制度效率提高的过程，明晰的土地产权制度是促进农地流转效益提高的保障，产权理论是研究农地流转效益问题的基础。

七、委托代理理论视角下的农地流转效益问题

委托代理理论是研究农地流转中政府、村集体以及农户三者利益关系的重要理论依据。在农业税费改制之前，作为受托人的农民承包经营土地获得农业产出并将部分作为农业税费上缴国家，作为委托人的政府出租农村土地承包经营权，获得农业税费的收益，两者各取所需。农业税改后，当农地在本地农户之间流转时，需求方对对方所拥有的土地数量、土地肥力、地块的数量、每个地块的大小、距离道路的远近程度、排灌设施是否齐全、对方所能接受的最低价格、流转期限等相关信息非常了解，供给方也对对方的人品、信用程度、支付能力等有很深的了解，不存在信息不对称的情况。但当流转区域扩大，农业企业、外来农户对当地流转农地的数量、质量和农户的供给意愿等众多信息并不了解，供求双方存在信息不对称，供给愿望和需求愿望很难转化为现实的农地流转行为，此时委托代理关系中出现了中介组织。土地的需求者可以看作委托人，而中介组织成为了第二代理人。但由于中介职责大多由村委会来承担，采取“反租倒包”等手段将土地流转给外来投资者，存在违背农民意愿、损害农民权益的可能，往往导致流转效益低下。因此，根据委托代理理论的基本思想，村集体是中国农村土地的所有者，即委托代理理论中所指的委托人；而经营人指代理人，是自利的经济人，与所有者村集体的目标函数有所不同，更多地倾向于自我利益，而非社会、生态效应，具有机会主义倾向，从而出现所谓的代理问题。对于代理问题的解决，就是如何建立高效的激励约束机制，使农地流转中相关利益方的利益最优化。

第三节 农地流转效益的基本假设

结合上述理论分析，地租、资源价值、规模经济、范围经济、生产与经营比较优势等理论对农地流转的效益来源起到了理论性支撑，产权理论与委托代理理论则是农地流转效益问题研究的前提与基础。因此，考虑农地流转的主体行为特征，本书设定若干基本假设，以此作为研究开展的基础。

假设1：资源稀缺性假设。农地具有资源、资产和资本属性。伴随着工业化、城镇化发展，对土地、劳动力以及资本的需求增加；在农业生产中，土地使用存在“折旧（土地肥力）”以及自然灾害如土壤沙漠化、水土流失等，使得可耕种农地资源不断减少，导致了农地资源绝对量上的减少；人口增加导致了农地相对量上的减少；粮食问题也是不容忽视的重大问题，需要大量的土地作为依托；可持续性发展要求减慢对农地的开发利用速度等，各方面发展对农地的需要与限制，使农地成为一种稀缺性的资源。因此，农地效益问题成为了人们关注的重点，即如何使有限的农地资源满足最大的需求，解决农地资源的稀缺性及其依附的劳动力、资本、信息技术甚至制度资源的稀缺。

假设2：规模经济假设。规模经济假设是研究农地流转的重要前提假设，自我国实施家庭联产承包责任制以来，农户经营规模就是其承包的土地规模，这种考虑公平的制度导致了效率损失（但在特定的历史条件——集体化之后则表现为效率提高），户均几亩地的农地配置导致生产要素潜力发挥不充分，造成资源的浪费与闲置（小农模式实行人耕、人种，在联产承包责任制实施后的很长一段时间内农业机械化水平甚至倒退了），而农地流转带动了对这种制度的改进，促进了土地经营的规模化、集约化与机械化，相应地带来规模收益与技术效率收益。

假设3：行为理性假设，或农地流转是有效益的。农地关系到农民的生存问题，农地流转是在我国农村经济发展中自发形成的一种经济行为，因此，无论这种行为是受政府、集体等的鼓励、引导，还是由于市场的诱致性因素，都是行为主体的理性行为选择，即农户“经济理性”假设。农户家庭作为我国农业生产的微观经济主体，和其他的经济组织具有相同的性质，即追求自身利益最大化及其行为、物品的效益最大化；同时，农户的投资、用工与土地配置也以利润最大化为指导。因此，农户角度的农地流转实际上是一个经济效益导向的选择。但是由于农地的准公共物品性以及农业的基础性地位，这种经济效益导向的行为具有正外部性。

假设4：外部性假设。①农用地具有典型的混合公共物品属性（具有农村准公共物品消费上的非排他性、竞争性以及所有权上的完全公有制），不仅是农村公共物品，也是农村社会中最大的准公共物品。②任何人都不是独立的，人都是社会人；任何的经济活动或者行为也不是独立的，它是整体中的部分，往往具有牵一发而动全身的效应。也就是农户的农地流转不是独立的农民理性行为，它同时影响着农业发展、城镇化发展以及人与自然的协调和发展。因此，农地流转具有显著的外部性，它所导致的效益变化会改变人们的偏好，导致制度结构变化，制约或者推动社会的发展。

假设5：最大化或最优化假设。本书中所说的最大化是指在一定的条件限制之下，即在资源、制度、劳动者素质、信息与技术水平等内外部限制条件下，追求经济效益、生态效益与社会效益的同时最大化，是一种宏观与全局意义上的最优化或者协调。因此，给定某个最大化目标，所能实现的就是某种不能逾越的“条件极值”下的最大化，即所谓的最大化是相对最大化。

第四节　农地流转效益的分析框架

我国仍然处于经济发展的中间阶段，因而资源的合理开发与利用仍然是争取较高增长速度的依托与可选路径，但这并不意味着只要增长不要环境，而是应当立足于产业结构的调整与合理化，注重区域内人民的生活环境、文化传承以及精神生活等的发展与提高，建立集约化、一体化的农业系统，并通过间接性传导机制如农地流转、农村劳动力转移等，兼顾对其他产业的支持。因此，农地流转效益问题实质上是人与土地的发展问题，其目标是健康可持续，最终实现自然协调、人与自然的协调以及人与人的协调。如果仅仅是扩大农地的利用与开发，追求经济收益，最终的结果可能会导致区域内整个社会、生态系统的失调，导致环境破坏，资源匮乏，总效益低下，丧失发展的可持续性。所

以，从人地关系协调理论①的角度看，农地流转的效益既包括经济效益，也涉及社会效益与生态效益。本书就是从这三个大的层面揭示农地流转效益的形成机理、本质特征与优化路径。

1. 经济效益

一般意义上的效益就是指经济效益，是指经济上的投入与产出之比，通常用劳动者在单位时间内创造的使用价值数量或完成的工作量表示，或用劳动者创造一定的使用价值或完成一定的工作量所消耗的劳动时间表示。追求经济效益的行为就是用最少的成本获取最大利润的行为，即少投入、多产出。农地流转的经济效益是由农地流转需要付出的成本及之后的收入多少来衡量的，包括流入主体在土地上的资金、劳动、技术等投入所获得的经济收益，也包括流出主体的租金、务工收入，简而言之，农地流转的经济效益是土地交易费用、土地经营规模收益等共同作用下的农业产出与农民收入状况。因此，经济效益的绝大部分可以由农业增产与农民增收这两个指标来衡量。

2. 社会效益

社会效益是站在全局与整体的角度来评价行为的社会效果，如是否创造了一些新岗位，是否改善了生活环境等，是一种间接性的效益，是一种社会进步或福利增加，也是一种超经济的社会评价、宏观评价。目前，有关社会效益的论述分为广义和狭义两种。广义的社会效益包括三方面内容，即社会经济效益、社会生态效益和社会精神效益；狭义的社会效益是指某一件事情、某一种行为、某一项工程的发生所能提供的公益性服务，具体表现在提供就业机会、促进精神文明建设、协调区域发展、提高人民生活质量等方面。本书中所指的社会效益为狭义的社会效益概念，主要是立足于城乡协调发展的视角，一是指农地流转的新型农民培育效益，二是指农地流转的农村社会保障效益，三是指农地流转的城镇化发展效益。

3. 生态效益

生态效益分为个体生态效益、群体生态效益和生态系统效益三类。个体生态效益一般指生物或非生物的个体在物质和能量上的转换与利用效率；群体生态效益和生态系统效益通常是指自然生态系统或半人工半自然生态系统在物质

① 人地关系协调理论的主要观点有：一是人类社会及其活动与自然环境之间的关系；二是人类社会的生存与发展或人类活动与地理环境的关系（卓玛措）。

和能量上的转换效率，它的理想状态是物质和能量得到充分循环利用，避免资源的不合理利用或浪费，避免输出对环境有污染的物质。本书所涉及的生态效益是指土地生态系统效益，它是土地生态系统和农业生产行为之间的作用与转换，以避免资源闲置、浪费与污染，因此，农地流转的生态效益主要是指农业可持续性发展效益，并且可以对其进行分解。

农地流转的经济效益、社会效益与生态效益比较如表 2-1 所示。

表 2-1　农地流转的经济效益、社会效益与生态效益比较

	农地流转经济效益	农地流转社会效益	农地流转生态效益
导向	农业产出效益导向	整体社会协调发展导向	农地服务功能价值导向
立场	农业经济系统	整个社会体系	农地生态系统
目标	农业经济增长	社会进步和福利增加	农地可持续利用
范围	经济效率评价	超经济的社会评价、宏观评价	农业污染评价
主体	具体的主体	模糊主体	模糊主体
评价	基本成熟	不成熟	不成熟

本章小结

本章主要分析了农地流转效益研究的理论基础与研究框架。首先，对农地、农地流转、农户、家庭经营规模等基本概念进行了界定，也对效果、效率与效益进行了辨析，界定了农地流转效益的内涵与基本特征。其次，基于效益视角对农地流转理论进行了梳理与详细阐述，如地租理论、资源价值理论、比较优势理论、规模经济理论、范围经济理论、产权理论以及委托代理理论，并以此提出了农地流转效益研究的研究假设与分析框架。

第三章　农地流转的经济效益分析

第一节　农地流转经济效益的机理分析

农地流转对农村经济发展起着关键性作用。2002 年我国颁布《农村土地承包法》，明确了土地承包经营权在平等协商、自愿、有偿的原则下可依法采取转包、出租、互换、转让或其他方式流转。自此以后，土地流转速度明显加快，各种流转模式层出不穷。2008 年全国通过各种方式流转土地面积占全部家庭承包经营面积的约 7%，比 2001 年（约 5%）有所提高。截至 2013 年 11 月底，农民承包土地的经营权流转面积达到 26%左右。因此，农地流转是农业产业结构调整的导火索，也是农村经济发展、农民增收的重要契机。事实上，从土地私有（1949 年 9 月 ~ 1953 年春）到公社体制下的集体所有、集体经营（1953~1978 年），再从土地集体经营到家庭承包经营制度确立（1979 年至今）的过程中，农地流转一直都存在。关于农地流转的经济效益问题，学者们进行了丰富的论述，较为一致的结论有：一是农地流转的经济效益大小主要受农地流转前后的农业要素资源配置、土地分配以及劳动力质量等因素影响；二是农地流转是土地这种特殊商品从效益较低的生产者流向效益更高的生产者的过程，也是土地制度的创新，即一种效益更高的制度对另一种制度的替代过程，表现出正效率的行为绩效，因而无论是农产品产量、农业总产值，还是农民人均收入和生活水平都呈现增长趋势（林善浪，2000；张红宇，2002；陈志刚，2003；张光宏，2005；王小鱼，2006；张琦，2008；常伟，2009；等等）。在研究方法上，姚洋开创了用定量分析方法研究土地及其制度绩效的新领域；林毅夫也采用经济计量学的方法实证分析了中国的土地绩效问题；钱忠好（2002）、韩冰华（2004）则分别采用正统经济学理论和方法、比较静态方法进行了论证；此外，余海、余鹏翼、吴方卫、冯海发、郑风田、王景新、田传浩、周其仁等都运用数理模型分析了土地绩效。综合来讲，衡量农地流转经济效益的重要指标就是农业产出与农民收入的状况，同时，农业增产与农民增收也是经济发展的重要衡量指标。本章将：①以 1988 年为研究起点，将我国的农地流转历程分为 1988～2002 年的农地流转隐性流转时期以及 2003～2012 年的土地流转合法化、规范化时期，测算农地流转对农业产出与农民收入的效益贡献；②基于经济发展的传导机制，分析 2005～2010 年农地流转的经济空间溢出效益。

第二节　基于 C-D 变异模型的产出效益分析

一、模型设定与说明

传统的生产函数模型为 $Y_t=A_t(L_t, K_t)$，其中，Y、L、K 分别为产出、劳动力投入和资本投入。在其他要素不变的情况下，考虑农地流转因素的作用，提出以下假设。

假设 1：农地是农业生产的根本，也是农民收入的重要来源，农地作为一种独立的、关键性的资源，其流转直接影响着农业产出。

假设 2：由于农地及经营规模对劳动力的吸纳与释放作用，农地流转内生作用于劳动力，对劳动力的产出效率有促进或制约作用，即农地流转通过对劳动力资本要素的内生配置作用影响农业产出。

假设 3：由于农地及经营规模是农业投入资本效益发挥的基础条件，农地流转内生作用于农业投入资本，对农业投入资本的产出效率也起着促进或制约作用，即农地流转通过对农业投入资本要素的内生配置作用影响农业产出。

在上述假设下，生产函数模型形式将有所改变，理论模型的基本思路如下：

（1）独立要素模型，我们将土地作为生产函数的投入要素之一，则新的生产函数模型（模型Ⅰ）为：

$$Y_1 = AL^{\alpha}K^{\beta}D^{\gamma}\ (\alpha>0,\ \beta>0,\ \gamma>0) \tag{3-1}$$

其中，Y_1、L、K、D 分别代表农业产出、劳动力、资本和土地因素，对模型Ⅰ取对数得：

$$Lny = \ln A + \alpha\ln L + \beta\ln K + \gamma\ln D \tag{3-2}$$

对（3-2）式两端全微分得：

$$\frac{\Delta Y}{Y} = \alpha\frac{\Delta L}{L} + \beta\frac{\Delta K}{K} + \gamma\frac{\Delta D}{D} \tag{3-3}$$

用各要素增长率代换（3-3）式得：

$$y = \alpha l + \beta k + \gamma d \tag{3-4}$$

对（3-4）式两边同除以 y 得：

$$1 = \frac{\alpha l}{y} + \frac{\beta k}{y} + \frac{\gamma d}{y} \tag{3-5}$$

（3-5）式的右边三项分别对应着劳动、资本以及土地流转对产出增长的贡献率。分别记为：

$$\begin{cases} El = \dfrac{\alpha l}{y}\times 100\% \\ Ek = \dfrac{\beta k}{y}\times 100\% \\ Ed = \dfrac{\gamma d}{y}\times 100\% \end{cases} \tag{3-6}$$

（3-6）式中，α 是劳动的产出弹性；β 是资本投入的产出弹性；γ 是农地影响系数。

（2）劳动力资本的外部性模型，即劳动力资本增进型经济增长模型，又称“外部性劳动力资本增进模型”（哈罗德中性假设）。模型形式为：$Y_2 = A(LD)^{\alpha}K^{\beta}$，简称模型Ⅱ，用模型Ⅰ中的方法，同样可以求得：

$$Lny = \ln A + \alpha\ln L\times\ln D + \beta\ln K \tag{3-7}$$

对（3-7）式两端全微分得：

$$\frac{\Delta Y}{Y} = \alpha\frac{\Delta L\times\Delta D}{L} + \beta\frac{\Delta K}{K} \tag{3-8}$$

用各要素增长率代换（3-8）式得：

$$y=\alpha ld+\beta k \tag{3-9}$$

对（3-9）式两边同除以 y 得：

$$1=\frac{\alpha ld}{y}+\frac{\beta k}{y} \tag{3-10}$$

（3-10）式的右边两项分别对应着劳动、土地流转以及资本投入对产出增长的贡献率。分别记为：

$$\begin{cases} El=\dfrac{\alpha ld}{y}\times 100\% \\ Ek=\dfrac{\beta k}{y}\times 100\% \end{cases} \tag{3-11}$$

（3-11）式中，α 也是农地流转影响系数。

（3）内生作用于农业投入资本的外部性模型，即资本增进型经济增长模型，又称“外部性资本增进模型”。模型形式为：$Y_3=AL^{\alpha}(KD)^{\beta}$，简称模型Ⅲ，同样，用模型Ⅰ中的方法可以求得：

$$Lny=\ln A+\alpha\ln L+\beta\ln K\times\ln D \tag{3-12}$$

对（3-12）式两端全微分得：

$$\frac{\Delta Y}{Y}=\alpha\frac{\Delta L}{L}+\beta\frac{\Delta K\times\Delta D}{K} \tag{3-13}$$

用各要素增长率代换（3-13）式得：

$$y=\alpha l+\beta kd \tag{3-14}$$

对（3-14）式两边同除以 y 得：

$$1=\frac{\alpha l}{y}+\frac{\beta kd}{y} \tag{3-15}$$

（3-15）式的右边两项分别对应着劳动、土地流转以及资本投入对产出增长的贡献率。分别记为：

$$\begin{cases} El=\dfrac{\alpha l}{y}\times 100\% \\ Ek=\dfrac{\beta kd}{y}\times 100\% \end{cases} \tag{3-16}$$

（3-16）式中，β 也是农地流转影响系数。

二、检验结果与分析

本节的估计时段分为1988~2002年，土地流转的隐性阶段（联产承包责任制时期的土地流转禁止阶段）；2003~2012年，土地流转的合法化阶段（政策鼓励时期）。有关数据分别来源于《新中国五十年农业统计资料》、《中国农村统计年鉴汇编（1949~2004）》、《中国农业年鉴汇编》。其中：①劳动力资本L用第一产业就业人员计算。②农业投入资本K用政府支农支出表示。③由于2002年前的农地流转是隐性的、不被允许的，并且从2003年至今民间协议的农地流转仍然存在，农地流转的宏观数据难以获取，考虑到农地流转影响到农户的户均经营耕地面积，所以，农户户均经营耕地面积的变化也反映了农地流转的程度，因此农地流转变量D由农户户均经营耕地面积来衡量。农户户均经营耕地面积=农户户均人数×人均经营耕地面积。④分别用第一产业产值、农民收入（农村居民人均纯收入、工资性收入、家庭经营性收入和财产收入、转移性收入）指标来衡量农地流转的经济效益Y。对于部分缺失数据，利用线性插值法（以缺失值相邻点的非缺失值建立插值直线，然后用缺失点在线性插值函数的函数值填充该缺失值）进行了替代。将三个模型做线性化处理后，考虑到序列之间的相关性，采用混合加权最小二乘法进行分析，得到表3-1~表3-5的估计结果。

从表3-1来看，模型Ⅰ、模型Ⅱ与模型Ⅲ都通过了显著性检验，说明三个模型的构建都是有意义的。

（1）当农地流转作为独立的影响因素时（模型Ⅰ），对农业产出有促进效益，且1988~2002年比2003~2012年更为显著，1988~2002年受家庭联产承包责任制的影响，小农模式的农业经营方式解决了公平问题，但是也伴随着农业劳动力生产效率低下、农业生产技术停滞的问题，也是在这种背景中，农地流转应运而生，改善了小农经营的弊端，促进了农业生产技术的推广运用，发挥了农业生产潜力；而到2003~2012年，农地流转得到了允许，因此，农业产出效率的提高更多地取决于农业投入以及生产技术，农地流转仅仅是农户土地承包经营权体制下农业现代化发展的前提条件。

（2）当农地流转内生作用于劳动力资本时（模型Ⅱ），对农业产出的促进效益在隐性流转时期高于合法化时期（0.8406>0.2967），但农地流转的内生作用在合法化时期高于隐性流转时期（2.0323>1.1639[①]）。20 世纪 80 年代末迎来了我国的“民工潮”，大量农村劳动力外出，隐性的农地流转在保障农村劳动力输出的同时也防止了可能产生的农地撂荒，保障了农业生产，因而此时的产出效益更大；而在合法化时期，农地流转仅为劳动生产率的提高创造了规模化条件，有一定的促进效益，但主要还依赖于先进的农业技术，因而农地流转削减的劳动力对农业产出的牵制效应（即农地流转的内生作用）在此时期更大。

（3）当农地流转内生作用于农业投入资本时（模型Ⅲ），对农业产出也都存在促进效益，但农地流转的内生作用在 1988~2002 年是负向的（-0.1539），而在 2003~2012 年是正向的（0.1021）。隐性流转时期的内生作用为负。反映了这个阶段农地流转并没有促使农业投入的产出效益增加，属于不规范流转制度或者农业技术落后情况下的效率损失或者负外部性；合法化流转时期的内生作用为正，原因则在于此时流入土地要付出更多的流转成本，农户流入土地的机会成本增加，但流转后的农地能够利用现代化的生产技术，技术的产出效益远远高于投入的成本效益，这也正是农业技术的溢出成分。总而言之，农地流转内生作用于劳动力资本时，改变了剩余劳动力对于产出增加的牵制效应，促进了农业劳动力的生产潜力；而农地流转内生作用于投入资本的效益则取决于农地流转制度的健全程度以及农业生产技术，否则可能是负效益，所以，农地流转通过生产要素的配置对农业产出增长产生间接作用。

（4）对比模型Ⅱ和模型Ⅲ，模型Ⅲ的 R-square 和 F 统计值更好，因此，我们推测农业产出的影响更多的是因为农地流转内生作用于农业投入资本，如政府支农支出的增加。再根据参数估计值的大小，在农业生产其他变量不变的情况下，无论是农地隐性流转时期还是合法化时期，农地流转内生作用于支农投入的产出弹性比作用于劳动力的产出弹性大（0.9024>0.8046；0.3047>0.2967）。这反映了我国农业生产的客观现实：小农模式不利于农业生产技术的推广运用，导致了我国农业生产技术发展缓慢甚至停滞，农业仍然属于“看天吃饭”的产业；农地流转促进了农地的规模化生产与经营，为农业的集约化、机械化创造了条件，农地流转的投入产出效益明显。因此，农地流转的农业产出效益更多地来自于农地流转作用于农业投入的影响。

---

① 2.0323=0.2967-（-1.7356）；1.1639=0.8406-（-0.3233）。

表 3-1 农地流转对农业产出的模型参数估计

		模型Ⅰ	模型Ⅱ	模型Ⅲ
1988~2002 年	LnA	0.7337（0.4275）	-7.1274（-1.5073）	4.8936（1.5314）
	α	-0.3233（-1.7763）	0.8406（2.3042**）	-0.3224（-1.1199）
	β	1.0563（46.3870***）	0.8960（24.3286***）	0.9024（35.8096***）
	γ	2.4876（18.4561***）		
R2，F 值		0.9985，2517.833***	0.9887，529.567***	0.9962，1594.209***
2003~2012 年	LnA	25.6148（7.5939***）	1.8638（1.0293）	20.1639（14.0377***）
	α	-1.7356（-5.9485***）	0.2967（2.0938*）	-1.2630（-10.7321***）
	β	0.2026（3.2524**）	0.5673（37.3875***）	0.3047（14.1843***）
	γ	0.4515（4.6034***）		
R2，F 值		0.9988，1724.968***	0.9961，894.847***	0.9990，3793.130***

注：括号内数值是 t 检验值，***、**、* 分别表示在 1%、5%、10%水平下显著。

三、结论与启示

农地流转对农业产出的效益表现为：①在直接效益上，农地流转作为独立要素的农业产出效益在 1988~2002 年最为显著，但随着经济的发展，土地的产出红利消失，农业产出将更多地依赖于农业技术创新。②在间接效益上，农地流转内生作用于支农投入的产出弹性比作用于劳动力资本的产出弹性更大，农地流转内生作用于劳动力资本时，改变了剩余劳动力对产出增加的牵制效应，促进了农业劳动力的生产潜力，而农地流转内生作用于投入资本的产出效益则取决于农地流转制度的健全程度以及农业生产技术，否则可能是负效益。因此，农地流转可以延长我国的人口红利期，改善农村剩余劳动力对产出增加的牵制效应，但是，农地流转的产出效益依赖于农地流转制度的健全、农业生产技术的创新与推广，所以，必须巩固流转根基、营造良好环境、加强农业风险防范。

第三节　基于 C-D 变异模型的收入效益分析

一、模型设定与说明

农地流转收入效益的模型和分析方法沿用产出效益的模型和分析方法。

假设 1：农地是农业生产的根本，也是农民收入的重要来源，农地作为一种独立的、关键性的资源，其流转直接影响着农民收入。

假设 2：由于农地及其规模对劳动力的吸纳与释放作用，农地流转内生作用于劳动力，对劳动力的收入效益有促进或制约作用，即农地流转通过对劳动力资本要素的内生配置作用影响农民收入。

假设 3：由于农地及其规模是农业投入资本效益发挥的基础条件，农地流转内生作用于农业投入资本，对农业投入资本的收入效益也起着促进或制约作用，即农地流转通过对农业投入资本要素的内生配置作用影响农民收入。相关的数据也使用产出效益模型的数据，但分别用农村居民人均纯收入、工资性收入、家庭经营性收入、财产和转移性收入的变化来衡量农地流转中的收入效益，对于部分缺失数据，利用线性插值法进行了替代。

二、检验结果与分析

从表 3-2～表 3-5 的结果看，农地流转对农民人均纯收入的效益模型中（见表 3-2），在隐性流转阶段和合法化阶段农地流转的收入效益都是积极的。①农地流转作为独立因素对收入的贡献最大，且农业劳动一直都是农民增收的制约因素，2003～2012 年劳动力的农业就业对农民人均纯收入的牵制效应比 1988～2002 年高出一倍多，反映随着经济的发展，大量劳动力的农业就业并不利于农村经济的发展与农民生活的改善。②当农地流转内生作用于劳动力时，促进效益在 1988～2002 年更为明显，隐性流转时期农地流转的农业产出效益较大，同时，农村剩余劳动力外出赚取了务工收入，随着经济的发展，农民的消费结构也发生了变化，消费需求增加，因而，最终的收入促进效益在合法化时期不明显。但两个阶段的劳动力农业就业的牵制效益都消除了，且在2003~2012年由于逐渐出现“民工荒”，就业机会较多，消除效应更大一些（2.8379>1.5094)。③当农地流转内生作用于农业投入资本时，1988~2002年的资本收入弹性降低了（-0.1134)，剩余劳动力引致了对农地流转的需要，但隐性农地流转没有规范流转双方的权责，导致了流入农地的农户只用地不护地，农业投入并无实质性增加，同时，受制于农业技术，农地流转只是农地经营主体的变化，农业生产与经营方式都没有发生太大的变化，所以，农地流转后农业投入资本的收入效益不增反降；但是在2003~2012年，农地流转往往伴随着集约化、机械化水平的提高，资本效益增加。④无论是合法化时期还是隐性流转时期，农地流转内生作用于支农投入的收入弹性比作用于劳动力的收入弹性大(0.9742>0.4858；0.1327>0.1208)，农地流转的农民人均纯收入效益更多地来自于农地流转作用于农业投入的影响。

表3-2 农地流转对农民人均纯收入的效益模型参数估计

		模型Ⅰ	模型Ⅱ	模型Ⅲ
1988~2002年	LnA	6.9424（2.9379**）	-4.6304（-1.5788)	7.8257（2.9503**）
	α	-1.0236（-4.3670***）	0.4858（2.1814**）	-0.8448（-3.4491***）
	β	1.0876（70.1608***）	0.8922（26.4623***）	0.9742（51.5632***）
	γ	1.9792（38.6740***）		
R2，F值		0.9997，13488.73***	0.9890，542.268***	0.9966，1808.944***
2003~2012年	LnA	35.0186（13.8971***）	2.3365（0.8763)	31.4498（7.1602***）
	α	-2.7171（-13.1489***）	0.1208（0.6089)	-2.3673（-6.4588***）
	β	0.0292（0.8814)	0.5390（17.6110***）	0.1327（2.2911**）
	γ	0.5873（8.5331***）		
R2，F值		0.9998，15267.19***	0.9936，549.024＊＊	0.9992，4731.542***

注：括号内数值是t检验值，***、**、＊分别表示在1%、5%、10%水平下显著。

在分项效益中，①农地流转对农民工资性收入的效益模型中（见表3-3），首先，农地流转作为独立要素对农民工资性收入存在积极效益，在1988~2002年，农地流转后农户家庭经营面积每增加一个单位，农民的工资性收入会增加0.8194个单位；而在2003~2012年，农地流转对农民工资性收入的直接效应仅为 0.4775 个单位，这反映了从 20 世纪 80 年代起存在大量就业机会，农地流转为劳动力流出赚取工资性收入创造了条件。其次，在 1988~2002 年，农地流转内生作用于农业投入的模型参数估计值高于其他两个模型（1.2216>0.8194>-0.7148），因此，在此阶段，农民工资性收入更多地受农地流转内生作用于农业投入的影响。农业投入越高，基础设施越健全，就越能释放更多的农业劳动力，农民获得工资性收入的可能性就越大，在控制其他变量的情况下，达到了 1.2216，但是，由于流转限制、农民对土地的情结以及粮食种植要求等多重因素的影响，这个时期的农地流转内生作用于劳动力还没能改变劳动力的负效益（-0.7148）。到了 2002~2012 年的合法化阶段，农地流转内生作用于劳动力与农业投入资本的农民工资性收入效益都不明显了，此时，取消了农业税费，发放了农业补贴，出台了 18 亿亩耕地红线规定，农业机械化程度提高，农业基础设施健全，农民工资性收入取决于非农就业机会以及是否属于农业剩余劳动力，因此，在农地流转的合法化阶段，农地流转成为了影响农民工资性收入的独立而关键的要素（0.4775）。

表 3-3　农地流转对农民工资性收入的效益模型参数估计

		模型Ⅰ	模型Ⅱ	模型Ⅲ
1988~2002 年	LnA	11.3909（8.3954***）	8.2905（4.6188***）	9.0666（4.7042***）
	α	-1.4115（-9.8394***）	-0.7148（-5.2474***）	-1.2951（-6.7444***）
	β	1.1765（32.2837***）	1.0003（55.7249***）	1.2216（81.8969***）
	γ	0.8194（2.9375**）		
R2，F 值		0.9993，5253.151***	0.9989，5624.424***	0.9989，5452.560***
2003~2012 年	LnA	46.1938（13.4886***）	0.8569（0.2054）	45.6301（13.8259***）
	α	-3.8220（-13.4064***）	0.0898（0.2820）	-3.7413（-13.3090***）
	β	-0.0296（-0.9274）	0.6471（15.2665***）	0.0422（1.1025）
	γ	0.4775（3.9833***）		
R2，F 值		0.9996，5125.195***	0.9838，213.687***	0.9996，8799.221***

注：括号内数值是 t 检验值，***、**、*分别表示在 1%、5%、10%水平下显著。

②农地流转对农民家庭经营性收入的效益模型中（见表 3-4），首先，农地流转作为独立要素对农民家庭经营性收入的效益在 1988~2002 年为负值，在 2003~2012 年为正值。不同时期农地流转的家庭经营性收入效益不同，原因在于

20 世纪 80~90 年代属于我国农业生产技术的创新发展与推广期，农地流转后尚没有与其规模相匹配的生产经营技术，因而生产效率不高；而从 2003 年至今，我国农业机械化水平提高，第一产业增长迅速，因此，出现了分析结果显示的 0. 4728 个单位的拉动效应。其次，农地流转内生作用于劳动力改善了劳动力对家庭经营性收入的牵制效应，两个阶段都变为显著的促进效应，但是这种促进效应在 2003~2012 年更为明显（2. 4381），比 1988~2002 年提高了 0. 8605 个单位，这反映了农地流转对劳动力的内生作用随着经济发展以及农业生产技术的提高与普及而增强，农地流转内生作用于劳动力促进了农民家庭经营性收入的增加。再次，农地流转内生作用于农业投入对农民家庭经营性收入的影响也是积极的，但这种促进效益表现为农地流转的内生作用在 1988~2002 年降低了 0. 1495 个单位，在 2003~2012 年提高了 0. 1376 个单位，原因在于农地经营规模与农业生产技术的匹配性，合法化时期的农地流转有利于农业机械化水平的提高以及农业生产技术的运用。最后，在隐性流转时期，农地流转内生作用于农业投入的家庭经营性收入弹性比作用于劳动力的家庭经营性收入弹性大（0. 8773>0. 7701），农地流转的农民家庭经营性收入效益更多地来自于农地流转作用于农业投入的影响；但在合法化时期，农地流转内生作用于劳动力的产出弹性的提高幅度要大于对农业投入的产出弹性（0. 2430>0. 1247），农地流转的农民家庭经营性收入效益更多地来自于农地流转作用于劳动力的影响。

表 3-4　农地流转对农民家庭经营性收入的效益模型参数估计

		模型Ⅰ	模型Ⅱ	模型Ⅲ
1988~2002 年	LnA	3. 8866（1. 6811）	-8. 0871（-2. 2706**）	7. 6336（2. 0553*）
	α	-0. 8075（-3. 5446***）	0. 7701（2. 8571**）	-0. 7849（-2. 3380**）
	β	1. 0268（63. 5758***）	0. 8184（19. 7868***）	0. 8773（29. 6484***）
	γ	-0. 8075（27. 0550***）		
R2，F 值		0. 9993，5377. 436***	0. 9812，313. 7331***	0. 9939，986. 947***
2003~2012 年	LnA	29. 5574（8. 3278***）	1. 1484（2. 8728**）	22. 4499（-4. 4911***）
	α	-2. 1951（-7. 2935***）	0. 2430（8. 7164***）	-1. 5515（-4. 4911***）
	β	-0. 0129（-0. 2397）	0. 4248（59. 9006***）	0. 1247（2. 3086**）
	γ	0. 4728（8. 2830***）		
R2，F 值		0. 9996，5167. 693***	0. 9998，17879. 08***	0. 9992，4494. 543***

注：括号内数值是 t 检验值，***、**、*分别表示在 1%、5%、10%水平下显著。

③农地流转对农民财产与转移性收入的效益模型中（见表 3-5），首先，农地流转作为独立要素只在 1988~2002 年对财产与转移性收入的效益影响显著，期间，农地流转有利于增加务工收入，农民的总收入增加，因而相应的利息等财产性收入增加；而在 2003~2012 年农地流转的财产与转移性收入效益只有伴随着农业资本投入的增加才能实现，期间，虽然农民仍然能够获得务工收入及其利息，但农民消费结构也发生了变化，农民的财产与转移性收入效益无明显变化，因此，新时期耕地的财产与转移性收入并不明显。其次，农地流转内生作用于劳动力的财产与转移性收入效益并不明显，但由于农地流转的内生作用，劳动力的农业就业对收入的牵制效益都降低了，且 2003~2012 年农地流转对劳动力牵制效益的化解能力更大一些（高出 0.1709 个单位）。再次，农地流转内生作用于农业投入对财产与转移性收入呈促进效益，但是由于农地流转的内生作用，投入资本的收入效益在两个阶段都有轻微的减少，这主要在于农地流转后规模化、集约化经营需要的投入资本会进一步增加，而这些成本的分摊需要一个时间段，减小了投入的收入效益，但仍然是积极的促进效益，且 1988~2002 年的促进效益比 2003~2012 年更大一些，隐性流转阶段的农业投入对于农民而言实际上就是财产与转移性的收入，而在 2003 年之后，农业投入往往伴随着农业生产与生活方式的改变，收入的效益弹性较小。最后，无论是合法化时期还是隐性流转时期，农地流转内生作用于农业投入的财产与转

表 3-5　农地流转对农民财产与转移性收入的效益模型参数估计

		模型 I	模型 II	模型 III
1988~2002 年	LnA	2.3234（1.2822）	-5.5463（-0.8226）	12.5376（2.9924**）
	α	-1.5151（-8.4129***）	0.2424（0.4642）	-1.7773（-4.7787***）
	β	1.5108（49.8561***）	1.0598（22.2965***）	1.2323（27.8642***）
	γ	4.0425（13.0198***）		
R2，F 值		0.9993，5756.693***	0.9879，489.940***	0.9944，1066.306***
2003~2012 年	LnA	22.6588（5.1223***）	0.4652（0.1963）	27.9942（13.1275***）
	α	-2.0892（-5.6134***）	-0.1608（-0.8631）	-2.5679（-14.5981***）
	β	0.5390（9.0774***）	0.8861（45.8522***）	0.4291（14.0813***）
	γ	0.1637（1.1735）		
R2，F 值		0.9990，2112.532***	0.9972，1258.598***	0.9997，15206.45***

注：括号内数值是 t 检验值，***、**、* 分别表示在 1%、5%、10%水平下显著。

移性收入弹性比作用于劳动力的财产与转移性收入弹性大（1.2323>0.2424；0.4291>-0.1608），农地流转的农民财产与转移性收入效益更多地来自于农地流转作用于农业投入的影响。

三、结论与启示

农地流转对于农民收入的效益为：①无论是隐性流转阶段还是合法化流转阶段，农地流转作为独立要素对农民人均纯收入的影响最为明显，分别达到了1.9792个单位和0.5873个单位；农地流转内生作用于农业投入资本的人均纯收入弹性次之；农地流转内生作用于劳动力的人均纯收入弹性最小，且在合法化阶段劳动力的收入弹性不明显。②分项收入中，在隐性流转阶段，农地流转作为独立要素对财产与转移性收入的弹性效益最大（4.0425）；农地流转内生作用于劳动力资本对农民家庭经营性收入的效益弹性最大（0.7701）；农地流转内生作用于投入资本对农民财产与转移性收入的效益弹性最大（1.2323）。在合法化阶段，农地流转作为独立要素对农民工资性收入的效益弹性最大（0.4775），对农民财产与转移性收入的效益弹性不明显，新时期耕地的财产与转移性收入并不明显，宅基地或者建设用地在加强农民财产性收入上的作用可能更大；农地流转内生作用于劳动力资本仅对农民家庭经营性收入的效益弹性显著（0.2430）；农地流转内生作用于投入资本对农民财产和转移性收入的效益弹性最大（0.4291），对农民工资性收入的效益弹性不明显。由此，可以借助农地流转与劳动力、资本的联动效应来促进农民增收，即要发挥农地作为资本的杠杆性功能。

第四节　基于 SEM 模型的经济溢出效益分析

一、理论基础

我国各地经济发展水平不同，并且农地资源分布各异，农地流转的经济效应可能会传导到周边地区，产生溢出效应。例如，随着农地的流转，部分家庭的户均家庭经营规模不断扩大，根据第一产业就业人员计算，全国劳均耕地面积从 1996 年的 3.73 亩增加到 2010 年的 4.36 亩。[①] 然而，在 1996~2010 年的十几年间，我国东部地区经济迅速发展，对务工人员的需求增加，导致部分农民弃耕进城务工或将农地委托他人耕种。这使得农地资源相对不丰富的地区随着劳动力向东南部地区转移迎来了一次相对的农地资源集中化，即一个地区的经济增长和劳动力转移促使农地流转发生。当然，这种溢出并不是单向溢出，而是一种互助、助推机制。因为现实中的经济增长、劳动力转移以及土地流转是双向甚至多向的，因此，本节的另一个研究重点是：本地区以外的农地流转是否有利于本地区的经济增长？农地流转是否存在空间溢出？

农地流转经济溢出效益的理论渊源可以追溯到马克思和恩格斯的经济流转学说、企业学说和产权地租理论。他们分析了土地租金和土地价格在土地资源重新配置中的作用，认为农地受让方支付给农民的土地使用权出让金就是地租，包含绝对地租和级差地租，地租决定了土地使用权的交易价格，是土地流转的决定性因素（第二章中有分析）。此后 Petty-Clark 认为，产业间的收入差异促使劳动力从低收入产业（第一产业）向高收入产业（第二、第三产业）转移，而农业劳动力转移必将引起农地流转和农地规模经营发展。David Ricardo、Georg Friedrich List、William Arthur Lewis 的“二元经济结构”理论，E. Ravenstien、D. J. Bagne 等的推力—拉力学说，John C. H. Fei、Gustav Ranis 的劳动力迁移学说，Thodore W. Schults 的人口迁移学说，Todaro M. P. 的城市预期收入理论等，都认为农地流转、劳动力转移与农业现代化、城镇化以及工业化的大发展息息相关。深层次原因在于农地流转使土地资源和劳动力资源得到重新配置：一方面，农地流转是区域农业生产规模化经营的基础条件，可能产生土地边际产出拉平与交易收益效应，解决土地细碎化问题，进一步优化土地资源配置；另一方面，土地流转与农村劳动力流动之间存在互推关系，部分学者认为土地流转不直接导致农村劳动力的转移，存在引致劳动力转移的中间变量。所以，从理论上推导，农地流转效益将通过农村劳动力转移以及区域内农业现代化、工业化、城镇化发展传导至整体经济。

我们对研究农地流转对经济增长的影响机理的文献进行了梳理，研究内容

① 根据《中国统计年鉴》公布的耕地面积和第一产业就业人员计算得出。

主要涉及以下几个方面：第一，农地流转与资源赋存。很多学者对此进行了研究，认为有效的农地使用权流转能够促进土地资源优化配置和农民增收，而土地所有权和使用权同时流转会使土地资源配置更有效，刺激土地资源开发的深度投资。第二，农地流转与社会福利。在我国，目前农地对于农民而言兼具生产资料及社会保障的双重功能，定期和不定期的土地调整同样具有重要的社会保障功能。反过来，社会保障也对农地流转意愿产生显著影响。因此，一个完善的农地流转市场对于提高农户的福利水平具有非常重要的意义——不论是农地流入和流出，都能够提高农户的收入水平，并直接或间接地促进农户消费。第三，农地流转与农业现代化。许多学者认为，土地流转促进农业规模化经营，更易形成专业化的生产基地、统一的农地管理、标准的农业生产过程，进而实现农业现代化。此外，土地流转还能促进农业机械化的普及，加速农业现代化进程。根据《中国经济周刊》（2008）对我国六省市农地流转现状的调查结果，被调查农户认为农业机械化生产是农地流转后的良性结果；谭淑豪、Heerink 等的研究结论也表明平均地块与技术效率正相关，土地流转是农业现代化的前提。第四，农地流转与农村劳动力转移、工业化、城镇化。农地流转与工业化、城镇化存在互动关系和传导关系：互动关系表现为农地流转为工业化、城镇化发展供应土地，而农村土地流转也受到现有工业化、城镇化模式的制约，这与张红宇坚持的观点相吻合，即农地流转不稳定主要受制于非农产业的发达程度和非农就业机会、农业经营的稳定性及农民收入的不确定性；传导关系则是农地流转通过劳动力转移和农业生产效率等中间变量对工业化、城镇化产生间接影响。农村劳动力参与工业化和城镇化，一方面是因为工业化和城镇化中工资水平较高；另一方面是因为现代农业生产对劳动力需求量相对减少。前者是拉力，后者是推力。有学者认为，随着城乡生态经济交错区非农收入增加，农民非农就业比重提高，非农就业人口的增多进一步促进了农地流转，因此城镇化建设为农民非农就业和土地流转创造了条件。而江淑斌认为，农业收入下降推动了农村劳动力的非农就业，抑制了农户间比较优势的发挥，抑制了土地流转。而非农部门的工资上涨拉动了农村劳动力的非农就业，促进了农户间比较优势的发挥，促进了土地流转，因此农业生产效率影响农民收入进而间接地作用于农地流转。基于以上方面的论述，本节提出以下研究假设：

假设 1：农地流转存在传导效应，农地流转导致劳动力资源和资本变化，推动农地规模化经营，是决定工业化和城镇化发展的重要因素。

假设 2：土地等要素流动将促使各地区的经济增长相互影响，距离越近，相互间的影响越大，即农地流转经济效应存在空间溢出。

二、模型设定与说明

由于农地流转在初期的溢出效益较小，因此，本节的分析样本为 2005~2010 年中国 31 个省（自治区、直辖市）① 的面板数据，构造了解释有关农地流转、“三化”（工业化、城镇化与农业现代化）发展与区域经济发展的空间计量模型。检验区域经济变量的空间相关性存在与否，使用空间统计量——空间自相关系数 Moran I，Moran I 定义为：

$$\text{Moran I} = \frac{\sum_{i=1}^{n}\sum_{j=1}^{n} W_{ij}(Y_i - \overline{Y})(Y_j - \overline{Y})}{S^2 \sum_{i=1}^{n}\sum_{i=1}^{n} W_{ij}} \tag{3-17}$$

其中，$S^2 = \frac{1}{n}\sum_{i=1}^{n}(Y_i - \overline{Y})$，$\overline{Y} = \frac{1}{n}\sum_{i=1}^{n} Y_i$，表示第 i 地区的观测值；n 为地区总数；$W_{ij}$ 为二进制的邻接空间权值矩阵，表示其中的任一元素，采用邻接标准或距离标准，其目的是定义空间对象的相互邻接关系。② 根据空间数据的分布可以计算正态分布 Moran I 的期望值：

$$E_n(I) = -\frac{1}{n-1}$$
$$VAR_n(I) = \frac{n^2 w_1 + n w_2 + 3 w_0{}^2}{w_0{}^2 (n^2-1)} - E_n{}^2(I) \tag{3-18}$$

上式中，$w_0 = \sum_{i=1}^{n}\sum_{j=1}^{n} w_{ij}$；$w_1 = \frac{1}{2}\sum_{i=1}^{n}\sum_{j=1}^{n}(w_{ij} + w_{ji})^2$；$w_2 = \sum_{i=1}^{n}(w_i + w_j)^2$；$w_i$ 和 w_j 分别为空间权值矩阵中 i 行和 j 列之和。用下式可以检验 n 个区域是否存在空间自相关关系：

$$Z(d) = \frac{\text{MoranI} - E(I)}{\sqrt{VAR(I)}} \tag{3-19}$$

① 不包括我国港澳台地区。

② 沈体雁．空间计量经济学［M］．北京：北京大学出版社，2010.

（1）空间滞后模型（Spatial Lag Mode，SLM）主要探讨各变量在某一地区是否有扩散现象（即溢出效应）。空间滞后模型最早由 White（1954）提出，Anselin（1988）以及 Anselin 和 Bera（1998）改进并提出方便运用的空间滞后模型①，数学表达为：

$$Y=\alpha+\rho WY+\beta X+\zeta,\ \zeta\sim N(0,\ \sigma^2 I) \tag{3-20}$$

其中，Y 为因变量——经济发展变量；X 为外生解释变量矩阵；ρ 为空间回归系数；W 为空间权重矩阵（Spatial Weight Matrix）；WY 为空间滞后变量；ζ 为随机误差项向量。

（2）空间误差模型（Spatial Error Model，SEM）主要用来度量邻近地区因变量的误差冲击对本地区观察值的影响程度。而当空间相关性依赖于误差时，残差将不再是自噪声，而是有空间自相关，将残差相关纳入考虑，得到空间误差模型：

$$Y=\alpha+\beta X+\zeta,\ \zeta=\lambda W\zeta+\mu,\ \zeta\sim N(0,\ \sigma^2 I) \tag{3-21}$$

其中，Y 为因变量——经济发展变量；X 为外生解释变量矩阵；λ 为空间误差系数；W 为空间权重矩阵；μ 为正态分布的随机误差项向量；ζ 为随机误差项向量。参数 λ 衡量了样本观察值中的空间依赖作用，即相邻地区的观察值对本地区观察值的影响方向和程度，参数 β 反映了自变量 X 对因变量 Y 的影响。② SEM 的空间依赖作用存在于扰动误差项之中，度量了邻接地区关于因变量的误差冲击对本地区观测值的影响程度。

本书考虑的空间溢出是空间差异性问题，因此构建空间变量 WND、W * GDP（简称为 WGDP）来衡量农地流转与“三化”以及经济增长的空间溢出。其中，权值矩阵 W 是以距离为基础的邻近矩阵，表示两两省份间的距离函数。空间变量 WND 表示一个地区周边其他地区滞后一期的农地流转强度对该地区经济发展的影响，即通过其他地区农地流转强度的加权和来衡量农地流转的溢出效应。具体到本章，各地农地流转推动了农业规模化经营，是否存在农地流转溢出效应需要通过这个变量检验。WGDP 表示 GDP 的空间滞后形式，之所以引入该变量是考虑到一个地区的经济发展可能和其他地区上一年的经济发展水平相关。因此，计量模型为：

①② 沈体雁．空间计量经济学［M］．北京：北京大学出版社，2010.

$$\begin{cases} GDP_{it}=c+a_1WND+a_2WGDP+a_3GY+a_4NY+a_5CZ+a_6NL+a_7ND+a_8ND\times GY+ \\ \qquad a_9ND\times NY+a_{10}ND\times CZ+a_{11}ND\times NL+\varepsilon_i \\ GDP_{it}=c+\rho GDP_{it}+a_1WND+a_2WGDP+a_3GY+a_4NY+a_5CZ+a_6NL+a_7ND+ \\ \qquad a_8ND\times GY+a_9ND\times NY+a_{10}ND\times CZ+a_{11}ND\times NL+\varepsilon_i \\ GDP_{it}=c+a_1WND+a_2WGDP+a_3GY+a_4NY+a_5CZ+a_6NL+a_7ND+a_8ND\times GY+ \\ \qquad a_9ND\times NY+a_{10}ND\times CZ+a_{11}ND\times NL+\varepsilon_i,\ \varepsilon_i=\lambda W\varepsilon_i+u_i \\ 其中，\varepsilon_i\sim N(0,\ \sigma^2) \end{cases} \tag{3-22}$$

其中，(3-22) 式各项分别为普通线性回归模型、空间滞后模型和空间误差模型。ρ 为空间回归系数，λ 为空间误差相关系数。ND×GY、ND×NY、ND×CZ、ND×NL 分别表示农地流转与工业化、农业现代化、城镇化以及农村劳动力转移的交叉项。W 为权重矩阵，是以距离为基础的邻近矩阵。以 31 个省（自治区、直辖市）的经纬度距离为度量标准，将距离最近的 4 个省定义为邻近，计算出“. gwt”格式矩阵。变量具体说明如下：

对于农业现代化、城镇化和工业化指标，学者们做了很多研究，既有以单个具有代表性的指标来表示的，也有通过一系列综合性指标体系来表示的。考虑到数据的可得性和比较分析的简化，在参考相关文献后，采用单一指标来进行比较分析，同时进行分析的最终各指标数据都为 2005~2010 年度增长率的平均数。NY：农业现代化变量，用农作物亩均机械总动力、劳动生产率二者取算数平方根来表示，农作物亩均机械总动力=农用机械总动力/农作物总播种面积，劳动生产率=农林牧渔总产值/第一产业就业人员。GY：工业化水平变量，用非农产业产值占国民生产总值的比重来表示，其中非农产业产值用去除第一产业产值后的国民生产总值表示。CZ：城镇化变量，用城镇化率来衡量，城镇化率=城镇人口/总人口。GDP：国内生产总值变量，为被解释变量，用各个地区的国内生产总值表示。ND：农地流转变量，考虑到我国自改革开放以来实行家庭联产承包制，所以无法获得各省份农地流转的具体数据，而家庭是我国农地的基本经营单位，因此，农地流转的强度和家庭经营土地面积的变化同方向（游和远，2010）。因此用农户户均经营耕地面积的变化量来衡量农地流转变量，农户户均耕地面积=农户户均人数×农村居民家庭人均耕地面积。NL：农村劳动力流动或转移变量，农地流转对农村劳动力转移的影响表

现为农地流转后农村劳动力的移动总量变化。伴随着农村工业化、城镇化的进程，农村劳动力的转移有就地转移和异地转移，就地转移主要是乡镇企业吸收人员数，异地转移则主要是外出务工人员数，当然农村劳动力的转移还受到经济发展速度、农业现代化水平以及农民自身知识水平等的影响。为了方便研究，本章选择粮食作物播种面积农村劳动力的挤出能力来表示农村劳动力的最终转移变量，单位粮食作物播种面积农村劳动力挤出=（乡镇企业从业人员+城镇单位就业人员中从农村招收的部分）/粮食作物播种面积。其中，相关数据分别来自于《中国统计年鉴》、《中国农村统计年鉴》、《中国人口与就业统计年鉴》和《中国人口统计年鉴》。

三、检验结果与分析

（一）全样本估计

1. 农地流转的经济效应检验

采用 OLS 模型、SLM 模型、SEM 模型三个模型进行分析，结果如表 3-6 所示。从 OLS 估计结果来看，Moran's I 误差为 2.9816，且在 1%的水平下高度显著；变量存在明显的空间特性，需要引入空间变量。引入空间变量后，采用最大似然法（Maximum Likelihood，ML）估计空间模型，使用 LM（Lagrange Multiplier）检验从 SLM 和 SEM 中选择最优模型。表 3-6 的结果显示，LM（error）比 LM（lag）更显著，且 Robust LM（error）比 Robust LM（lag）在 10%水平下更显著，因此选用 SEM 考察农地流转对地区经济增长的影响，这也说明我国农地流转产生的空间效应在区域层面上是非均一的，体现为回归误差项的相关性。

表 3-6　农地流转和“三化”发展水平对地区经济增长的全样本估计结果

变量	OLS	SEM	SLM
C	0.2508（0.0047）	0.2465（0.0001）	0.2507（0.0000）
GY	3.9611（0.0014）	4.0337（0.0000）	3.9611（0.0000）
NY	0.3114（0.3165）	0.3812（0.1069）	0.3114（0.1914）
CZ	0.0154（0.3426）	0.0139（0.2316）	0.0154（0.2516）

续表

变量	OLS	SEM	SLM
NL	-0.0169 (0.8444)	-0.0076 (0.9042)	-0.0169 (0.7994)
ND	-0.0770 (0.4128)	-0.0573 (0.4109)	-0.0770 (0.2881)
ND×GY	-0.0598 (0.0427)	-0.0584 (0.0015)	-0.0598 (0.0020)
ND×NY	0.0244 (0.0935)	0.0209 (0.0462)	0.0244 (0.0260)
ND×CZ	-0.0028 (0.3250)	-0.0025 (0.2176)	-0.0028 (0.1984)
ND×NL	0.8199 (0.0521)	0.7620 (0.0099)	0.8199 (0.0087)
WND	0.0436 (0.1439)	0.0421 (0.0558)	0.0436 (0.0516)
WGDP	-0.7123 (0.1333)	-0.7188 (0.0432)	-0.7122 (0.0845)
ρ/λ		0.2197 (0.3262)	0.0000 (0.9999)
R-squared	0.6129	0.6318	0.6129
F-statistic	2.7353 (0.0262)		
Breusch-Pagan test	7.4942 (0.7578)	5.7502 (0.8895)	7.4942 (0.7578)
Moran's I (error)	2.9816 (0.0029)		
LM (lag)	0.0000 (1.0000)		
Robust LM (lag)	2.8056 (0.0939)		
LM (error)	0.7267 (0.3840)		
Robust LM (error)	3.5323 (0.0602)		

注：解释变量为 GDP；所有结果利用 Geoda095i 软件计算得出。

SEM 结果显示，ND 系数为-0.0573，但没有通过显著性检验，不能拒绝系数为 0 的假设。因此，农地流转不成为区域经济增长的直接拉力，即使在舍弃的 OLS 和 SLM 模型中，仍然支持此结论。因此，接下来需要验证的是前文提出的农地流转是否通过农村劳动力转移以及工业化、城镇化和农业现代化拉动地区经济增长。

首先，GY、ND×GY 的系数分别为 4.0337 和-0.0584，并且都在 1%水平下高度显著，但两者的符号不一致，可以判断农地流转与工业化对地区经济增长的作用需要再考虑 GY 和 ND×GY 两项的系数。在 ND 等于 69.07 亩/户时，两者互为相反数；在农地流转面积超过 69.07 亩/户的规模时，农地流转与工业化之间才存在互推效应，共同作用于经济增长；在农地流转面积等于或者小于 69.07 亩/户时，不会推动地区经济增长。因此，理论上农地流转与工业化之间可以互补推动地区经济增长，但我国 31 个省（自治区、直辖市）中家庭户均经营耕地面积最大的黑龙江也只有 37 亩/户，说明在我国的现实国情中农地流转与工业化水平之间不存在互推效应。

其次，NY、ND×NY 的系数分别为 0.3812 和 0.0209，NY 在 10%水平下显著，说明农业现代化水平的提高对地区经济增长存在拉动作用，因为农业现代化能提高劳动产出率和土地产出率。而 ND×NY 也在 5%水平下显著，反映出农地流转与农业现代化之间存在互补效应，农地流转后的规模化能促进农业现代化水平，农地流转对地区经济增长的拉力通过农业现代化得到强化。

再次，CZ 和 ND×CZ 的系数分别为 0.0139 和-0.0025，且都没有通过显著检验。因此，农地流转与城镇化之间不存在互补效应。农地流转之后，农民兼业化模式普遍，没有放弃对农地的承包权。在三种检验中，ND×CZ 的系数都为负数，且都在-0.0028 左右，农地流转与城镇化对地区经济增长有逆向效应，这可能由于农地流转后机械化水平提高，农地收益率相对提高，部分农村劳动力返乡务农，如近年来各地不断涌现的各类种植大户。因此，若仅考虑地区经济增长这一指标，引导劳动力回乡务农不是明智之举，因为农业的低附加值性无法改变，这会“拖累”地区经济增长。因此，在强调粮食安全和社会可持续发展的背景下，对于农业劳动力需求相对较大的粮食主产区，应当给予更多的关注和制度倾斜，加大对粮食主产区的补偿力度。

最后，NL、ND×NL 的系数分别为-0.0076 和 0.7620，NL 没有通过显著性检验，但 ND×NL 在 1%水平下高度显著。从它们的系数中可以看出，农村劳动力对农地流转具有反推效应，农村劳动力转移会进一步推动农地流转，从而拉动地区经济增长。这和游和远等（2010）、陈锡文等（2002）以及韩俊（1998）阐述的农业规模经营和土地承包权流转要首先解决农民非农就业的观点相契合。

2. 农地流转的空间效应检验

从表 3-6 可知，WGDP 的系数在 5%的水平下显著，即当年地区经济增长受上年度周边省份经济增长的影响，这种影响率约为 71%；同时，空间回归系数 ρ=0.2197，为正值，说明周边省份的经济增长对本地区的经济增长产生影响，但没有通过显著性检验，即各地区的经济增长在空间上不存在显著的相互影响。据此，可认为我国省域地区的经济存在跨期的空间溢出效应，而同期效应则不明显。

农地流转变量（ND）的系数为负且不显著，说明农地流转对地区经济发展的影响需要由中间变量传导，从而证明了农地流转的直接效应主要作用于工业化水平、农业现代化水平以及农村劳动力转移。农地流转与工业化交叉项的系数、农地流转与劳动力转移交叉项的系数都在1%的水平下高度显著，农地流转与农业现代化交叉项的系数在5%的水平下显著，正验证了这一点。那么，农地流转是否在促进本地区经济增长的同时也有利于其他地区的经济增长呢？根据表3-6的结果，农地流转的空间变量（WND）的系数在10%的水平下显著，也就是说，本地区的经济发展对相邻地区的农地流转强度具有较强的空间依赖性。

（二）子样本估计

由于我国农业生产具有明显的地域特征，因此在分析农地流转的溢出效应时还要考虑区域内部溢出。本节根据我国粮食生产的基本区域性，分别考察粮食主产区和粮食主销区①的情况。在对两个子样本进行估计时，空间权值矩阵调整为各子样本内部省份之间的经纬度度量距离，不考虑样本外周边省份。根据表3-7可以得到以下结论：

首先，农地流转对粮食主产区和粮食主销区的经济增长均具有显著作用，但是存在明显的区域差异。从ND的系数绝对值看，粮食主产区内的农地流转对经济增长的影响相对较大。农业生产在粮食主产区经济中所占份额较多，作为农业生产效率最直接贡献要素的农地的影响强度也较大。同时，农地流转强度的提高对粮食主产区内各省经济增长的拉动作用是逆向的，而对粮食主销区各省经济则具有正向的推动效应。

其次，农地流转在粮食主产区具有显著的空间影响，而在粮食主销区的空间影响则相对较弱。如表3-7所示，反映农地流转空间效应的变量（WND）的系数在粮食主产区子样本的估计结果中是显著的，而在粮食主销区子样本的估计结果中不显著，这与粮食主产区的农地资源更集中、面积更大以及土地产出率和劳动产出率更高有关。

最后，农地流转与工业化的交互项对粮食主产区和粮食主销区的经济增长

① 粮食主产区包括黑龙江、吉林、辽宁、内蒙古、河北、河南、山东、江苏、安徽、江西、湖北、湖南和四川13个省（自治区）；粮食主销区为我国31个省（自治区、直辖市）中除去上述13个粮食主产区的其他省（自治区、直辖市）。

均具有显著的拖累效应；农地流转与农业现代化的交互项以及农地流转与农村劳动力转移的交互项对粮食主产区的经济增长具有显著的拉动效应，而对粮食主销区的经济增长具有明显的拖累效应；农地流转与城镇化的交互项对粮食主产区的经济增长具有显著的拖累效应，而对粮食主销区的经济增长具有明显的推动效应。出现上述结果的原因是：一方面，农地流转与劳动力转移相挂钩，二者互相推动，为工业化、城镇化囤地存人；另一方面，农地流转可能引致逆向的劳动力回流，加之农业具有低附加值性，因此农地流转对区域内省份的经济增长存在一定的拖累效应。

表 3-7 农地流转和“三化”发展水平对地区经济增长的子样本估计结果

变量	粮食主产区			粮食主销区		
	OLS	SEM	SLM	OLS	SEM	SLM
C	0.4632 (0.0069)	0.4659 (0.0000)	0.4632 (0.0000)	0.0216 (0.8130)	0.0187 (0.7076)	0.0216 (0.6848)
GY	17.2353 (0.0180)	17.1531 (0.0000)	17.2353 (0.0000)	1.4659 (0.5059)	1.4173 (0.2342)	1.4659 (0.2283)
NY	-1.8037 (0.0340)	-1.8332 (0.0000)	-1.8037 (0.0000)	0.8785 (0.8019)	0.8819 (0.0002)	0.8785 (0.0003)
CZ	0.5671 (0.0383)	0.5588 (0.0000)	0.5671 (0.0000)	-0.2285 (0.1085)	-0.2314 (0.0009)	-0.2285 (0.0013)
NL	-3.2190 (0.0208)	-3.2041 (0.0000)	-3.2190 (0.0000)	0.0750 (0.4323)	0.0762 (0.1400)	0.0750 (0.1477)
ND	-2.9517 (0.0238)	-2.9873 (0.0000)	-2.9517 (0.0000)	0.1524 (0.2802)	0.1542 (0.0370)	0.1524 (0.0408)
ND×GY	-1.0429 (0.0327)	-1.0365 (0.0000)	-1.0429 (0.0000)	-0.0288 (0.3653)	-0.0284 (0.0945)	-0.0288 (0.0904)
ND×NY	0.4783 (0.0220)	0.4839 (0.0000)	0.4783 (0.0000)	-0.0213 (0.3645)	-0.0217 (0.0827)	-0.0213 (0.0918)
ND×CZ	-0.1009 (0.0382)	-0.0995 (0.0000)	-0.1009 (0.0000)	0.0186 (0.1629)	0.0189 (0.0052)	0.0186 (0.0069)
ND×NL	28.6272 (0.0245)	28.4703 (0.0000)	28.6272 (0.0000)	-0.7556 (0.3530)	-0.7734 (0.0740)	-0.7556 (0.0845)

续表

变量	粮食主产区			粮食主销区		
	OLS	SEM	SLM	OLS	SEM	SLM
WND	1.8139 (0.0155)	1.7979 (0.0000)	1.8139 (0.0000)	-0.0449 (0.4012)	-0.0459 (0.1093)	-0.0449 (0.1254)
WGDP	-1.8603 (0.0191)	-1.8579 (0.0000)	-1.8603 (0.9999)	0.5877 (0.2286)	0.6058 (0.0156)	0.5877 (0.0747)
ρ/λ		-2.5454 (0.0000)	-0.0000 (0.9999)		3.2075 (1.0000)	0.0000 (0.9999)
R-squared	0.9999	0.9999	0.9999	0.8009	0.8021	0.8009
BPtest	21.0125 (0.0332)	15.7563 (0.1504)	21.0125 (0.0332)	14.9222 (0.1861)	14.6092 (0.2010)	
LM（lag）	0.0000 (0.9999)			0.0000 (1.0000)		
Robust LM（lag）	12.9979 (0.0003)			4.2496 (0. 0393)		
LM （error）	0.6522 (0.4193)			0.2936 (0.5879)		
Robust LM（lag）	13.6501 (0.0002)			4.5432 (0.0330)		

注：所有结果利用 Geoda095i 软件计算得出。

四、结论与启示

本节通过农村劳动力以及“三化”发展的情况分析了农地流转的经济增长效益是否存在空间溢出。得出以下结论：①农地流转不是区域经济增长的直接拉力，但依赖工业化、农业现代化和农村劳动力转移等中间变量，农地流转间接推动区域经济增长；②我国省域地区经济之间存在跨期的空间溢出效应，而同期则无明显的效应；③本地区经济发展对相邻地区的农地流转强度存在较强的空间依赖；④农地流转在粮食主产区呈现显著的空间影响，在粮食主销区则相对较弱。由此，我国经济增长离不开农地流转制度的建设，应当合理地利

用农地流转的经济效应和空间效应。首先，在土地资源有限的情况下，合理地组织农地流转，促进农业适度规模经营，提高农业产业化水平；在大力推进农业现代化发展的背景下，依赖农地流转释放出的农村劳动力，大力开展工业化和城镇化建设，延长我国人口红利存续的时间，引导地区经济新一轮增长。其次，实现农地流转市场与劳动力市场的对接。劳动力和土地资本是我国现代化建设的关键要素，农地流转和劳动力转移之间存在互助耦合效应，应依赖土地市场和劳动力市场的衔接来提高农地的资产、资本和资源属性。最后，结合子样本分析中得出的结论，农地流转对粮食主产区和主销区的经济增长存在明显的区域差异，因此，不同地区的土地市场和劳动力市场的衔接应当注重制度的差异性，考虑地区经济发展特点、人们生活水平、地理特征以及社会习俗等。

本章小结

我国农地流转对农村经济发展起着关键性作用，农地流转不仅直接影响到农业潜力的充分发挥，而且也影响着农民的投资能力以及投资意愿，同时还影响到农村生产组织形式的进步及政府农业政策的效果。本章内容如下：①采用混合加权最小二乘法分析了 1978~2002 年、2003~2012 年两个阶段的农地流转对农业产出、农民收入的影响，得出结论：农地流转及其对劳动力、投入资本的内生配置作用共同影响农业产出和农民收入，但在不同时期表现出的效益贡献度不同。因此，从农地流转的经济效益来看，应当巩固流转根基、营造良好环境、加强风险防范，尽快构建合理、有序的农地流转机制，通过农地流转发挥土地的配置效率，加强经济效益。②构建考虑空间因素的计量模型验证了农地流转的经济空间溢出效益：农地流转通过工业化、农业现代化和农村劳动力转移促进地区经济增长，在跨期内存在空间效应，本期内则没有；本地区经济发展对周边地区的农地流转强度存在较强的空间依赖；此外，农地流转对粮食主产区、粮食主销区经济增长的空间效应存在明显的区域差异，在粮食主产区农地流转对经济增长表现出更强的直接和间接拉动效应，在粮食主销区则相对较弱。

第四章　农地流转的社会效益分析

第一节　农地流转社会效益的分析框架

一、农地流转与新型农民培育

农地和农民的关系息息相关，一直以来，土地是我国农民赖以生存与发展的根本，也是农民精神寄托的载体。农地流转之后，有些农民继续从事农业生产；有些农民转而从事与农业生产相关的服务业；还有些农民转行加入到城镇化、农村工业化的建设中，但是都需要学习新的生产与管理知识，需要实现传统农业经营思想与现代化管理技术相结合，在这个过程中，部分农民逐渐演变为一种能够适应时代发展的具有一定现代化管理理念与市场运营知识的新型农民。中共十六届五中全会明确指出，“有文化、懂技术、会经营”是新型农民的内涵。龙翠红（2011）提出了新型农民培养的目标既不是把传统农民培养成产业工人，也不是把传统农民改造为彻头彻尾的市民，而是把传统农民培养成懂技术、有文化、能经营的现代新型农民。很多学者还分别从社会身份、工作时间、工作效率、居住地点、农民素质、职业特点、经济行为等不同的角度对新型农民的内涵进行了界定（丁燕红等，2006；于禄娟，2007；石火培，2008）。关于新型农民的培养，则主要从农村人力资本开发（Schultz，1964；Welch，1970；Huffman，1980；邹薇等，2006；高梦滔，2006；徐金海，2009），外出务工、劳动力流转、城镇生活（周晓红，1998），以及农村发展、

村民自治等方面（董江爱，2009）展开研究。从土地角度对新型农民培养的研究则相对欠缺，但是由于新型农民培养是在目前农地流转规模化的背景下进行的，农地流转将直接或者间接地促进农民在就业、知识结构、经营能力等方面的改变，农地流转对新型农民的培养具有重要的影响。

二、农地流转与农村社会保障

在我国，农地是农民收入的主要来源，但它不仅是一种生产资料，更是一种生存的保障。因此，农地一直都承担着农民的社会保障功能，农地保障也属于我国农村社会保障中的重要内容。当农民的各种社会保障都依赖土地来满足时，农村社会保障将保持在一种较低的水平上，土地就是农村社会保障的代名词；当发生土地流转时，流入方农户将获得规模化、机械化经营效益，流出方农户也将获得流转收入和务工收入，无论对于哪一方，收入都提高了。土地收益导致的收入变化影响了农村社会保障的供求平衡，即在土地流转后，农民的支付能力增强，降低了对土地的依赖性，同时农户们面临的风险性增加，如经营风险、失业风险等，对于生存、就业、医疗、养老等社会保障的需求也就增加了。反过来，我国农村社会保障缺失的主要表现就是农民对土地的过度依赖。因此，农地流转与农村社会保障的关系极为密切，构建完善的农村社会保障体系必须考虑这一事实：不应当将农地流转与农村社会保障看作是简单的因果关系，而应将其看作一种相互促进的关系（岳浩永等，2005；李雪，2008；苏琼，2009；耿永志，2010）。

三、农地流转与城镇化发展

中共十八大报告明确了推进新型城镇化的战略任务。城镇化是中国经济持久增长的内生动力，同时也是扩大内需的主要着力点。1978~1992 年，中国的城镇化率在 17.9%~27.5%的水平，此时，在城乡二元分割体制下，乡镇企业促进了小城镇的发展，城市工业的恢复性增长则促进了城镇化发展。1992~2002 年，城镇化率从 27.5%提高到了 39.1%，该阶段的城镇化以工业化带动城镇化为起点，以城镇土地市场化为主要动力。特别是在东南亚金融危机后，国家推动实施了新的城镇化战略，将城镇化作为拉动内需、缓解有效需求不足的重要途径。2002~2012年，中国的城镇化水平提升到了51.3%，该阶段的城镇化以产业升级为基础，以政府土地经营为主要动力。目前，中国51.3%的城镇化率远低于工业阶段应有的水平。横向来看，中国的城镇化不仅低于欧美等发达国家，也低于巴西等发展中国家。归根结底，中国城镇化的核心矛盾是人多地少的问题。一直以来，中国城乡间的土地矛盾在于城镇化发展与保证农业生产之间的取舍。关于土地与城镇化之间的关系，已经引起了政府和学术界的广泛关注，特别是中共十八届三中全会提出要给予农民更多的财产权利，建设城乡统一的建设用地市场，在缓解城市化用地问题的同时避免减少耕地，从而有助于化解城镇化过程中的基础性障碍，尽早实现土地视角的城镇化。但城镇化不仅是土地的城镇化，更为贴切的表现应是人口的城镇化，表现在人口空间分布以及人民生活水平上。农地流转促进了农村剩余劳动力的转移，有利于人口的城镇化；反过来，农村劳动力的流动又引致对农地流转及集中经营的需求，因此，土地作为最基本的要素，在市场的作用下，协同劳动力、资本等一同影响着城镇化。

第二节　基于PDLs模型的新型农民培育效益分析

一、农地流转对新型农民培育的影响机理

由于农地流转效益具有滞后性，即农地流转会促进农民后续时期的农业产出水平以及农民收入的变化，产生效益递延，因此，农地流转对新型农民的培育作用同样具有滞后效应，原因在于农地流转不会立刻引起农民思想观念的变化，也不会立刻给农村发展带来活力或者机遇，而是要经过一定的时间后，新思想、新观念才会逐渐地渗透给他们，而且技术、知识的掌握以及能力的提高也具有一定的时滞性。因此，当前的变化或成效一定还受到前期行为的影响。基于此，本节将建立农地流转对新型农民培育的分布滞后模型，在分析农地流转与新型农民之间内在机理的基础上，探讨我国农地流转对新型农民培育的影响，为实现农地流转与新型农民培育的配合与互助提供科学依据与建议。新型

农民就是有文化、懂技术、会经营的农民，换句话说，就是具有市场经营能力、科技增收能力和专业化生产能力的人。农地流转对新型农民培育具有一定影响的根本原因在于农地流转后，农村劳动力流动、农地适度规模经营、农民的知识结构、收入结构等会发生变化，随着生产发展与农村经济发展，农民的文化与技术水平、经营能力也逐渐增强。具体如图 4-1 所示：

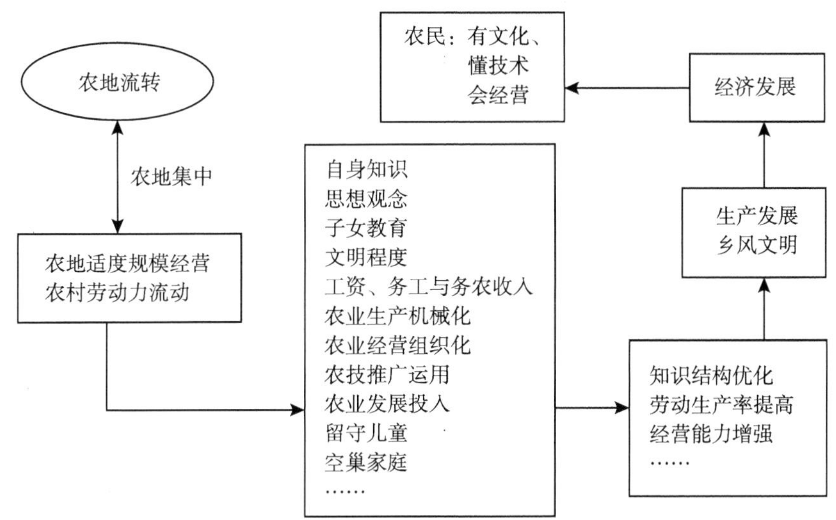

图 4-1　农地流转对新型农民培育的影响机理

1. 农地流转、农村劳动力转移与新型农民培育

农地流转通过与农村劳动力的互促流动，拓展了新型农民培育的渠道。农地流转促进了农村劳动力的流动，一种是地域的转移，即农村劳动力离开农村进入城镇的非农产业部门；另一种是产业的转移，即农村劳动力离开农业进入乡镇企业或者城镇打工（祝华军，2005）；还有一种是农地规模化、机械化经营后的专业化农业生产岗位。对于第一种流动，农民们更快地掌握了二三产业的相关知识，农民的知识结构得到优化；对于第二种流动，农民能够体验城市的生活，感受知识带来的卓越成果，提高了农民知识的丰富度；而第三种流动，农民开始专门从事一些岗位的工作，提高了农民知识的专业性。因此，从长远来看，农地流转促使了农地与劳动力在社会中的重新配置，提高了农地和劳动力的利用效率，可以提高社会经济的总量，从而促进农民增收，即既有务

工收入，也有务农收入，还有流转收入。而对于单个家庭来说，农地流转与劳动力的转移不仅仅在于改变了收入，也会使生活习惯、消费观念、教育观念等逐渐改变，这对于改变传统农业，促进农业、农村与农民的现代化具有积极效益。

2. 农地流转、适度规模经营与新型农民培育

农地流转通过与农地适度规模经营的互促流动，为新型农民培育创造了条件。农地流转推动了农地适度规模化经营，改变了流出地的农业生产方式、农业经营方式、农业技术以及对农业发展的投入等。我国农业生产效率不高，其原因之一在于传统的小农经营模式阻碍了农业产业化的发展（谢小蓉、傅晨，2008）。农地流转以农业资源开发为基础，把分散经营的农地集中起来，进行专业化生产与规模化的机械作业，有助于优化农业生产结构，发展优势产业，提高农业生产的组织化程度和市场竞争力（刘鸿渊，2010）。而部分农民外出务工也增加了见识，开阔了眼界，认识到规模化生产、民主化管理、多元化经营以及品牌效益，对组织化生产的态度也更加坚定。此外，规模化经营对农业技术的需求更加旺盛，种养大户以及素质较高的农户容易掌握农业科技知识，带动其他农户使用新技术成果，提高农户的科技运用能力与市场经营能力，反过来也促使农民增加对自身知识、农业基础设施以及农业技术的投入，形成良性互动，最终促进新型农民的养成。

3. 农地流转、农民边缘化与新型农民培育

农地流转促进了农村劳动力转移，部分农民常年在城市生活，但是由于我国的户籍、教育以及养老、医疗等制度的二元性，农民大都没有放弃农地的相关权利。因此，形成了这样一种局面：在城市生活的农民并不能顺利地转为市民，因而他们不能享受与市民同等的待遇；同时，农民由于常年不生活在农村，很多农民失去了原有的部分农地，他们的身份非工非农，生活方式也非城非乡，没有稳定的生存保障，受制于文化水平、制度保障、身份转变、职业选择、重新就业等因素，加之特殊的生活习惯使得他们没有能力或者说根本没有激情和抱负再去“另谋生路”，在农地流转过程中，他们中的一部分逐渐演变为一种新型的群体，农民被边缘化（史慧，2012），此外，还导致了农村地区大量的空巢家庭和留守儿童。因此，农地流转在通过农村劳动力转移与农地适度规模经营促进新型农民培养的同时，也存在一些必须要克服的问题，即农民边缘化、农民工子女教育和空巢家庭等问题。

二、模型设定与说明

根据前文的分析，由于经济、制度等层面上的原因，农地流转（z）对新型农民培育（y）的影响不是瞬时的，而是存在时间的延迟，也就是滞后。因此，引入滞后变量模型，研究不同时期农民发展与新型农民培育之间的动态关系，构建如下基本回归模型：

$$y_{it}=a_{it}x_{it}+b_{ti}z_{it}+u_{it} \tag{4-1}$$

其中，被解释变量 y 为新型农民的衡量变量；z 为农地流转变量；x 为其他控制变量；t 代表年份；i 代表单位变量个数；u 为随机扰动项。a_i、b_i 为待估参数，其中，b_0 为农地流转的短期影响乘数，它表示农地流转变动对当期新型农民培育产生的影响；b_1，b_2，…称为延期过渡性影响乘数，它们度量农地流转的各个前期值变动对新型农民培育的滞后影响，所有乘数之和 $\sum b_i(\sum b_i<\infty)$ 称为长期乘数，即农地流转变化时，不仅要考虑对新型农民培育的短期影响，还要顾及农地流转产生的长期影响。运用阿尔蒙（Almon）提出的多项式分布滞后模型（Polynomial Distributed Lags ，PDLs），假设 b_i 可以由 n 阶多项式来很好地逼近：

$$b_i=\gamma_1+\gamma_2(i-\bar{c})+\gamma_3(i-\bar{c})^2+\cdots+\gamma_n+1(i-\bar{c})^n,i=1,2,3,\cdots,m,m>n \tag{4-2}$$

其中，$\bar{c}$ 是定义的常数，用来避免共线性引起的数值问题，并不影响 b 的估计，当 n 为奇数时，取值为(m-1)/2；当 n 为偶数时，取值为 m/2。将（4-2）式代入（4-1）式中，可以得出（4-3）式。（4-3）式减少了待估参数，一旦估计得出 γ，利用（4-2）式就可以求得 b 的各个系数和标准差。

$$\begin{cases}y_t=a_{it}z_{it}+\gamma_1h_1+\gamma_2h_2+\cdots+\gamma_{n+1}h_{n+1}+u_{it}\\h_1=z_t+z_{t-1}+\cdots+z_{t-m}\\\cdots\cdots\\h_{n+1}=(-\bar{c})^nz_t+(1-\bar{c})^nz_{t-1}+\cdots+(n-\bar{c})^nz_{t-m}\end{cases} \tag{4-3}$$

对于新型农民培育（y）的衡量，“有文化、懂技术、会经营”是基本内涵，因此，分别选取了文化指标——农民小学及以上文化程度的人口占比（y_1）、技术指标——农业机械化程度（y_2）以及经营指标——农民人均纯收入（y_3），从三个方面进行全面的考量。考虑到农地流转变量数据难以获得，农地流转变量

(z) 用户均经营耕地面积来表示（游和远，2010）。考虑到新型农民培育还受到经济发展水平、教育水平、文化卫生情况、产业发展情况以及制度因素等的影响（赵帮宏等，2010；刘芳等，2011），因此，引入五个控制变量，分别为：x_1 反映产业发展状况，用非农产业发展水平即第二、第三产业的国民经济占比来表示；x_2 反映教育发展水平，用每万人的大学生数来表示；x_3 反映农民文化发展水平，用农民的科教文卫支出及服务支出来表示；x_4 反映经济发展水平，用农民生活改善程度即农民食物支出中肉类支出的占比来表示；x_5 反映新型农民培育的制度支持程度，用支农投入占支出的比重来表示。

三、检验结果与分析

本节分析的时间跨度为 1988~2011 年，所有指标的数据均来自《新中国 60 年统计资料汇编》、《新中国农业 60 年统计资料》以及 2009~2012 年的《中国统计年鉴》、《中国农村统计年鉴》、《中国农业统计年鉴》。在对数据进行标准化处理的基础上，利用 ADF 检验和 PP 检验对农地流转变量、新型农民的衡量指标以及各控制变量进行单位根检验，单位根检验显示的结果是标准化后的变量变为了平稳序列。为了避免回归中出现伪回归的现象，需要进行协整检验，以确定 y 和 z 之间是否存在长期均衡的关系，采用 Johansen 协整检验方法，结果如表 4-1 所示。无论是迹检验还是最大特征根检验都显示，新型农民培育的文化指标、技术指标与农地流转之间存在 2 个协整关系，经营指标与农地流转之间存在 1 个协整关系。即农地流转与新型农民培育之间存在长期均衡关系。

表 4-1　Johansen 协整检验

	原假设	特征根	迹统计量	λ-max 统计量
Y_1	0 个协整向量	0. 5047	20. 1746（0. 009）	15. 4593（0. 032）
	至少有 1 个协整向量	0. 1929	4. 71532（0. 029）	4. 7153（0. 029）
Y_2	0 个协整向量	0. 3141	16. 1004（0. 040）	8. 2953（0. 349）
	至少有 1 个协整向量	0. 2986	7. 8047（0. 005）	7. 8049（0. 005）
Y_3	0 个协整向量	0. 6210	22. 7434（0. 003）	21. 3499（0. 003）
	至少有 1 个协整向量	0. 0613	1. 3935（0. 237）	1. 3935（0. 237）

注：括号内为保留三位小数后的值。

另外，分别对农地流转与新型农民的衡量指标进行相关性分析，确定滞后阶数，其中文化指标、技术指标的滞后期数都为5期，经营指标的滞后期数为2期，为了方便分析及比较，后续的实证研究中统一进行5阶滞后分析。

进行PDLs模型估计，用农地流转的当期与直到5阶的滞后来测度对新型农民培育的影响；农地流转的滞后系数选取了服从没有约束（农地流转对新型农民培育的前期以及5阶后可能还存在一定的影响）的2阶多项式，结果如表4-2所示。

表4-2 分布滞后模型的估计结果

解释变量	被解释变量 Y_1		被解释变量 Y_2		被解释变量 Y_3	
	模型（1）	模型（2）	模型（3）	模型（4）	模型（5）	模型（6）
常数项	7.2221 (0.000)	4.4755 (0.005)	-2.3529 (0.062)	-1.0811 (0.018)	7.6027 (0.005)	-10.4308 (0.000)
X_1		-0.1759 (0.001)		-0.0774 (0.000)		0.1616 (0.006)
X_2		-0.0125 (0.000)		0.0016 (0.019)		0.0135 (0.000)
X_3		0.0056 (0.004)		-0.0034 (0.000)		0.0083 (0.000)
X_4		0.3039 (0.016)		0.8613 (0.000)		-0.0247 (0.841)
X_5		0.0183 (0.559)		-0.0024 (0.804)		0.0044 (0.901)
PDL01	-0.0196 (0.793)	-0.0676 (0.056)	-0.1377 (0.080)	0.0311 (0.009)	0.3023 (0.055)	0.0696 (0.082)
PDL02	0.0333 (0.363)	-0.0182 (0.170)	0.0220 (0.542)	0.0054 (0.183)	0.0139 (0.844)	0.0802 (0.000)
PDL03	-0.0475 (0.085)	0.0173 (0.082)	0.0532 (0.055)	-0.0031 (0.292)	-0.1493 (0.010)	-0.0002 (0.985)
R^2	0.7030	0.9895	0.4709	0.9982	0.6021	0.9952
$A-R^2$	0.6436	0.9812	0.3651	0.9968	0.5226	0.9914
F-statistic	11.8361 (0.000)	118.856 (0.000)	4.4511 (0.019)	705.1915 (0.000)	7.5670 (0.002)	262.2384 (0.000)

续表

解释变量	被解释变量 Y_1		被解释变量 Y_2		被解释变量 Y_3	
	模型（1）	模型（2）	模型（3）	模型（4）	模型（5）	模型（6）
z0	-0.2765	0.0381	0.0313	0.0081	-0.3232	-0.0916
z（-1）	-0.1006	-0.0320	-0.1064	0.0226	0.1389	0.0108
z（-2）	-0.0196	-0.0676	-0.1377	0.0311	0.3023	0.0696
z（-3）	-0.0338	-0.0686	-0.0624	0.0334	0.1668	0.1497
z（-4）	-0.1430	-0.0349	0.1194	0.0297	-0.2673	0.2294
z（-5）	-0.3473	0.0334	0.4078	0.0198	-1.0003	0.3087
短期影响系数	-0.2765	0.0381	0.0313	0.0081	-0.3232	-0.0916
长期影响系数	-0.9210	-0.1316	0.2520	0.1448	-0.9827	0.6549

注：括号内为保留三位小数后的值。

模型（2）、模型（4）与模型（6）是加入了控制变量的情形，这三个模型的决策系数 R^2 都超过了 98%，F 统计量的值也比较好。在控制变量中，非农产业发展水平和反映经济发展水平的农民生活改善指标对新型农民培育三方面的影响都很显著，其他要素的影响力度轻微；农地流转文化效益、技术效益的短期影响系数为正数，分别为 0.0381 与 0.0081，经营效益则为负数（-0.0916），说明当期农地流转每变化 1%，在经济发展与制度环境等因素的控制下，农民的文化水平、技术水平以及经营水平分别变化 3.81%、0.81%、-9.16%个单位，而文化效益、技术效益与经营效益的长期影响系数分别为-0.1316、0.1448 和 0.6549，说明农地流转及其滞后效益对农民文化水平、技术水平与经营水平的总影响分别为-13.16%、14.48%、65.49%。因此，可以得出分布滞后模型的最终估计形式为如下两组方程：

$$\begin{cases} y_{1t}=7.2221-0.2765\times z_t-0.1006\times z_{t1}-0.0196\times z_{t2}-0.0338\times z_{t3}-0.1430\times z_{t4}- \\ \quad 0.3473\times z_{t5}+u_i \\ y_{2t}=-2.3529+0.0313\times z_t-0.10644\times z_{t1}-0.1377\times z_{t2}-0.0624\times z_{t3}+0.1194\times z_{t4}+ \\ \quad 0.4078\times z_{t5}+u_i \\ y_{3t}=7.6027-0.3232\times z_t+0.1389\times z_{t1}+0.3023\times z_{t2}+0.1668\times z_{t3}-0.2673\times z_{t4}- \\ \quad 1.0003\times z_{t5}+u_i \end{cases} \tag{4-4}$$

$$
\begin{cases}
y_{1t}=4.4755-0.1759\times x_1-0.0125\times x_2+0.0056\times x_3+0.3039\times x_4+0.0183\times x_5+ \\
\quad 0.0381\times z_t-0320\times z_{t1}-0.0676\times z_{t2}-0.0686\times z_{t3}-0.0349\times z_{t4}+0.0334\times z_{t5}+u_i \\
y_{2t}=-1.0811-0.0774\times x_1+0.0016\times x_2-0.0034\times x_3+0.8613\times x_4-0.0024\times x_5+ \\
\quad 0.0081\times z_t+0.0226\times z_{t1}+0.0311\times z_{t2}+0.0334\times z_{t3}+0.0297\times z_{t4}+0.0198\times z_{t5}+u_i \\
y_{3t}=-10.4308+0.1616\times x_1+0.0135\times x_2+0.0083\times x_3-0.0247\times x_4+0.0044\times x_5- \\
\quad 0.0916\times z_t+0.0108\times z_{t1}+0.0696\times z_{t2}+0.1497\times z_{t3}+0.2294\times z_{t4}+0.3087\times z_{t5}+u_i
\end{cases}
\tag{4-5}
$$

由于现实中的情形是新型农民培育受到体制、经济发展水平等各种因素的影响，因此，我们重点分析考虑控制变量的情形。对于文化效益而言，短期影响系数为正（0.0381），长期影响系数为负（-0.1316），且系数的绝对值相对于没有加入控制变量的系数大大地减小了，说明负影响力度降低了。这反映了我国的这样一种现实：农地流转促使农民外出务工，在城市和二三产业中获得了新知识、新思想与新观念，同时，农地流转也促使了各种农业项目的出台，吸引了一部分优秀人才的进驻，因此，短期内无论是对于外出农户还是务农农户，都存在一定的正效益。但是，长期来看，一方面，由于农业的低附加值，外来人才流动性大，这种人才的示范效应逐渐消失；另一方面，由于我国体制上的二元性，在城市生活的农民并不能顺利地转为市民，他们的身份非工非农，不能享受与市民同等的待遇，农民工子女不能顺利地在城市的学校接受教育，农民工及其子女逐渐演变为一种被边缘化的群体。同时，在农村地区则存在大量的留守儿童，面临教育缺失，这对于下一代农民的发展十分不利。因此，我们推断，在一定的周期内，缺乏相关保障制度的农地流转无法真正促进农民整体知识水平的提高，从而导致了一种新的现象，即农民被边缘化，但是，由于经济与制度存在溢出性，农地流转的农民文化效益会逐渐转为正效益，具体为滞后 5 期时转为正效益。

对于技术效益而言，短期影响系数和长期影响系数均为正数（0.0081、0.1448），说明农地流转促进了农民技术水平的提高，这在我国最近十年的发展中已经得到了证实。短期来讲，农地流转促进了农业的规模化经营，培养了一批种养殖大户，促进了家庭农场、农地股份合作社等新型农业经营主体的出现，创新了农业经营形式，有利于农业技术的推广与运用，因此，农地流转有利于耕种农户在短期迅速掌握与运用新的农业技术。而长期来看，大规模经营农户对农业技术的需求更加旺盛，这刺激了农业技术的创新，充分培养了农民的自主创新能力。因此，无论是长期还是短期，农地流转都是促进农民迅速寻求和掌握技术的重要动力。

对于经营效益而言，分析结果显示在短期内是负效益（-0.0916），而在长期内却是正效益（0.6549）。分情况讨论，对于流出地的农户而言，农民流转出土地后，或进城务工，或进行自主创业。不管是哪一种，农户都需要进行先期的资本投入，因此，短期内，流出地的农户会因失去稳定的务农收入且需要先支付工作搜寻成本而呈现负经营效益。但是随着农户对非农产业以及城市的了解，他们逐渐地能够找到稳定的工作，或者其创业走上正轨，此时，务工和创业的收入将大大地超过务农。此时，农户的长期经营效益表现为显著的正效益。对于流入地的农户而言，短期内需要进行农业生产设备的投资，因此，短期内也难以看到明显的经营效益，只有随着时间的延长，农业生产成本被分摊，经营效益才能逐渐显现。从我们的实证结果来看，一般从农地流转的第二年开始就表现出正效益（动态乘数为0.0108）。

四、结论与启示

农地流转通过农村劳动力转移与农地适度规模经营，对新型农民培育产生多重影响：短期内农地流转表现出积极的文化效益与技术效益，长期内则表现为积极的技术效益和经营效益；短期的经营效益受短期投入成本的“挤出”影响不明显，长期的文化效益受我国体制因素的约束不确定。因此，为化解农地流转对新型农民培育的挤出效应，抑制不确定因素，还必须在体制与政策上进行改进与完善，其一是要深化户籍制度的改革，消除制度的二元性；其二是要发展多元化的农村教育，丰富新型农民培育的方式，促进农民的全面发展。

第三节　基于 Threshold Panel 模型的农村社会保障效益分析

一、农地流转与农村社会保障的理论分析

农村社会保障是一系列相关制度的总和，包括最低社会保障、医疗、养老、就业等。在我国，政府出于社会稳定与公平的目的，承担了多数的社会保障供给任务，但是有众多的因素影响着我国农村社会保障的完善，较为一致的观点仍然是经济发展水平对社会保障起着决定性作用，也就是社会保障制度要与一个国家或者地区的经济发展水平相适应（胡传玲，1998）。而制约我国农村社会保障发展的重要因素是转移性收入分配不均和社会保障制度存在漏洞（王帅男等，2013），而且社会保障支出的占比与我国城乡差距之间存在显著的正相关关系，即财政用于社会保障方面的支出扩大了城乡差距（徐倩等，2012）。因此，城乡收入差距是影响社会稳定最主要的因素，而且其中许多因素会通过影响城乡收入差距而影响社会稳定（黄应绘等，2011）。此外，非经济因素如公共品供给水平、就业水平、家庭结构变化、农村经济基础、农村社会基础、社会文化和心理、人口发展、政治等，都是影响社会保障的因素（余松林，2003；汪敏，2009；童星，2009；李斌宁，2009）。仇晓洁（2009）还认为城镇化进程促进了我国农村社会保障水平的提高，而工业化进程则抑制其提高。

近年来，学者们也热衷于研究农地的社会保障功能，高帆（2003）提出土地一直是我国农民的一种“隐性”的非正式的保障资源；钟涨宝（2008）认为土地是农村社会保障体系的核心，土地的社会保障功能逐渐由单一的生存保障转变为兼具生存保障功能和发展保障功能；王克强（2000）认为农民的基本保障需求由土地承担，农地的社会保障效用已占农村土地总效用的51.32%，且通过调查发现农村土地对农民除了具有直接的经济收益功效外，还具有就业保障功效、生活保障功效等（王克强，2005）；王瑜等（2011）从土地的经济性质和我国的历史现实进行分析，认为农村土地具备包括生存保障、就业保障、养老保障等社会保障功能；而徐美银（2014）还从区域发展的角度分析了土地保障功能的差异性，认为发达地区农民偏好于土地的财产功能，以社会保障、商业保障为主，而欠发达地区农民偏好于土地的生产功能、保障功能，以家庭保障为主。

关于农地流转与农村社会保障之间的关系，有学者认为完善的农村社会保障制度是农村土地流转的前提与基础（李长健，2010；张艳，2010；张玲，2010），若保障水平较高，则土地流转意愿较强，反之较弱；也有学者认为通过土地流转能够充分发挥土地的资本功能，且要以土地资本功能观为导向，对农村社会保障制度重新进行设计（王克强，2005；黎翠梅，2007）；还有学者进行了实证分析，如许恒周等（2011）认为农地流转市场发育程度每提高一个单位，农民愿意选择社会养老保障方式的概率就增加 38.2%；闫小欢等（2013）运用 Tobit 模型分析了农村社会保障与土地流转的关系，认为土地的社会保障功能使得依赖于土地的农户更愿意转入土地从事专业化农业生产，农村土地流转面临着很大的制约和困难，最主要的就是农村土地的社保功能难以和土地的生产功能相剥离。由此可见，农村社会保障与农地流转密切相关。

社会保障可以被视为公共物品或者准公共物品。一直以来，城乡二元性的经济结构导致了我国城乡社会保障结构的失衡，农村社会保障供给不足，农村土地进而成为了农村社会保障的替代品。经济越发达的地区，土地收入占农民总收入的比重就越小，土地的保障功能就越弱，农民的社会保障需求旺盛，促使社会保障供给增加；相反地，经济越落后的地区，土地收入占农民总收入的比重就越大，土地对农民的保障功能就越强，社会保障的需求和供给都减弱，由此，经济发展水平与农村社会保障的完善成正比。据此，可以建立农村社会保障的供给函数和需求函数：

$$\begin{cases} S=s(f,t,o) \\ D=d(y,r,k) \end{cases} \tag{4-6}$$

其中，S 表示农村社会保障的供给；f 表示政府的财力；t 表示传统保障形式的保障能力，如土地保障能力；o 表示其他影响农村社会保障供给的因素；D 表示农村社会保障的需求；y 表示农民的收入水平；r 表示农民面临的各种风险；k 表示其他影响因素，如土地流转情况、非农就业机会等。当土地流转后，土地规模收益、流转收入和转移农户的务工收入导致农民的收入结构发生

变化，一方面，土地对于农地流入方的保障功能提高；另一方面，流出方的土地依赖程度降低，对其他社会保障品的需求增加。如图 4-2 所示，农户流出土地后社会保障需求曲线由 D 移动到了 D′，农村社会保障的需求人数增加 PP′，但社会保障的供给仅为 OB，存在 BB′的社会保障品供给缺口；随着收入水平的增加，经济水平提高，社会保障的供给也逐渐的增加，由 S 移动到 S′，实际的社会保障品供给增加为 BB″，社会保障需求人数也增加至 PP″，农村社保障达到供求平衡（E 点）。

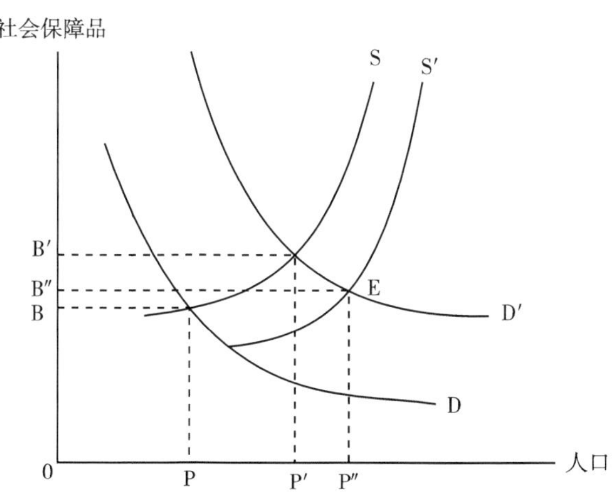

图 4-2　农村社会保障的供求平衡

因此，根据上述的文献综述与理论分析，我们得到以下的研究假设：

假设 1：农地流转程度对农村社会保障具有直接的促进效应。由于农地在农村社会保障中的重要作用，农地流转一方面影响农地社会保障的需求，另一方面也影响农村社会保障的供给。

假设 2：农地流转对农村社会保障的影响效用受制于农地流转所引致的农村经济发展水平。也就是说，缩小城乡收入差距将是消除城乡社会保障二元性的关键所在。

二、模型设定与说明

基于上述分析，我们可以构建以下理论模型：

$$SS=F(land, eco, fina, risk, others) \tag{4-7}$$

其中，SS 表示农村社会保障水平，分别用基本生活保障 SS_1、就业保障 SS_2、养老保障 SS_3 以及医疗保障 SS_4 来表示；land 表示传统保障形式的保障能力，即土地保障，既影响农村社会保障的供给也影响需求；eco 表示经济因素；fina 表示政府的支持财力；risk 表示农民面临的各种风险；影响农村社会保障的其他因素 others 包括农村人口因素、农村家庭年龄结构、农村家庭规模、农村文化发展水平、农村生活水平等。

当农地流转规模较小时，对农业生产、农村社会经济的影响都不大，只有当农地流转达到一定的量时，农业生产结构以及农民的收入结构才可能发生变化，土地的保障地位也会随之改变，因此，只有当农户经营的农地面积达到一个既定的门槛值时，农村社会保障水平才会发生总量和结构上的突变：土地保障功能集中于部分农户，流出农地的农户以及放弃农地的农户则会滋生出对其他社会保障品的需求，这个门槛值就成为农村社会保障制度改革的关键。因此，在农地流转的早期，规模效应难以发挥且农民就业难以保障，农地流转可能使农村社会保障的缺失程度更加严重，农户在门槛值下处于一种尴尬的境地，既无法享受传统的土地保障也无法享受新型的社会保障。

门槛变量的选择可由理论模型外生决定，Hansen 在 1998 年构建了两体制的门槛回归模型，观测数据是一个平衡面板 $\{y_{it}, q_{it}, x_{it}: 1 \leqslant i \leqslant n, 1 \leqslant t \leqslant T\}$。其中，i 表示观测值个数；t 表示时间；$y_{it}$是被解释变量；$x_{it}$是 p×1 阶解释变量向量；$q_{it}$为门限变量，且 q_{it}可以是也可以不是 x_{it}的一部分。方程表示为：

$$y_{it}=\mu_{it}+\beta_1 x_{it} I(Q_{it} \leqslant \gamma)+\beta_2 x_{it} I(Q_{it}>\gamma)+e_{it} \tag{4-8}$$

其中，$I(\cdot)$是指示函数，即对于 $q_i \leqslant \gamma$，$(\cdot)=1$；否则，$(\cdot)=0$。门槛变量 q_{it}的作用是将样本划分为不同的组（内生分组），采用 Hansen（2000）的门槛回归方法，以门槛变量为体制改变的转折点，模型中不同体制就是通过门槛变量大于或小于某一门槛值来表示。（4-8）式可以表达为：

$$y_{it}=\begin{cases}\mu+\beta_1 x_{it}+e_{it}, & q_{it} \leqslant \gamma \\ \mu+\beta_2 x_{it}+e_{it}, & q_{it}>\gamma\end{cases} \tag{4-9}$$

定义虚拟变量 $d_i(\gamma)=(q_i \leqslant \gamma)$，这样，上述方程组可以用单一方程表示：

$$y_{it}=\mu_{it}+\beta x_{it}'+x_{it}' d(\gamma)\theta+e_{it}, \quad e_{it} \sim iid(0, \delta_{it}^2) \tag{4-10}$$

其中，$\beta=\beta_2$，$\theta=\beta_1-\beta_2$[①]。对应于任意门限值 γ，可以通过求残差平方和 $S_1(\gamma)=e_i(\gamma)'e_i(\gamma)$ 得到各参数的估计值。最优门限值 $\bar{\gamma}$ 使得 $S_1(\gamma)$ 在所有残差平方和中最小：

$$\bar{\gamma}=\arg\min S_1(\gamma) \tag{4-11}$$

Hansen（2000）将门槛变量中的每一观测值均作为了可能的门槛值，将满足（4-11）式的观测值确定为门槛值。当门槛估计值确定之后，其他参数值也就能够相应地确定：$\hat{\beta}=\hat{\beta}(\hat{\gamma})$，残差向量 $\hat{e}^*=\hat{e}^*(\hat{\gamma})$，残差方差为：

$$\hat{\sigma}^*=\frac{1}{n(T-1)}\hat{e}^{*\prime}\hat{e}^*=\frac{1}{n(T-1)}S_1(\hat{\gamma}) \tag{4-12}$$

根据上述分析，（4-7）式可以转换为（4-13）式的形式。其中，land 为门槛变量；eco 为核心变量；r 为待估计的门槛值；I(·) 为指示函数；i 和 t 分别表示地区和年份。

$$\begin{cases} SS_{1it}=c_0+\beta_1 eco_{it}I(land_{it}\leqslant r)+\beta_2 eco_{it}I(land_{it}>r)+\alpha_1 fina_{it}+\alpha_2 risk_{it}+\alpha_3 opt_{it}+ \\ \quad \alpha_4 peop_{it}+\alpha_5 aban_{it}+\alpha_6 fami_{it}+\alpha_7 edu_{it}+\alpha_8 eng_{it}+\alpha_9 land_{it}+\varepsilon_{it} \\ SS_{2it}=c_0+\beta_1 eco_{it}I(land_{it}\leqslant r)+\beta_2 eco_{it}I(land_{it}>r)+\alpha_1 fina_{it}+\alpha_2 risk_{it}+\alpha_3 opt_{it}+ \\ \quad \alpha_4 peop_{it}+\alpha_5 aban_{it}+\alpha_6 fami_{it}+\alpha_7 edu_{it}+\alpha_8 eng_{it}+\alpha_9 land_{it}+\varepsilon_{it} \\ SS_{3it}=c_0+\beta_1 eco_{it}I(land_{it}\leqslant r)+\beta_2 eco_{it}I(land_{it}>r)+\alpha_1 fina_{it}+\alpha_2 risk_{it}+\alpha_3 opt_{it}+ \\ \quad \alpha_4 peop_{it}+\alpha_5 aban_{it}+\alpha_6 fami_{it}+\alpha_7 edu_{it}+\alpha_8 eng_{it}+\alpha_9 land_{it}+\varepsilon_{it} \\ SS_{4it}=c_0+\beta_1 eco_{it}I(land_{it}\leqslant r)+\beta_2 eco_{it}I(land_{it}>r)+\alpha_1 fina_{it}+\alpha_2 risk_{it}+\alpha_3 opt_{it}+ \\ \quad \alpha_4 peop_{it}+\alpha_5 aban_{it}+\alpha_6 fami_{it}+\alpha_7 edu_{it}+\alpha_8 eng_{it}+\alpha_9 land_{it}+\varepsilon_{it} \end{cases} \tag{4-13}$$

三、检验结果与分析

（一）变量的描述性分析

本节分析的时间跨度为 1988～2011 年，而空间范围则为 29 个省、直辖市、自治区，把重庆的数据并入了四川，西藏、香港、澳门三地由于数据的难

① Hansen（2000）中的一个重要思想就是以 $\theta=\beta_1-\beta_2$ 表示门槛效应。

以获得以及地区发展的特殊性予以剔除。所有数据均来自于《新中国 60 年统计资料汇编》、《新中国农业 60 年统计资料》以及 2009~2012 年的《中国统计年鉴》、《中国农村统计年鉴》、《中国农业统计年鉴》。相关变量的统计性描述如表 4-3 所示，各变量通过 LLC 检验也都是平稳序列。进一步研究发现，各解释变量之间都呈弱相关性，相关系数都在 0.6 以下。

表 4-3 主要变量的统计性质与单整性

变量	定 义	观测值	均值	标准差	最小值	最大值	LLC 检验
SS_1	人均生活消费支出占农民家庭人均纯收入	696	0.7818	0.1080	0.3956	1.0640	0.02
SS_2	城镇登记失业率	696	3.2212	1.0164	0.3000	7.7200	0.00
SS_3	农村每万人养老机构数	696	0.3743	0.2760	0.0037	4.4828	0.08
SS_4	每千农业人口医生和卫生员数	696	1.6344	1.2679	0.3300	13.3300	0.03
land	户均经营耕地面积	696	8.7999	7.9984	0.2943	41.6970	0.00
eco	城乡居民收入比	696	2.7039	0.7344	0.2800	5.1200	0.03
fina	支农支出占财政总支出的比重	696	7.9053	3.2241	1.2000	18.2900	0.00
risk	成灾面积占受灾面积的比重	696	50.2057	13.9776	0.0000	100.0000	0.00
opt	乡镇企业就业人数	696	32.7982	28.7631	0.3900	456.8200	0.00
peop	农村人口占比	696	61.8873	17.4125	9.8500	86.8300	0.06
aban	农村劳动力负担比	696	47.9069	10.1060	23.0950	78.8200	0.01
fami	农村户均人口数	696	3.6505	0.7367	0.4700	8.7700	0.00
edu	小学以下文化程度人口占比	696	11.1136	9.5665	0.7000	52.4200	0.00
eng	食物支出中肉类支出占比	696	1.8993	1.6693	0.0100	25.3400	0.00

（二）门槛效应检验

门槛模型显著性检验的目的是检验以门槛值划分的两组样本其模型估计参数是否显著不同，因此，不存在门槛值为零假设，表示为：

$$H_0: \beta_1 = \beta_2 \tag{4-14}$$

构造 LM（Lagrange Multipliter）统计量，对零假设进行统计检验，同时构造统计量：

$$F = n\frac{S_0 - S_n(\hat{\gamma})}{S_n} \quad (4-15)$$

其中，S_0 表示在零假设下的残差项平方和加总；S_n 为存在门槛效果下的残差项平方和加总。在零假设 H_0 成立的条件下，系数 $\beta_1 = \beta_2$，（4-8）式和（4-9）式变为单一线性回归方程的模式，即不存在门槛效果；反之，则表示 β_1 和 β_2 在两区间会有不同的作用效果或者影响力。当确定了某一变量存在门槛效应时，还需要进一步确定门槛值的置信区间，即对零假设 H_0：$\gamma = \gamma_0$ 进行检验，似然比统计量（Likelihood Ratio Statistic）可表示为：

$$LR_n(\gamma_0) = n\frac{S_n(\gamma) - S_n(\hat{\gamma})}{S_n(\hat{\gamma})} \quad (4-16)$$

LR_1 同样为非标准正态分布。并且 Hansen（2000）计算了其置信区间，即显著性水平为 α 时，当 $LR_1(\gamma_0) \leqslant c(\alpha) = -2\ln\left[1-\sqrt{(1-a)}\right]$，不能拒绝零假设 $\gamma = \gamma_0$。其中，在 95%的置信水平下，$c(\alpha) = 7.35$。除了一个门槛值的检验程序外，为确定是否存在两个或两个以上的门槛值，必须再进行两个门槛值的检验。当拒绝 LM 检验时，表示至少存在一个门槛值，接着假设一个估计得到的 $\hat{\gamma}_1$ 已知，再进行下一个门槛值 γ_2 的搜寻。在确定了两个门槛值之后，继续进行三个门槛值的检验，以此类推，直到无法拒绝零假设为止，多个门槛值检验的原理与一个门槛值的情况相同。

利用（4-13）式中的四个模型进行门槛面板估计，检验农地流转对农村社会保障的门槛效应。首先进行门槛效应检验，如表 4-4 所示，容易发现，单一门槛、双重门槛和三重门槛均显著，因此，根据三种门槛检验对应的原假设，选择三重门槛模型进行分析。

表 4-4　门槛效应的检验结果

模型	模型Ⅰ			模型Ⅱ			模型Ⅲ			模型Ⅳ		
	单一门槛	双重门槛	三重门槛	单一门槛	双重门槛	三重门槛	单一门槛	双重门槛	三重门槛	单一门槛	双重门槛	三重门槛
F&P	29.597 (0.000)	25.581 (0.000)	18.519 (0.000)	41.289 (0.000)	11.822 (0.000)	10.374 (0.002)	25.073 (0.000)	12.701 (0.002)	7.640 (0.015)	37.312 (0.000)	17.758 (0.001)	9.477 (0.004)
BS	1000	1000	1000	1000	1000	1000	1000	1000	1000	1000	1000	1000

续表

模型	模型Ⅰ			模型Ⅱ			模型Ⅲ			模型Ⅳ		
	单一门槛	双重门槛	三重门槛	单一门槛	双重门槛	三重门槛	单一门槛	双重门槛	三重门槛	单一门槛	双重门槛	三重门槛
1%	2.494	2.631	2.592	2.531	2.651	2.727	2.592	2.778	2.706	3.158	2.923	2.715
5%	3.543	3.832	3.799	3.364	3.706	4.149	3.740	4.309	4.404	4.420	4.443	3.794
10%	6.677	6.299	6.198	6.963	7.518	8.544	6.773	8.747	8.992	7.557	8.642	6.336

注：所有数据保留三位小数后的值，没有四舍五入。

（三）控制变量的影响分析

从估计结果看（见表 4-5），在九个控制变量中，①农地流转变量对生活、医疗保障的边际影响系数显著，分别为 0.0031 和 0.0393。这说明农地对农民的生活和医疗起到了一定的支持作用，农户可以通过耕种农地或者出租农地获得收入、租金以维持基本生活，同时也会预留一部分收入作为医疗支出。长期以来，我国农村是“养儿防老”，农地流转的养老保障功能是间接性的；而随着农地流转的深入，农地的就业保障也在逐渐削减，因此，农地流转对就业和养老的保障效应不明显。②政府支持和农村生活改善程度都对养老保障起到负效应，边际影响系数分别为-0.0083 和-0.0103。在既定的预期收入水平下，改善生活质量必定降低未来的养老保障；但为什么政府支出也会呈现负效应呢？理论上，政府支农投入增加会改善农民的生活、生产状况，但是暗含着一个假设就是政府的支持程度和人均可得的份额在一个相匹配的水平上，虽然政府投入在增加，但农村人口基数庞大，政府投入和九亿多农户之间存在巨大的缺口，因此，结果仍然呈现轻微的负效应。③风险因素对就业、养老保障的边际影响系数显著，分别为 0.0042 和-0.0020。当经营农田的风险因素增加，农业的机会成本增加，部分农民放弃农业进城务工或自主创业，促进了就业率提高；同时，风险因素导致了农民收入的不稳定，养老风险性也提高。④就业机会对生活、就业保障的边际影响系数显著，分别为-0.0002 和 0.0018。表明就业机会每增加一个单位，就业保障就提高 0.0018 个单位，但农民的生存保障反而降低了-0.0002 个单位，这是因为随着就业机会的增加，农户接触外界的机会也增多，消费需求扩大，生活压力也随之增加。⑤农村人口数对就业、医疗保障的边际影响系数显著，分别为-0.0160 和 0.0122。人口基数越大，需就业的人数越多，竞争越激烈，就业保障也就越小；而人口增加，医疗设备与医务人员的相对数也在上升，从总量上医疗保障水平提高。⑥用农村每一劳动力负担比表征的年龄结构对生活、养老以及就业保障的边际影响系数显著，分别为 00022、0.0043 和-0.0379。负担比越大，老人和小孩占比越多，老人、小孩的消费需求少，小孩越多未来的养老也更有保障，因此呈正向作用；而负担比越大，就业压力越大，就业保障越小，因此呈负向作用。⑦户均人数对生活、医疗保障为负效应，对就业和养老为正效应，但对养老的正效应不显著，分别为-0.0256、-0.1386 和 0.1540。户均人数越多，生活消费越大，医疗需求越多，生活和医疗压力增大，因而呈负效应；对就业而言，户均人数越多，就业压力反而较小，若全为独户，则所有人均需就业才能生存，因此每户人数越多，就业弹性越大，社会就业保障也就越大。⑧文化水平只对生活保障的边际影响系数显著，为 0.0049。文化水平提高往往伴随着农户市场经营能力和生存能力的增强，生活保障提高，而对于就业、养老及医疗而言，不论文化水平如何变化都存在一个刚性需求，因此影响系数并不显著。

表 4-5　三重门槛模型的稳健性估计结果

	模型Ⅰ	模型Ⅱ	模型Ⅲ	模型Ⅳ
fin	0.0012 (0.28)	0.0018 (0.86)	-0.0083 (0.03)	-0.0212 (0.19)
risk	-0.0002 (0.36)	0.0042 (0.03)	-0.0020 (0.00)	0.0023 (0.66)
opt	-0.0002 (0.00)	0.0018 (0.00)	0.0000 (0.94)	-0.0018 (0.42)
peo	0.0004 (0.14)	-0.0160 (0.00)	0.0004 (0.66)	0.0122 (0.00)
aban	0.0022 (0.00)	-0.0379 (0.00)	0.0043 (0.00)	0.0075 (0.30)
fami	-0.0256 (0.00)	0.1540 (0.01)	0.0111 (0.51)	-0.1386 (0.02)
edu	0.0049 (0.00)	0.0043 (0.49)	0.0013 (0.43)	0.0084 (0.30)
eng	0.0022 (0.41)	-0.0346 (0.19)	-0.0103 (0.04)	0.0117 (0.54)
land	0.0031 (0.03)	-0.0229 (0.15)	0.0025 (0.47)	0.0393 (0.01)
r_1, r_2, r_3	3.6190, 5.5583, 10.4958	3.1906, 5.7882, 13.7640	1.9754, 7.5958, 8.7780	7.5958, 10.4958, 11.9714
eco ($land \leq r_1$)	0.0148 (0.05)	0.3035 (0.00)	0.1792 (0.00)	-0.0880 (0.20)
eco ($r_1 < land \leq r_2$)	0.0325 (0.00)	0.1599 (0.03)	0.0719 (0.01)	-0.2962 (0.00)
eco ($r_2 < land \leq r_3$)	0.0514 (0.00)	0.0385 (0.64)	0.0129 (0.71)	0.2643 (0.12)
eco ($land > r_3$)	0.0304 (0.00)	0.4746 (0.00)	0.1080 (0.00)	-0.1188 (0.21)

注：括号内为 P 值，保留了两位小数。

（四）农地流转的门槛效应分析

门槛效应检验结果显示，当农地流转后户均经营面积超过门槛值 3. 6190（3. 6190~5. 5583）时，城乡居民收入比对农户生活保障的正向作用提高了 2. 20 倍；当超过 5. 5853（5. 5583~10. 4958）时，城乡居民收入比对农户生活保障的正向作用又提高了 1. 58 倍；当超过第三个门槛值 10. 4958 时，城乡居民收入差距对生活保障的边际影响系数开始呈现下降的趋势。这样的估计结果说明城乡收入差距对农民生活保障的影响与农地流转的关系密切，呈倒 U 型趋势。农地流转较少的地区，城乡收入差距大，农民的生活保障要求仅在一个较低的水平，主要就是土地保障；随着农地流转规模的扩大，农地适度规模经营和农户务工都促进了农民收入增加，收入差距缩小，农户生活保障增强；当收入差距缩小到一定的范围内，城乡发展的二元性逐渐消失，城乡社会保障体系也会逐渐实现一体化，因而农地流转影响的收入差距对生活保障的影响逐渐减小。

长期以来，我国的农业解决了大量劳动力的就业问题。农地流转之后，农村待转移劳动力增多，农业的劳动力吸纳能力减小；而由于我国农地产权的模糊性和不稳定性，农地流转中农户有可能丧失农地产权，失去土地保障。因此，农地流转影响下的城乡收入对农民就业、养老保障的影响方向是相同的，呈 U 型发展趋势。当农地流转在一定量以下时，农地的就业保障最高（<3. 1906），养老保障也最强（<1. 9754），原因在于小规模的农地流转多发生在熟人之间，农民的农地权利不易丧失，农民随时可以选择在土地上就业，农业的劳动吸纳弹性大，土地的养老保障功能也不会变化。当农地流转超过这个值，在 3. 1906~13. 7640 以及 1. 9754~8. 7780 区间内时，农地流转的就业保障和养老保障都降低了超过一半的幅度并且逐渐消失。这个范围内农地流转频繁，且劳动力市场和养老保障体系建设都具有一定的滞后性，农村劳动力外流冲击劳动力供需市场，失业率提高，土地的养老保障功能逐渐丧失，但社会养老保障又没有完善，因此，这个时期是城乡收入差距导致农村社会保障体系缺失最为明显的时期。随着农地流转的深化，当超过 13. 7640 时，农业规模化、机械化以及经济的发展重新创造了就业岗位，就业保障重新提高到 0. 4746，而此时城乡收入差距缩小，城乡社会保障体系逐渐完善，社会养老保障覆盖到农村。因此，农地流转后如果农村劳动力盲目地外流，不仅会导致农

业劳动力缺失，冲击城镇劳动力市场，加大农业市场和城镇建设的风险，还会影响经济稳定与发展，因而必须保证农村劳动力的有序流转；而要想促进农地有效流转，消除农田细碎化，促进适度规模经营，就必须完善我国的养老保障，使农民的老有所养并不仅仅依赖农地。

我国农地流转对医疗保障存在非线性的门槛效应，只有农地流转门槛值在7.5958~10.4958时，边际影响系数才显著为-0.2962。此时的农地流转虽然使收入有所增加，城乡收入差距缩小，但是农户的医疗需求并没有得到保障：农地流转后农民进城务工，常年在城市生活，但他们并不能享受和市民相同的医疗服务；同时，由于大量的农民外流，之前生意红火的乡村卫生所的业务受到影响，有很多停业了，因此，农民在城市没有条件享受到优惠的医疗服务，回到农村也没有足够的医疗供给。所以，由于医疗的公共产品特性，要提高农村的医疗保障水平，应当依赖政府的政策推动，通过政策引导与倾斜，加大对农民医疗保障的关注与投入，尽快消除医疗保障的城乡二元性。

（五）农地流转门槛效应的区域分析

同样地，先进行门槛效应检验。将我国划分为东、中、西部进行比较分析。从门槛检验的F值以及P值来看（见表4-6），四个模型在三个区域的单一门槛、双重门槛和三重门槛均显著，因此，选择三重门槛模型进行分析。

表4-6　门槛效应检验

模型	模型Ⅰ			模型Ⅱ			模型Ⅲ			模型Ⅳ		
	单一门槛	双重门槛	三重门槛	单一门槛	双重门槛	三重门槛	单一门槛	双重门槛	三重门槛	单一门槛	双重门槛	三重门槛
area1	16.864 (0.000)	6.2432 (0.015)	4.023 (0.040)	27.789 (0.000)	14.503 (0.000)	8.809 (0.003)	22.343 (0.001)	15.899 (0.003)	4.209 (0.050)	3.449 (0.079)	5.499 (0.038)	2.678 (0.095)
area2	6.253 (0.015)	6.538 (0.007)	4.418 (0.047)	17.594 (0.000)	15.882 (0.000)	27.838 (0.000)	112.495 (0.000)	14.347 (0.000)	3.737 (0.060)	91.830 (0.000)	9.471 (0.009)	6.517 (0.013)
area3	29.369 (0.000)	26.565 (0.000)	4.245 (0.041)	36.939 (0.000)	9.403 (0.001)	9.086 (0.004)	20.789 (0.000)	21.64 (0.000)	8.710 (0.003)	12.210 (0.001)	8.536 (0.005)	3.003 (0.030)

注：area1~area3分别表示东部、中部、西部。

1. 基本生活保障效应

通过表 4-7 可以发现，对于基本生活保障而言，东部地区只有在农地流转超越 2.64 时，城乡收入差距对生活保障的效应才逐渐显著，且是负效应；当农地流转达到 6.6150 时，开始出现正效应。中部地区的农地流转在 13.7865 以下时，城乡收入差距的生活保障效应显著为正，且在 5.4480~13.7865 时影响效应最大；当超过 13.7865 时，效应开始不明显。西部地区农地流转的门槛效应呈现非线性的上升趋势，在 10.5164~18.1368 时城乡收入差距的效应不明显；小于 3.6190 时呈现负效应；在 3.6190~10.5164 和大于 18.1368 时都呈现明显的正效应。这反映了对于东部和西部地区，只有当农地流转值达到既定的门槛值时，收入对生活保障的影响才显现出来，而在中部地区则必须将农地流转控制在一定的门槛值以下，这样的估计结果说明我国在中部地区不能盲目地进行大规模的农地流转，可能的原因在于中部地区大都是农业大省，农村人口多，农村社会保障欠缺量大，盲目的农地流转将可能导致农民失去最基本的生活保障，带来农村社会的不稳定。

表 4-7 三重门槛模型的稳健性估计结果

		东部	中部	西部
模型Ⅰ	r_1，r_2，r_3	1.5642，2.6400，6.6150，	5.4480，13.7865，23.6135	3.6190，10.5164，18.1368
	Eco（land≤r_1）	0.0134（0.57）	0.092（0.00）	−0.0154（0.04）
	Eco（r_1<land≤r_2）	−0.0136（0.55）	0.104（0.00）	0.0196（0.00）
	Eco（r_2<land≤r_3）	−0.0401（0.09）	0.0149（0.54）	0.0100（0.20）
	Eco（land>r_3）	0.0620（0.01）	−0.0166（0.57）	0.0389（0.00）
模型Ⅱ	r_1，r_2，r_3	4.7235，7.9104，10.1108	5.3215，13.7865，10.6800	3.8010，9.0225，14.4552
	Eco（land≤r_1）	0.6403（0.00）	0.5277（0.00）	0.3052（0.00）
	Eco（r_1<land≤r_2）	0.8167（0.00）	0.3359（0.00）	0.1409（0.16）
	Eco（r_2<land≤r_3）	0.4584（0.00）	−0.0694（0.67）	−0.0181（0.85）
	Eco（land>r_3）	1.0460（0.00）	1.5528（0.00）	0.4475（0.00）

续表

		东部	中部	西部
模型Ⅲ	r_1，r_2，r_3	1.5336，3.1680，10.0980	5.3215，9.8532，13.7865	4.5154，4.9183，12.1680
	Eco（land≤r_1）	0.3600（0.00）	-0.0940（0.03）	0.1268（0.00）
	Eco（r_1<land≤r_2）	0.1142（0.18）	-0.0670（0.12）	0.1950（0.00）
	Eco（r_2<land≤r_3）	0.0513（0.57）	0.2252（0.00）	0.0979（0.00）
	Eco（land>r_3）	-0.1662（0.21）	-0.1507（0.00）	0.0536（0.01）
模型Ⅳ	r_1，r_2，r_3	4.4992，4.2705，10.2524	5.4576，8.0416，9.8532	3.6190，4.6505，10.5164
	Eco（land≤r_1）	-0.0493（0.88）	-0.7806（0.04）	-0.0542（0.13）
	Eco（r_1<land≤r_2）	0.3824（0.47）	-0.9783（0.01）	-0.0158（0.58）
	Eco（r_2<land≤r_3）	0.0092（0.97）	-1.4469（0.00）	-0.0765（0.00）
	Eco（land>r_3）	0.3199（0.61）	-0.0439（0.89）	-0.0048（0.87）

2. 就业保障效应

从分析结果看，东部地区的就业保障效应明显呈线性（倒 Z 型趋势），且都是积极的促进效应，中西部则是非线性，出现了不显著的负效应。东部地区的三个门槛值分别为 4.7235、7.9104 和 10.1108，当农地流转小于 7.9104 时，城乡收入差距仍然巨大且对就业保障的影响在 0.6403~0.8167；当农地流转在 7.9104~10.1108 时，城乡收入差距对就业保障的影响降低，为 0.4584；当超过第三个门槛值 10.1108 时，城乡收入差距对就业保障的促进效应迅速提高到了 1.0460。中西部地区的非线性表现为当农地流转在 13.7865~10.6800 和 3.8010~14.4552 时，城乡收入差距对就业保障的影响不明显；当农地流转超过 10.6800 时，城乡收入差距每变化 1 个单位，中部地区就业保障提高 1.5528 个单位；当农地流转超过 14.4522 时，城乡收入差距每变化 1 个单位，西部地区的就业保障就提高 0.4775 个单位，容易看出，东、中部地区农地流转导致的城乡收入就业保障效应最明显，而西部地区则较轻微。由此可见，我国东、中部地区仍然具有较大的劳动力潜力。

3. 养老保障效应

对于养老保障，东、中、西部的农地流转门槛效应差异较大，在东部地区，只有当农地流转小于 1.5336 时，才有明显的养老效应。在中部地区呈非线性，当农地流转在 5.3215～9.8532 时，养老效应不明显；当农地流转小于 5.3215 和大于 13.7865 时，城乡收入差距对养老保障呈负效应；而在 9.8532～13.7865 时，才呈现积极的促进效应。说明当农地流转规模较小（<5.3215）时，城乡收入差距对就业保障降低 0.0940 个单位；而当农地流转规模较大（>13.7865）时，城市收入每变化 1 个单位，就业保障就降低 0.1507 个单位。西部地区则在所有的区间内都有明显的促进效应。东部地区经济发达，农民对土地的依赖性低，农民收入中土地收益占比较小，因此，农地流转在东部地区对城乡收入差距的影响小，养老保障效益也不明显。而中西部地区农地资源丰富，农民养老保障更多地依赖农地。对于西部地区而言，不同的农地流转量对城乡收入差距的养老效应的影响是呈倒 U 型的，当农地流转在 4.9183 以下时，积极效应明显且呈上升的趋势；当超越这个门槛值时，积极效应开始下降。而在中部地区，由于对农地的依赖性大，农地流转中存在丧失农地权利的风险，且我国农村社会保障体系不完善，城乡收入差距进一步导致了农民养老保障的高度缺失。

4. 医疗保障效应

农地流转对东部地区医疗保障的门槛效应不显著，东部地区经济发达，医疗支出对土地收入的依赖性不大，因此，城乡收入差距对农村养老保障的影响可以忽略。而在中部地区，农地流转量没有超过 9.8532 时，城乡收入差距对医疗保障的影响呈显著的负向作用；当超过这个门槛值时，负效应变得不显著。原因如下：中部地区是我国粮食的主产地区，农地资源和客观条件较适宜耕种，当农地流转前，农民依赖农地能够获得较稳定的收入，且由于农民常年生活在农村，农村地区逐渐形成了一定规模的医疗供给；而当农地流转后，由于非农就业机会的不稳定性以及农民自身素质的制约，农民收入不稳定，且农民在城乡之间反复流动，使农村卫生院的业务受到了影响，有很多出现停业，同时，由于我国的二元性体制，农民不能在城市获得医疗保障。因此，对于中部地区而言，农地流转并没有改善农民的医疗保障水平，相反地，还导致了更加严重的匮乏性，但当农地流转超过一定的规模，城乡收入差距缩小，农村社会医疗保障体系逐渐完善，这种影响就变得不再显著。对于西部地区，只有在

农地流转处于4.6505~10.5164时，城乡收入差距才对养老保障起到轻微的负效应；在这个区间范围外，城乡收入差距对西部地区农民医疗保障的负效应不显著。从我国的实际情况来看，这个范围内的农地流转最容易导致农民兼业化，而兼业化容易导致农民被边缘化，使医疗服务更加缺乏。

四、结论与启示

本节首先从理论上分析了农地流转与农村社会保障之间的相关关系，当农地流转后，农民收入增加，生活水平提高，农民会有新的保障要求，因此，农地流转是促使农村社会保障水平提高的动力之一。其次，采用Hansen（1999）提出的门槛模型方法，选择了农户户均经营耕地面积表征的农地流转变量作为门槛变量，实证检验农地流转对农村社会保障的作用，得出结论：农地流转只对生活和医疗保障起到了直接的积极效应，对就业、养老的直接效应不明显；但是，农地流转通过影响城乡收入对农村社会保障产生显著作用，当跨越一定的门槛值时，由于农地产权制度的约束、流转市场的不规范以及经济发展的不均衡等因素，就业和养老保障功能逐渐丧失，但随着农地流转的深化，收入差距缩小，最终将促进城乡社会保障的一体化。因此，城乡收入差距下的社会保障缺失效应可以通过有效的农地流转来解决。

第四节　基于Dynamic Panel模型的城镇化发展效益分析

一、农地流转与城镇化发展的机理分析

关于土地与城镇化发展关系的理论渊源，可追溯至威廉·配第的“土地财富之母”论，具体表现为土地对城镇化发展的关键性作用。①土地的自然特性决定了土地是作为人类的环境而存在的，是一种空间资源，在城镇化过程中难以被其他的物质所代替。②土地的经济特性体现在三个方面：一是资源特

征决定了土地的稀缺性，不同的用途会产生不同的价值；二是资产特征决定了土地也受其主体的利润最大化以及资产财产化的约束；三是土地还是一种资本，它的流动伴随着增值效益。因此，土地是城镇化过程中的基础性资源。而在费孝通的小城镇化理论中，认为土地与劳动力紧密联系，农村剩余劳动力转移有两个阶段：一是“离土不离乡”和“离乡不离井”；二是“离土又离乡”和“离乡又离井”，可以发展内地小城镇化和疏散人口到边远广袤地区开发资源。在市场的作用下，土地、劳动力遵循逐利性原则流动，产生联动性效应，土地、劳动力是影响城镇化发展的两个重要因素。除此之外，马卜·贡杰（Mabo Gunje）于1970年提出城市的拉力和农村的推力共同作用并最终实现城乡人口迁移；诺瑟姆（Ray M. Northam）于1975年提出经济增长与城镇化之间有一种粗略的线性关系；哈维（D. Harvey）和卡斯特尔（M. Carstelle）从马克思主义政治经济学的角度解释了城镇化的政治和经济学原因；刘易斯（William Arthur Lewis）提出经济的二元结构对城市发展有重要影响；国内还有一些观点认为工业化（黄勇等，2000；李魁，2010）、信息化（甄峰等，2000；楚俊国，2003）、人口流动（顾朝林等，1999；栾贵勤等，2012）、外资（薛凤旋，1997；朱金生等，2006）、乡镇企业（何春阳等，2002；姜长云等，2003）等都是影响城镇化发展的关键因素。

关于农地流转与城镇化发展的关系，①从中国的国情出发，中国的土地有国有土地和农村土地之分，也就出现了城镇和农村。对于农村的农地，自20世纪80年代初家庭联产承包责任制实施以来，实现了耕者有其田，农业吸纳了大量的劳动力，缓解了就业压力，但土地细碎化影响了农地产出效率（姚洋，1999、2000），随后农地流转应运而生。农地流转对资源配置是有效率的，它具有“边际产出拉平效应”，是“帕累托改进”的过程（姚洋，1999），即农地流转发挥了规模化、集约化经营的潜力，释放出很多的土地与农村劳动力，促进了土地城镇化以及人口从农村向城镇的流动。②从农地流转对城镇化发展的影响机制来看，研究文献中大致有三种观点：第一种观点认为农地流转通过影响农村劳动力的转移而影响城镇化。曹宗平（2009）认为现行土地制度束缚了农村剩余劳动力向城镇转移，导致了农民兼业化、两栖化现象的频繁发生，延缓了城镇化过程；辜胜阻（2010）认为土地使用权转让制度不健全限制了农民的自由流动，土地制度同城镇化与非农化有着内在联系，影响着劳动力的非农化和城镇化。第二种观点认为农地作为要素本身可以实现资源价值，推动城镇化发展。辜胜阻（2010）认为农地流转的一个重要意义在于可以通过资金累积为农民向城镇第二、第三产业转移创造条件，从而使土地这个“沉睡的资本”成为推动农民向城镇转移的动力；王世存（2013）认为农地流转资本化有效突破了快速城镇化进程中的瓶颈，对遏制城市空心化、促进新“四化”协同发展、根治征地群体事件高发以及加快农民市民化等焦点问题具有重要的理论和现实意义。第三种观点认为农地流转会借助市场的要素配置效应促进城镇化发展。“城镇化进程中农村劳动力转移问题研究”课题组（2011）的研究提出，在市场化过程中，资本、劳动力、土地等生产要素会自发地向生产率更高、回报更高的部门和产业流动，农业往往成为一个净要素流出部门。

此外，还有一部分学者研究了城镇化对耕地变化的影响。朱莉芬和黄季焜（2007）认为城镇化对耕地增减变化有一些影响，但是影响并不大，不同城镇化模式对耕地的影响不同；吴丽梅和谭荣（2004）认为城市化有利于集约利用土地，是缓解人地矛盾的有效途径，在不同的发展阶段，部分城市化发展反而促进了耕地利用率的提高，即人口非农化的发展使农业人口人均耕地面积有所增加，城市化是解决中国农村人均农业自然资源占有不足的有效途径。

综上所述，目前关于农地流转和城镇化的研究已有一些成果，将二者结合起来进行的研究也在不断地丰富当中，但也存在以下不足：①在研究内容上，从市场视角分析农地流转及其耕地经营数量变化对城镇化发展影响的研究较少；②在分析方法上，主要还是采用定性研究方法，定量研究方法尽管在个别的文献中有所涉及，但都还停留在时间序列的回归分析和相关分析上。因此，本节试图利用中国省级面板数据，结合静态面板模型和动态面板模型，分析农地流转及市场资源配置效率对城镇化发展各个方面的影响，以丰富相关问题的定量研究，促进农地流转与城镇化的良性互动发展。

二、模型设定与说明

根据经济增长理论，经济增长是一个多变量的函数，决定经济增长的要素至少有制度构架、自然资源禀赋、劳动力以及土地。城镇化水平作为衡量经济增长的重要指标，其发展也受制于要素资源的丰裕程度，如土地、劳动力以及资本投入。从完全市场经济理论出发，城镇化水平的高低还取决于市场资源要素配置的优劣程度。因此，本节就农地流转这一农户行为能否对城镇化产生促进效应取决于资源要素配置的效率这一核心命题进行实证检验，认为农地流转将协同劳动力、资本等共同影响城镇化水平。

构建以下理论模型：

$$CZ=f(land, market, others) \tag{4-17}$$

其中，CZ 为城镇化水平变量。一般意义上的城镇化是人口向城镇集中的过程，外在的表现形式为城市内人口规模的扩大和城镇数目的增多（农村城镇化）。因此，城镇化过程中伴随着经济的结构性变化——非农业活动的比重逐步上升、农业活动的比重逐渐下降，以及人口的结构变动——从农村向城市逐渐转移。在前人的研究基础上（韩兆洲，2005；高强，2005；陈春，2008；陈凤桂，2010；曾福生，2013），本书的城镇化不仅是指人口城镇化，还包括经济城镇化、人民生活水平城镇化以及环境城镇化三个方面，分别用城镇人口占比、非农产业产值占比、恩格尔系数以及人均道路面积和人均绿地面积的算术平均数来表示，即分别为 PCZ_{it}、ECZ_{it}、LCZ_{it}、CCZ_{it}。其中，land 为农地流转变量；market 为市场化程度；others 为其他控制变量，包括劳动、资本投入等。

考虑到农地流转（land）会影响到户均经营农地的面积，因此，以户均经营耕地面积作为农地流转变量的表征指标（游和远，2010）；户均人口数根据乡村人口数和乡村户数求得；家庭人均耕地面积来自于《中国统计年鉴》。

根据本章的理论命题，要素的配置效率是决定城镇化水平的关键因素，因此，必须将其作为基本控制变量引入模型，通过观察其对分析结果的影响而对理论命题进行较为稳健的验证。同时，受中国经济体制的影响，政策性倾斜与导向也在很大程度上影响着区域的发展。然而，资源要素的优化程度即配置效率是一个抽象的概念，量化起来较为困难。在理论经济学中，市场机制是推动要素流动和促进资源配置的关键所在，也就是说市场机制较为健全、市场化程度较高的地区，生产要素的流动性就较强，从而资源间的配置效率也就较高。因此，以市场化程度（market）来反映资源要素的配置效率具有一定的逻辑性。参照樊纲等在《中国各地区市场化进程相对数 2000 年报告》中的做法，本章以政府分配经济资源的比重，即财政支出占 GDP 的比重作为市场化程度的简单替代指标，近似地表征资源要素的配置效率，即当财政支出占比越低，则认为市场分配资源的比重越高。为消除偶发因素导致的年度波动，本章借鉴樊纲等在《中国各地区市场化进程相对数 2000 年报告》中的做法，对财政支

出和地区 GDP 都采用三年移动平均值代替当年值。

本研究还采用了以下几个对城镇化水平可能产生重要影响的因素作为控制变量引入回归模型。首先，人力资本是城镇化发展的关键性因素之一。我们选择每万人大学生数作为城镇化发展中人力资本水平的度量指标，表示为 labor。其次，固定资产投资也是影响城镇化发展的重要指标。在中国，固定资产投资是区域资源配置的重要手段，是城镇化发展中的重要经费来源，因此，选取城镇固定资产投资额作为城镇化资本投入量的度量指标，表示为 invest。最后，经济增长和农业生产水平也是影响城镇化水平的重要影响因素。经济增长是决定城市化进程和水平的基本宏观条件，而农业生产水平较低时可能制约城镇化的发展速度（高强，2005），分别用三年移动平均后的国民生产总值增长速度和每万元农业生产总值的农机动力反映的农业机械化水平来衡量，表示为 gdpr 和 machi。因此，可以构建如（4-18）式的模型：

$$CZ=f(land,market,labor,invest,gdpr,machi,\zeta) \tag{4-18}$$

本节针对静态和动态使用了不同的分析方法。

（1）静态面板模型。静态面板模型较为常见，主要有最小二乘法、随机效应和固定效应三种估计方法。通过 Fisher 的方差齐性检验（F 检验）、Breusch 和 Pagan 的拉格朗日乘数检验和 Hausman 检验对模型进行选择①，考虑可能存在的残差异方差和自相关性，分别采用了 Driscoll－Kraay 提出的 Driscoll－Kraay Standard Errors 估计方法进行固定效应模型的稳健性估计，采用可行的广义最小二乘法（Feasible Generalized Least Squares）进行随机效应模型的稳健性估计。根据（4-18）式可以构建静态面板数据模型组，如（4-19）式：

$$\begin{cases} PCZ_{it}=\alpha_0+\alpha_1 land_{it}+\alpha_2 market_{it}+\alpha_3 labor_{it}+\alpha_4 invest_{it}+\alpha_5 gdpr_{it}+\alpha_6 machi_{it}+\mu_{it}+\zeta_{it} \\ ECZ_{it}=\alpha_0+\alpha_1 land_{it}+\alpha_2 market_{it}+\alpha_3 labor_{it}+\alpha_4 invest_{it}+\alpha_5 gdpr_{it}+\alpha_6 machi_{it}+\mu_{it}+\zeta_{it} \\ LCZ_{it}=\alpha_0+\alpha_1 land_{it}+\alpha_2 market_{it}+\alpha_3 labor_{it}+\alpha_4 invest_{it}+\alpha_5 gdpr_{it}+\alpha_6 machi_{it}+\mu_{it}+\zeta_{it} \\ CCZ_{it}=\alpha_0+\alpha_1 land_{it}+\alpha_2 market_{it}+\alpha_3 labor_{it}+\alpha_4 invest_{it}+\alpha_5 gdpr_{it}+\alpha_6 machi_{it}+\mu_{it}+\zeta_{it} \end{cases} \tag{4-19}$$

其中，i 对应于各省份截面单位；t 代表年份；$a_1 \sim a_6$ 为待估系数；u_{it}是面板模型的固定效应；ζ 为面板模型的随机扰动或异质成分。

（2）动态面板模型。根据发展经济学的理论原理，在多数情况下，各经

① 本书仅报告了 Hausman 检验的结果。

济变量之间往往存在双向的因果关系，从而导致其与随机扰动项相关，即解释变量具有潜在的内生性问题，此时，无论使用最小二乘法，还是固定效应和随机效应，得到的估计结果都是有偏的。因此，为了得到反映农地流转与城镇化之间稳健性的分析结果，进一步加入被解释变量的滞后因子作为解释变量，建立动态的面板模型，并采用 Arellano 和 Bond（1991）、Arellano 和 Bover（1995）以及 Blundell 和 Bond（1998）提出的处理内生性问题的 SYS-GMM（系统广义矩估计）方法进行参数估计。此时，模型表示为（4-20）式：

$$Y_{it}=\beta_0+\beta_1 Y_{i(t-1)}+\alpha' Z_{it}+\xi_{it} \tag{4-20}$$

其中，α'为解释变量的参数组成的向量集；Z_{it}为（4-19）式中所有解释变量组成的向量集。依据上述的理论分析，可以构建如（4-21）式所示的动态面板模型组：

$$\begin{cases} PCZ_{it}=\beta_0+\beta_0 PCZ_{i\,t-1}+\alpha_1 land_{it}+\alpha_2 market_{it}+\alpha_3 labor_{it}+\alpha_4 invest_{it}+\\ \qquad \alpha_5 gdpr_{it}+\alpha_6 machi_{it}+\mu_{it}+\zeta_{it} \\ ECZ_{it}=\beta_0+\beta_0 ECZ_{i\,t-1}+\alpha_1 land_{it}+\alpha_2 market_{it}+\alpha_3 labor_{it}+\alpha_4 invest_{it}+\\ \qquad \alpha_5 gdpr_{it}+\alpha_6 machi_{it}+\mu_{it}+\zeta_{it} \\ LCZ_{it}=\beta_0+\beta_0 LCZ_{i\,t-1}+\alpha_1 land_{it}+\alpha_2 market_{it}+\alpha_3 labor_{it}+\alpha_4 invest_{it}+\\ \qquad \alpha_5 gdpr_{it}+\alpha_6 machi_{it}+\mu_{it}+\zeta_{it} \\ CCZ_{it}=\beta_0+\beta_0 CCZ_{i\,t-1}+\alpha_1 land_{it}+\alpha_2 market_{it}+\alpha_3 labor_{it}+\alpha_4 invest_{it}+\\ \qquad \alpha_5 gdpr_{it}+\alpha_6 machi_{it}+\mu_{it}+\zeta_{it} \end{cases} \tag{4-21}$$

三、检验结果与分析

（一）数据描述性分析

选择 2000~2011 年 12 年间全国 30 个省、直辖市、自治区的面板数据作为研究样本（西藏的数据部分缺失，从样本中剔除）。数据来源于《新中国 60 年统计资料汇编》、《中国统计年鉴》以及《中国人口统计年鉴》。对数据进行初步统计的结果显示，各解释变量的方差膨胀因子没有超过 2，相关系数也都未超出 0.7 以下，因此，在参数估计时不用考虑多重共线性问题。表 4-8 和表 4-9给出了基本的统计描述。表 4-8 给出了基本变量的统计描述，2000~

2011 年，从城镇化的各个方面来看，人口城镇化的差距幅度最大，最高水平的达到了 96%，而最低的仅为 9.7%；以户均经营耕地面积表征的农地流转变量也是差距巨大，最少的地方户均只有 0.679 亩，而流转后经营耕地面积最多的可以达到户均 47.008 亩，表明中国耕地分布不均衡。

表 4-8　主要变量的统计描述

	PCZ	ECZ	LCZ	CCZ	land	market	labor	invest	gdpr	machi
均值	0.423	86.460	44.486	4.308	8.921	0.166	155.433	3701.427	0.152	1.820
最小值	0.097	63.555	29.943	2.549	0.679	0.063	21.256	129.02	0.046	0.335
最大值	0.962	99.349	62.68	6.294	47.008	0.535	690	26313.460	0.265	5.861
标准差	0.177	6.834	6.592	0.646	8.949	0.069	120.114	4030.469	0.044	1.047
观测值	360	360	360	360	360	360	360	360	360	360
VIF					1.13	1.27	1.32	1.43	1.55	1.21

注：表中数据为截取小数点后的值，未四舍五入。

表 4-9　各地区十年来城镇化水平平均增长率变化情况

	PCZ	ECZ	LCZ	CCZ		PCZ	ECZ	LCZ	CCZ
北京	0.010	0.149	-0.387	0.014	河南	0.023	0.904	-1.237	0.079
天津	0.017	0.265	-0.661	0.134	湖北	0.015	0.508	-1.288	0.037
河北	0.022	0.408	-0.542	0.145	湖南	0.026	0.729	-0.814	0.114
山西	0.017	0.367	-0.989	0.085	广东	0.029	0.379	-0.065	0.057
内蒙古	0.013	1.245	-0.660	0.173	广西	0.029	0.848	-1.057	0.070
辽宁	0.016	0.196	-0.668	0.107	海南	0.012	0.937	-0.507	-0.012
吉林	0.004	0.758	-0.883	0.111	重庆	0.030	0.848	-0.611	0.225
黑龙江	0.007	-0.124	-0.494	0.098	四川	0.023	0.898	-0.760	0.120
上海	0.008	0.086	-0.283	-0.025	贵州	0.022	1.236	-1.366	0.005
江苏	0.027	0.546	-0.768	0.145	云南	0.015	0.509	-1.078	0.051
浙江	0.034	0.488	-0.565	0.061	陕西	0.022	0.414	-1.229	0.164
安徽	0.027	1.126	-0.999	0.126	甘肃	0.014	0.446	-0.564	0.103
福建	0.032	0.712	-0.213	0.072	青海	0.010	0.539	-1.823	0.101
江西	0.021	1.121	-0.840	0.159	宁夏	0.016	0.622	-1.046	0.194
山东	0.025	0.586	-0.767	0.133	新疆	-0.010	0.354	-1.259	0.068

注：表中数据为截取小数点后的值，未四舍五入。

表 4-9 中给出了 2000~2011 年 12 年间 30 个地区城镇化各维度的变化情况，从增长率的绝对值来看，大部分地区人民生活条件城镇化增长速度排第一，其次是经济城镇化、环境城镇化，最后才是人口城镇化，这样一种趋势反映了中国农村人口仍然巨大（排除中国城镇人口统计户口方面的原因），人的城镇化仍是未来中国城镇化的核心。人民生活条件的城镇化速度是最快的（人民生活水平城镇化采用恩格尔系数作为代替指标，恩格尔系数降低表明人民的生活水平改善了，呈负向性），21 世纪初是中国经济迅速发展的时期，物质资料供给丰富，人民的生活水平有了质的飞跃。经济城镇化中内蒙古、安徽、江西、贵州等地的增速相对较快，增速超过了 1.0，这些地区分布在中国的中西部，受益于国家西部大开发以及振兴工业区战略，后发优势凸显。上海和海南的环境城镇化出现了负值，从总量上来说，上海是中国城市基础设施较为健全的地区，但伴随上海经济高速发展的是上海人口的急剧膨胀；海南近年来旅游业迅速发展，也导致了人口激增，本章采用的人均指标反映了上海和海南在人口容纳上已经失衡，超出了城市负荷。

（二）静态面板估计

首先，在不考虑控制变量的情况下进行实证分析，结果如表 4-10 所示。可以看出，农地流转对人口城镇化水平的影响并不显著；农地流转对经济城镇化、人民生活水平城镇化以及环境城镇化起到了积极的促进效应，农地流转每增加 1 个单位，经济城镇化水平增加 0.605 个单位，恩格尔系数水平降低 0.989 个单位，环境城镇化水平增加 0.160 个单位，但是加入反映市场化程度的负指标后，影响效应的绝对值都缩小了，说明市场资源配置程度较低时，对城镇化水平具有一定的挤出效应。

人口城镇化是中国城镇化的主要反映指标，虽然农地流转有利于农村人口的流动和转移，但受制于户籍、教育、社会保障等因素，农地流转仅仅是促进了农村劳动力转移，改变了农民的就业方式、生活空间、生活方式以及收入结构和水平，其还不是真正意义上的城镇人口，反而形成了一批城市“边缘人”。因此，农地流转对人口城镇化进程的影响并不显著，要加速人口意义上的城镇化必须消除体制以及政策上的二元性。

表 4-10　静态面板估计结果

	被解释变量 PCZ		被解释变量 ECZ		被解释变量 LCZ		被解释变量 CCZ	
	(1)	(2)	(1)	(2)	(1)	(2)	(1)	(2)
land	0.003 (0.19)	-0.004 (0.25)	0.605 (0.00)	0.206 (0.01)	-0.989 (0.00)	-0.404 (0.00)	0.160 (0.00)	0.101 (0.00)
market		1.525 (0.00)		48.625 (0.00)		-71.091 (0.00)		7.076 (0.00)
_cons	0.394 (0.00)	0.211 (0.00)	81.055 (0.00)	76.546 (0.00)	53.311 (0.00)	59.903 (0.00)	2.880 (0.00)	2.224 (0.00)
hausman	1.57 (0.2105)	15.71 (0.00)	16.05 (0.0001)	18.13 (0.00)	18.89 (0.0000)	39.10 (0.00)	46.82 (0.0000)	80.21 (0.00)
model	随机效应	固定效应	固定效应	固定效应	固定效应	固定效应	固定效应	固定效应

注：表中数据为截取小数点后的值，括号内为显著性水平。

进一步加入控制变量进行分析，分析结果如表 4-11 所示。在引入劳动力、资本投入、经济增速、农业生产水平四个控制变量后，农地流转对人民生活条件城镇化以及环境城镇化的影响和表 4-10 的结果基本相同，农地流转的促进效应仍然存在，且在加入反映市场化程度的负指标后，影响系数的绝对值变小了，说明市场资源配置程度较低时，资源开发如土地流转对经济、人口以及城镇建设的发展具有一定的挤出效应，而提高市场化的配置程度则能促进资源产出效率的提高。就人民生活条件和城镇环境建设而言，农地流转对人民生活水平的影响更大一些，农地流转能够直接影响农村人口的收入构成，进而影响其生活水平，且生产要素的流动会促进商品市场的发展，使农民生活的供给品丰富化。环境城镇化则主要在于投入与技术水平、经济发展以及监督治理等因素。

加入控制变量之后，农地流转对人口城镇化和经济城镇化的影响发生了变化，对前者由影响不显著变为在 1%的显著性水平上呈负相关，对后者的促进效应则变得不显著了，说明农地流转能够依赖人力资本、投资、经济增收以及农业生产水平促进人口城镇化，相反农地流转对经济城镇化的促进效应却受制于人力资本、投资、经济增收以及农业生产水平的发展状况；在加入市场化水平之后，系数的绝对值变小了，市场化程度越高，农地流转对人口城镇化的积极作用越强，且能够减弱控制变量对经济城镇化的负向抵消效应，提高资源要素的产出效率。这进一步反映了土地并不是实现人口城镇化和经济城镇化的唯一重要因素，而必须要考虑土地市场与劳动力市场、资本市场、生产技术等的协调与配置。

此外，从表4-10和表4-11中还可以看出，市场化程度对经济城镇化和人民生活水平城镇化的正相关性一直保持在1%的显著性水平上，说明市场化程度以及资源配置效率对经济发展和人民生活水平提高具有明显的促进作用；而人口和环境方面的城镇化则更多地受体制和制度供给因素的影响。在四个控制变量中，城镇投资和经济增速对各方面的城镇化都表现出显著的作用，人力资本水平对人口城镇化的影响较为明显，农业生产水平对人民生活水平以及环境建设方面的影响相对显著一些。

表4-11　静态面板稳健性估计结果

解释变量	被解释变量 PCZ		被解释变量 ECZ		被解释变量 LCZ		被解释变量 CCZ	
	(1)	(2)	(1)	(2)	(1)	(2)	(1)	(2)
land	-0.042 (0.00)	-0.014 (0.00)	0.436 (0.37)	0.023 (0.62)	-0.305 (0.02)	-0.255 (0.07)	0.057 (0.00)	0.057 (0.00)
invest	0.000 (0.00)	0.000 (0.00)	0.000 (0.00)	0.000 (0.00)	-0.000 (0.00)	-0.000 (0.00)	0.000 (0.00)	0.000 (0.00)
labor	0.000 (0.00)	0.000 (0.00)	0.004 (0.18)	0.000 (0.74)	-0.007 (0.14)	0.001 (0.70)	0.000 (0.43)	0.000 (0.46)
gdpr	0.557 (0.00)	0.580 (0.00)	31.229 (0.00)	28.727 (0.00)	-22.631 (0.00)	-15.843 (0.00)	2.867 (0.01)	2.836 (0.01)
machi	-0.005 (0.35)	-0.009 (0.14)	-0.085 (0.65)	0.277 (0.20)	1.067 (0.00)	0.154 (0.54)	-0.165 (0.00)	-0.161 (0.00)
market		-0.171 (0.19)		19.296 (0.00)		-48.540 (0.00)		0.238 (0.72)
_cons	0.359 (0.00)	0.383 (0.00)	79.977 (0.00)	77.252 (0.00)	50.764 (0.00)	57.611 (0.00)	3.371 (0.00)	3.33 (0.00)
hausman p	31.60 (0.00)	31.60 (0.00)	15.86 (0.00)	22.85 (0.00)	24.41 (0.00)	55.00 (0.00)	14.21 (0.00)	14.35 (0.01)
model	固定效应	固定效应	固定效应	固定效应	固定效应	固定效应	固定效应	固定效应

注：表中数据为截取小数点后的数字，括号内为显著性水平。

（三）动态面板估计

表 4-12 显示了考虑控制变量的面板稳健性估计结果。在四个分析模型中，除经济城镇化外，其他三个模型均存在一阶序列相关但二阶序列不相关；且四个模型都通过了 Hansen 检验和 Sargan 检验，说明不存在工具变量的过度识别问题。

除人民生活水平城镇化模型外，其他三个模型的静态面板与动态面板的模型估计结果差异较大。农地流转对人民生活水平的城镇化仍然具有积极的促进效应，农地流转每上升 1 个幅度，农民的食物支出占比降低约 0.025 个单位的幅度，这反映了农地流转影响着人口以及资本要素的城乡间流动，人民生活水平的提高由最初依赖土地财产性收入逐渐转变为依赖其他要素支撑，如投资、知识、农业生产技术等，农地流转后农民将享受到知识和技术的经济外溢。在加入市场化程度之后，这种促进效应仍然存在，但是系数绝对值有所降低（0.024），反映了市场的资源配置效率还是会产生一部分的挤出效应，抵消农地流转对人民生活水平城镇化的影响，市场会分散土地改革带给农民的红利，这和静态面板估计的结果基本一致。因此，政府干预并不会促进人民生活水平提高，只有依靠市场才能真正促进资源配置效率，推动资源产出增加，可见市场起着决定性的作用。

农地流转对经济城镇化的影响在 5%的显著性水平上呈负向效应，土地的市场流动反而“拖累”了经济城镇化，这和 20 世纪 80 年代中期以来新的内生增长理论学家提出的资源“诅咒效应”的结果相似①，即农地流转过程中农地资源的开发利用挤出了经济增长而制约了城镇发展，但是在静态面板模型中，农地流转对经济城镇化的影响并不明显，这说明农地资源的“诅咒”生效是有条件的，这种条件就是资源开发及相关制度安排的问题，农地流转释放了更多的土地和人力资源，原有的经济平衡受到影响，逐渐形成了以资源开发与资源财富为主的新经济发展模式，城镇化过程中的高房价、交通问题以及农村地区广泛存在的“空心村”、“耕地撂荒”现象，实际上就属于城镇化过程中资源要素扭曲流动与配置的结果，再加上缺乏制度规范和治理约束，就导致了资

① 1993 年，Auty 在研究产矿国经济发展问题时第一次提出了“资源的诅咒”（Resource Curse）这个概念，即指丰裕的资源不能促进经济的增长，反而限制经济发展的一种经济现象。

源“诅咒”现象。但在加入市场化程度后，系数的绝对值有所降低，说明市场可以缓解和抵消资源对经济增长的挤出效应。

农地流转对人口城镇化和环境城镇化的影响不再显著，人口城镇化更多地受人民知识水平以及经济增收的影响，且市场化程度对人口城镇化的影响较为明显；环境城镇化则更多地受制于投资和经济增速。总括来说，这两个方面更多地受体制、政策等因素的影响。

表 4-12 动态面板稳健性估计结果

解释变量	被解释变量 PCZ		被解释变量 ECZ		被解释变量 LCZ		被解释变量 CCZ	
	(1)	(2)	(1)	(2)	(1)	(2)	(1)	(2)
pcz t-1	0. 766 (0. 00)	0. 768 (0. 00)						
ecz t-1			0. 952 (0. 00)	0. 952 (0. 00)				
lcz t-1					0. 865 (0. 00)	0. 867 (0. 00)		
ccz t-1							0. 736 (0. 00)	0. 736 (0. 00)
land	0. 000 (0. 93)	0. 000 (0. 79)	-0. 011 (0. 04)	-0. 011 (0. 06)	-0. 025 (0. 04)	-0. 024 (0. 04)	0. 001 (0. 20)	0. 001 (0. 18)
invest	0. 000 (0. 53)	0. 000 (0. 92)	0. 000 (0. 77)	-0. 000 (0. 36)	-0. 000 (0. 03)	-0. 000 (0. 02)	0. 000 (0. 00)	0. 000 (0. 00)
labor	0. 000 (0. 09)	0. 000 (0. 09)	-0. 000 (0. 97)	0. 000 (0. 92)	-0. 003 (0. 00)	-0. 003 (0. 00)	-0. 000 (0. 21)	-0. 000 (0. 15)
gdpr	0. 174 (0. 09)	0. 228 (0. 03)	2. 171 (0. 03)	2. 484 (0. 03)	-0. 529 (0. 81)	0. 033 (0. 98)	2. 395 (0. 00)	2. 529 (0. 00)
machi	-0. 000 (0. 71)	-0. 000 (0. 82)	0. 103 (0. 09)	0. 104 (0. 08)	-0. 335 (0. 01)	-0. 324 (0. 02)	0. 020 (0. 18)	-0. 020 (0. 21)
_cons	0. 048 (0. 12)	0. 055 (0. 08)	4. 286 (0. 00)	4. 357 (0. 00)	6. 971 (0. 00)	6. 916 (0. 00)	0. 793 (0. 00)	0. 816 (0. 00)
market		-0. 091 (0. 03)		-0. 750 (0. 22)		-0. 964 (0. 57)		-0. 235 (0. 42)

续表

解释变量	被解释变量 PCZ		被解释变量 ECZ		被解释变量 LCZ		被解释变量 CCZ	
	(1)	(2)	(1)	(2)	(1)	(2)	(1)	(2)
AR (1)	-1.93 (0.054)	-1.93 (0.054)	-3.13 (0.002)	-3.20 (0.001)	-3.50 (0.000)	-3.51 (0.000)	-3.75 (0.000)	-3.72 (0.000)
AR (2)	1.17 (0.243)	1.21 (0.228)	2.49 (0.013)	-2.37 (0.018)	-1.08 (0.279)	-1.11 (0.268)	0.83 (0.431)	0.82 (0.410)
Sargan P	250.70 (0.741)	248.76 (0.870)	268.81 (0.423)	284.08 (0.352)	292.19 (0.121)	299.05 (0.143)	259.76 (0.579)	265.63 (0.630)
Hansen P	26.22 (1.000)	25.90 (1.000)	23.858 (1.000)	24.55 (1.000)	25.64 (1.000)	25.35 (1.000)	28.89 (1.000)	28.56 (1.000)

注：表中数据为截取小数点后的值，括号内为显著性水平；模型参数估计结果为 one step 的结果，AR (1)、AR (2)、Sargan 检验值和 Hansen 检验值为 two step 的结果。

以上的结果验证了前文提出的命题，即农地流转这一农户行为能否对城镇化产生促进效应受市场化程度及资源要素配置效率高低的影响，农地流转及劳动力资本、投入资本等共同作用于城镇化水平。农地流转的城镇化作用更多地体现在对人民生活水平的影响上，农地流转系数的相伴概率基本保持在 1%~5%的显著性水平上，同时这种影响效应受市场化程度及资源要素配置效率的调节，政府的高度干预会促使农地流转中农地资源产生“资源诅咒”问题。而市场化程度本身对城镇化水平也具有一定的贡献，特别是对经济城镇化和人民生活水平城镇化，这充分反映了：①市场化程度促进了生产要素资源和消费要素资源的城乡流动，促进了城乡协调发展；②通过市场的资源配置，充分发挥了资源的逐利性，促进了土地、劳动力以及资本三大要素市场的最优化配置，提高了资源产出效率，拉动了全社会产出水平的提高。因此，提高市场化程度及资源的配置效率可以促进农地资源流转效率的提高，最终促进城镇化进程。但是，农地流转对城镇化的影响是具有一定偏向性的，如在农村人口城镇化和生态环境城镇化方面还是需要体制以及政策上的引导，农地流转并不能促进人口和环境的城镇化进程。这和“城镇化进程中农村劳动力转移问题研究”课题组 2011 年提出的“既要建立城乡要素发挥优势的市场竞争制度环境，尽可能取消对要素流动和要素价格形成机制的人为干预，也要改善政府对城乡要素交换的宏观调控，强化对农业农村的扶持”的观点基本吻合。

此外，研究结果中动态面板的估计结果和静态面板的估计结果具有一定的差异性，动态面板模型参数的显著性水平差一些，其主要原因可能在于动态面板考虑了被解释变量的滞后期对当期的影响，这种影响无论是数值大小还是显著程度都非常明显，超过了模型中的其他变量，这在很大程度上反映了中国的城镇化是一个经济发展积累的渐进过程。虽然资本投入、人力资本水平、经济增速以及农业生产技术会影响城镇化的各个方面，但前一期的城镇人口情况、非农产业发展情况、人民生活水平以及环境状况产生了最为主要的影响。

四、结论与启示

本节利用省级面板数据，构建了农地流转对中国城镇化发展的计量模型，利用 Driscoll-Kraay Standard Errors 估计方法、可行的广义最小二乘法（FGLS）与系统广义矩估计方法（SYS-GMM）分别进行了固定效应模型估计、随机效应模型估计和动态面板模型估计，并通过对比静态面板模型与动态面板模型，分析了考虑市场化程度时，农地流转对城镇化发展的影响，实证分析结果表明：第一，农地流转对中国城镇化具有一定的促进作用，并且市场化程度及资源配置的效率可以加剧这种促进效应，而过度的干预则可能对城镇化产生挤出效应；第二，农地流转对于城镇化不同方面的影响是不同的，其中，农地流转对人民生活水平城镇化的影响最为显著，对人口城镇化的影响则还在于市场化程度及资源的配置效率，对经济城镇化的影响要避免出现资源的“诅咒效应”，而环境城镇化更多地受投入以及经济增长等的影响；第三，市场化程度本身对城镇化水平也具有一定的贡献，突出表现在对经济城镇化和人民生活水平城镇化上。因此，提高市场化程度及资源的配置效率可以促进农地资源流转效率的提高，最终促进城镇化进程。

从上述的结论中，可以得出如下几点政策建议：一是要加快提高市场化程度及资源的配置效率，提高市场在城镇化发展中的决定性作用。本章的研究结果显示，提高市场化程度和资源要素配置效率可以增加农地流转对城镇化的促进效应，市场化程度是决定农地市场如何影响劳动力市场、资本市场的关键因素，要素市场之间的协调与要素之间的替代往往映射了市场机制的资源要素配置效率。因此，应建立城乡统一的要素市场，增加资源要素的流动性，提高要素的利用效率。二是要加强体制与制度上的改革与创新。应尽快消除户籍、教

育、社会保障的二元性，加强对基础设施建设、环境维护与治理等的投入与监督力度，为要素的市场流动创造条件，拓展人们的经济行为边界。三是借助农地流转对人民生活条件的重要影响性，实现农地乃至耕地的财产性收入，充分利用土地红利以及制度改革的红利，促进农民增收与农村城镇化发展。

本章小结

本章从新型农民培育、农村社会保障以及城镇化发展的角度分析了农地流转的社会效益，简要研究结论为：①农地流转促进农村劳动力转移与农地适度规模经营，对新型农民培育产生多重影响：短期内农地流转表现出积极的文化效益与技术效益，长期内则表现为积极的技术效益和经营效益，但短期的经营效益受短期投入成本的影响呈挤出效益，长期的文化效益则受我国体制因素的约束不确定。因此，为化解农地流转对新型农民培育的挤出效应以及抑制不确定因素，还必须在体制与政策上进行改进和完善。②农地流转只对生活和医疗保障起到了直接作用，但农地流转通过影响城乡收入对农村社会保障的作用显著，当跨越一定的门槛值时，由于多重现实因素，就业和养老保障功能逐渐丧失，收入差距缩小，最终将促进城乡社会保障的一体化。这间接地说明了农地流转在农村社会保障体系建设中的重要作用。③在考虑市场资源配置效率的情况下：第一，农地流转对中国城镇化具有一定的促进作用，并且市场化程度及资源的配置效率可以加剧这种促进效应，而过度的干预则可能对城镇化产生挤出效应；第二，农地流转对于城镇化不同方面的影响是不同的，其中，农地流转对人民生活水平城镇化的影响最为显著；第三，市场化程度本身对城镇化发展也有一定的贡献，突出表现在对经济城镇化和人民生活水平城镇化上。因此，提高市场化程度及资源的配置效率可以促进农地资源流转效率的提高，最终促进城镇化进程。

第五章 农地流转的生态效益分析

第一节 农地流转生态效应的理论分析

在城镇化、工业化和农业现代化协调发展的过程中，农村土地流转是农村经济发展到一定阶段的产物，土地流转影响农业生产的规模、结构与技术，进而作用于土地资源的重新配置以及农村生态环境，并波及周边地区，使得整个生态系统发生变化，其对经济社会协调发展的影响不容忽视。因此，农村土地流转问题是现代农业发展的关键，必须走以人为本、土地资源开发利用与生态环境承载能力相适应的发展模式，在抓农村土地流转经济效应的同时更要注重生态效应。关于农村土地流转的生态效应，主要是围绕农地本身的生态效应进行的。一是农地的资源、环境与生态保育效应，如防洪、防止土壤流失、防止土石崩、涵养水源、维护生物多样性及保育野生动植物。二是农地的作物残余物利用，主要包括处理有机废弃物、分解与消除污染物质、调节微气候以及净化空气、维持及活化乡村社区。三是农地的地理景观效应，如提供牧场、田园风光等娱乐服务等（郑蕙燕，2005；Rosenberger 和 Walsh，1997；Bromley，1997；John C. Bergstrom，2001；Daniel Hellerstein 等，2002；Aliza Fleischer，2005）。总而言之，目前学术界对于农地流转生态效应的探讨较少。本章则试图基于效应分析的原理，对各地区农地流转的生态效应进行总体评估、分解，并进行区域间的比较，为农村土地资源的合理分配与农村环境优化提供可供参考的建议。

一、演化分析

受资源赋存及开发等因素的影响和制约，农地流转对生态环境的影响呈现明显的阶段性特征。根据它们的不同特点，可将其归纳为地区发展的四个阶段，即初期发展阶段、加速发展阶段、稳定发展阶段和转型发展阶段。处于不同的发展阶段，生产组织的重点不同，土地资源开发的特点不同，对地区生态环境的影响在形式、范围和程度上也表现各异。不同流转阶段的农业生产特点以及典型生态环境问题及其解释可以用图 5-1 来进行描述（t 表示时间；S 表示一定时期内的环境总况；R 表示环境变化率）。

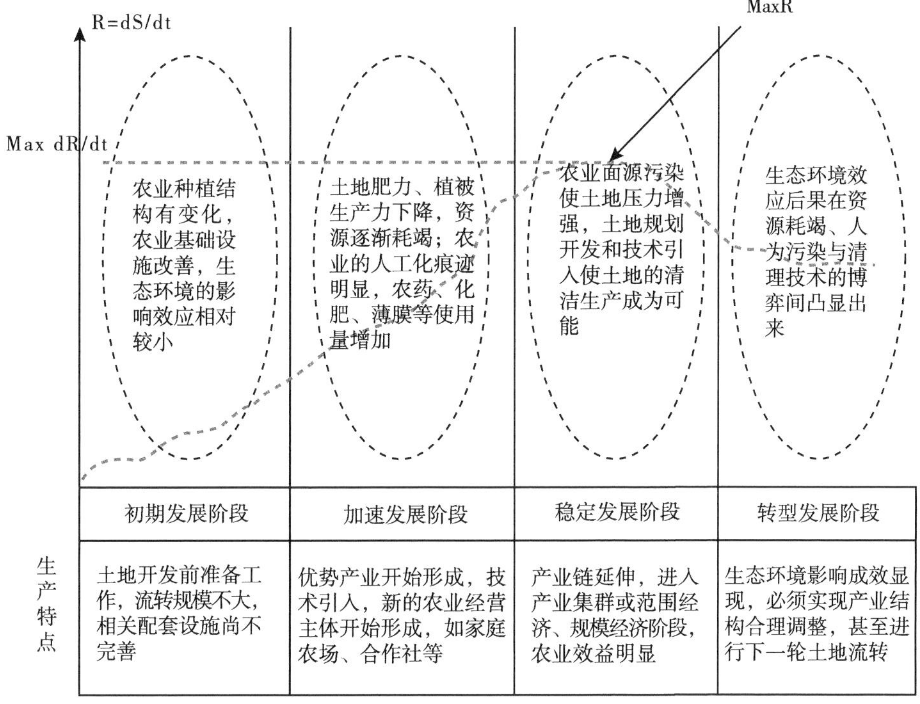

图 5-1　农地流转不同发展阶段的生态问题及其解释

（1）初期发展阶段。该阶段的工作重点是土地权利的交涉、土地平整与规划种植。农业种植结构有变化，农业基础设施改善，流转规模不大，相关配套设施尚不完善，生态环境的影响效应相对较小。

（2）加速发展阶段。农地流转规模化发展，优势产业开始形成，农业生产技术引入，新的农业经营主体开始形成，如家庭农场、合作社等。但同时土地肥力、植被生产力下降，资源逐渐耗竭；农业的人工化痕迹明显，农药、化肥、薄膜等使用量增加。

（3）稳定发展阶段。产业链延伸，进入产业集群或产业规模经济、范围经济阶段，形成地区支柱产业和拳头产业，农业效益明显；土地规划开发和技术引入使土地的清洁生产成为可能，但农业面源污染使土地压力增强。

（4）转型发展阶段。由于生态效应的滞后性和累积性，资源耗竭对地区生态环境的影响并没有减弱，导致生态环境问题更加严重，必须实行休耕或者进行专业治理，及时进行产业结构调整，进行下一轮流转。另外，即使流转后土地利用注重环境质量，整个地区运用清洁生产理念，生态质量良好，但由于市场发展规律，地区发展也必须不断地与时俱进，进行适当的转型发展。

二、原理分析

在经济发展的过程中，资源的利用、污染的排放以及生态空间的占用等是土地流转对生态环境所造成的冲击力；生态系统对冲击力的支撑、化解能力则是生态环境的承载力；同时，生态系统对冲击力有一种反作用力，即反馈力，当系统偏离稳定发展状态时，正反馈力将促使其返回原来的状态，而一旦超过这一区间，负反馈力将加速生态环境的恶化（见图 5-2）。

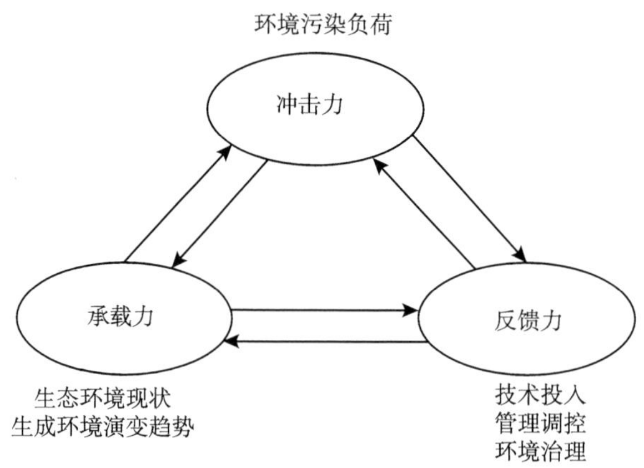

图 5-2　农村生态系统各部分之间的相互作用关系

结合上述分析，这里使用生态承载变量(S_1，S_2，…，S_m)、冲击扰动变量(P_1，P_2，…，P_n)和反馈响应变量(r_1，r_2，…，r_m)来表征生态系统状态及发展趋势。其动力学特性可以描述为：

$$\begin{cases} S_1 = f_i(S_1, S_2, \cdots, S_m, P_1, P_2, \cdots, P_n, t)\ (i=1,2,\cdots,m) \\ R_1 = g_i(S_1, S_2, \cdots, S_m, P_1, P_2, \cdots, P_n, t)\ (i=1,2,\cdots,q) \end{cases} \tag{5-1}$$

上述方程组成了系统在状态空间的完整描述，令：

$$S=\begin{pmatrix} S_1 \\ S_2 \\ \vdots \\ S_m \end{pmatrix};\quad P=\begin{pmatrix} P_1 \\ P_2 \\ \vdots \\ P_n \end{pmatrix};\quad R=\begin{pmatrix} R_1 \\ R_2 \\ \vdots \\ R_q \end{pmatrix} \tag{5-2}$$

S、P、R 分别为生态承载向量、冲击扰动向量和反馈响应向量，引入与方程中函数相应的向量函数 $F=(S,P,t)$ 与 $G=(S,P,t)$，则原向量方程组向量形式为 $S=(F,P,t)$，$S\in R_m$，$P\in R_n$；输出方程 $R=(G,P,t)$，$R\in R_n$。这两组向量方程是土地流转后复合生态系统在状态空间的完整描述。因此，土地流转与生态环境的相互作用关系，就是在土地流转过程中，地区发展中的各要素与生态环境相互作用、相互影响的非线性关系的总和。

其作用关系如下：

$$\begin{cases} dX/dt = \chi(X(t), Y(t), \varphi(t)) \\ dY/dt = \gamma(X(t), Y(t), \varphi(t)) \\ d\varphi/dt = \theta(X(t), Y(t), \varphi(t)) \end{cases} \tag{5-3}$$

其中，$dX/dt = \chi(X(t), Y(t), \varphi(t))$ 表示土地流转影响要素；$dY/dt = \gamma(X(t), Y(t), \varphi(t))$ 表示生态系统各要素的状态；$d\varphi/dt = \theta(X(t), Y(t), \varphi(t))$ 表示不同时间内促进、调节地区发展与生态系统相互作用关系的技术发展水平、环境政策制定及其他因素的组合等（见图 5-3）。

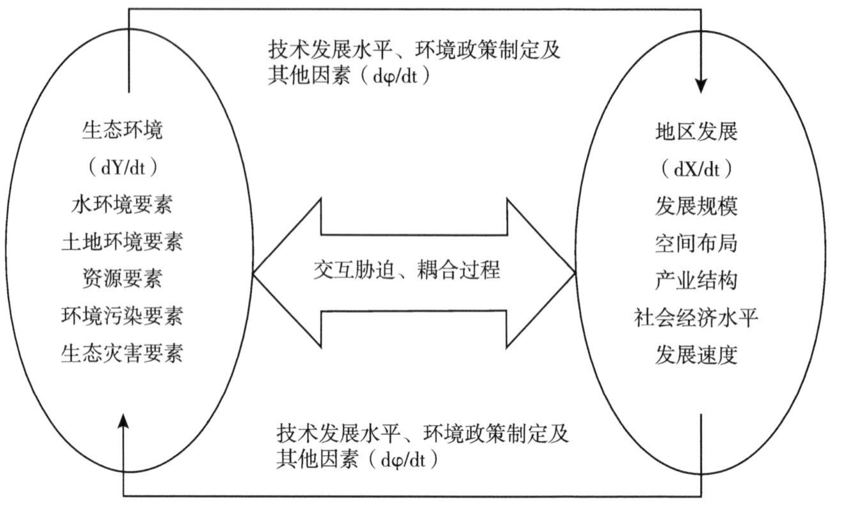

图 5-3　地区发展与生态系统的交互作用

第二节　基于 Trans-Log 模型的生态总效益分析

一、农地流转对农业可持续性的影响分析

自 1987 年 Barbier 等发表了一系列有关经济、环境可持续发展的文章引起人们的关注起，可持续发展的理念开始被引入各个领域作为研究的重点。其中，农业的可持续发展涉及：耕作方式和种植制度要与环境相适应；利用生态位共享的原理进行生产；利用共生、共克的补偿原理，降低成本，减轻污染，节省农业资源；利用物质与能量在生态农业系统中多途径、多层次的转化，重新建立最优的食物链或食物网制度。农地资源是农业生产与发展的基础，农地与农业可持续发展息息相关，农业可持续性发展在农地流转的终极目标中占重要地位。早在 1998 年，王冰就分析了土地与农业可持续发展之间的关系，他认为随着科学的发展，化肥、农药使用量增加，一方面使土地地力得到了人为的优化，另一方面这些农用物品使用不合理会造成土地地力的严重下降，因

此，土地肥力的保持和提高取决于人为的力量。农地流转就是人力的一种表现，在这个过程中机械化程度增加，农药、化肥使用增加，而且农地流转也能够促进农地、劳动力以及资金的重新配置，因此，农村土地资源的优化配置问题始终是农业可持续发展的核心问题（胡业翠等，2002；冯继康，2003；李长健等，2010、2011）。赵峰（2001）认为在影响我国农业可持续发展的诸多因素中，土地无疑是最关键的因素，农业可持续发展就是要实现农地资源的可持续和有效率利用，因此，农业可持续发展的关键是农地的可持续利用（赵峰，2001），农地的可持续利用是农业可持续发展的基础（胡亦琴，2011）。

我国的农地流转自 20 世纪 80 年代就开始出现，到 21 世纪初，农地流转已经相当普遍。农地流转能够促进农业的规模化经营，提高机械化程度，但是农地流转是否能够实现农地资源的可持续利用呢？农地流转是否具有区域适用性？农地流转是否有利于保持农业的可持续发展呢？这些问题的答案对于我们发展可持续农业非常重要。现阶段农村分散、粗放的土地经营方式在一定程度上束缚了农业发展（金晶，2010），作为一种不可再生资源农地本身在总量上是既定的，但作为一种生产要素，由于生产关系和生产力的作用，农地存在一个相对量的变化，保持既定量和质的农地资源是农业可持续发展的必要条件。农地流转是制度变革的内生需求，是一系列因素处在耦合和均衡状态时的产物，适应了土地资本化、土地规模经营、农业产业化和市场化发展、农业产业结构调整的客观要求（胡亦琴，2011）。农地流转可能带来两种变化：一是产出能力低的农地被挤出；二是产出能力高的农地被高度集约化。前一种情况导致土地边际化或者说是土地利用粗放化；后一种情况则导致土地适度规模经营或者说是土地集约化。这都反映了人类活动与自然环境之间的相互作用，是对人地关系状况的具体刻画，也在较高尺度上解释了农地流转的部分原因。

关于农地流转与农业可持续性的研究，林卿（2000）认为农业可持续发展恰恰表现在有助于明晰集体农地权属关系，稳定农地使用权与促进农地流转。庞佑林（2000）提出要真正促进农民的农业投入积极性，实现土地持续利用和农业持续增长，必须进行农业保护，保护农业生产经营者的经济利益，并在土地流转机制的基础上，实现农地适度规模经营，如种田大户型、集体农场型、公司型农地流转经营模式。谢华国（2003）认为在我国农村，特别是丘陵地及山区，采取个人或集团成片拥有土地使用权的土地业主经营方式，实行土地适度集中和规模经营势在必行，也是农村经济走可持续发展道路的必然选择。邹晓云（2004）指出规范的土地市场本身应该是一个可持续发展的市场，可持续发展的土地市场应该与宏观的市场经济环境相适应，在价格机制的作用下，实现不同用途土地的相互转换，从而改善土地利用结构，提高土地资源配置效率，实现农业的可持续发展。饶雪梅（2006）提到目前土地流转不畅，造成了农地资源配置的低效率，当前我国农地制度改革的总体思路应该是在保持现有的土地集体所有、家庭经营使用制度的基础上，进一步稳定和完善土地承包制，促进土地的合理流转与集中，实现土地的适度规模经营。胡亦琴（2011）也认为创新农地流转及其相关制度、机制，是提高土地要素配置效率，促进土地资源永续利用，进而实现农业可持续发展的重要突破口。总结来说，关于农地流转与农业可持续发展的理论性分析较多，但对二者之间的影响性进行计量测度的研究几乎没有。为此，本节将使用统计指标体系并结合多元统计的方法对农业发展的可持续性进行测度，结合农业可持续发展与农地的相关性理论，利用具有强大包容性的超越对数模型来分析农地流转的农业可持续效益；并将我国的省级区域划分为三大区域以及粮食的主产区、非主产区，对测算出来的农业可持续性程度与农地流转进行面板数据研究，定量分析二者之间的关系。从理论上分析，农地流转对农业可持续性的影响机理如下：

（1）农地流转→优质农地利用集约化→农业环境改善→农业可持续性提高。"农地流转引致优质农地利用集约化间接促使生态环境改善"可以从博斯鲁普（Boserup）的需求诱发型集约化假说中引申推导。环境发展乐观学派认为生产能力高的土地的持续集约化，在增加了供给的情况下会使劣质农地失去竞争力，出现粗放化或者边际化现象。优质农地在农地市场流转会对劣质农地产生挤出效应，因此，通过农地流转促进优质农地的集约化经营将有利于生态系统的恢复。典型实例如，第二次世界大战之后，西欧和美国的农业在农地集约化经营过程中，山区以及自然条件较为恶劣地区的农地出现了边际化现象，但却缓解了这些地方的水土流失问题，即集约化利用若处于流域上游的陡坡处则会加重水土的流失。因此，也有学者提出集约农业在一定的区域范围甚至全球会导致环境污染、资源消耗以及生物多样性的消失。

（2）农地流转→劣质农地利用粗放化甚至被弃耕→农业环境修复→农业可持续性提高。相对于农地流转对优质农地的集约化效应，农地流转对劣质农地则是通过一个相反的过程，即粗放化和弃耕使得人类减少对自然的破坏，促进了生态的自然修复。"农地流转引致劣质农地利用粗放化甚至弃耕促使生态环境修复”可以从环境库兹涅茨理论中引申得出，“当地区发展水平较低时，环境污染的程度也就较轻”。但有相关研究显示，退耕的生态环境效应并不积极：土地的边际化也在一定程度上降低了生物多样性，粗放式的农业经营模式会利于增加生物多样性；而若由于流转导致原有的耕田被“挤出”，不再被维护，土壤侵蚀在短期内将会加剧。

（3）农地流转→农地面积扩张→农地退化→农业可持续性降低。“农地流转促使农地面积扩张造成农地退化”的命题可以从马尔萨斯假说和经济人假设中推导求证。一方面，农地流转后出现了新的农地经营大户或者农地经营企业，这些个人和组织往往会整合周边的农地资源，使一些被浪费的农地资源被利用起来，短期内农地资源“扩张”，农业产出提高，但是若没有良好的农地养护，最终会导致农地衰竭、农业环境恶化；另一方面，农地流转后的农业生产模式和生产技术都有相应的改变，农业生产不再是传统的小农经济模式，农业生产的逐利性将促使农业经营者为提高产出而使用更多的农药、化肥，农业生产的机械化程度也随之提高，农机二次污染加重。现实中，农地流转往往还伴随着区域种植结构的改变，这些都可能对农业可持续性产生重要影响。

（4）农地流转→农村劳动力转移→农业生态环境压力减轻→农业可持续性提高。关于“农地流转促使农村劳动力转移进而减轻农业生态环境压力”的命题可以从新马尔萨斯学派的理论中推导得出。新马尔萨斯学派从生存资源有限的假设出发，认为人口增长对资源环境是一个严重的挑战，是导致环境退化和人类苦难的根本原因。众多人口聚集在农村，造成农地资源过度开发，对土壤、水源与空气的污染加剧，农业可持续性也受到威胁，而农地流转促使农村劳动力转移，减轻了农村人口对农业生态环境的污染和破坏，有利于农业可持续性。

二、模型设定与说明

选择 Trans-Log 模型（超越对数模型）分析农地流转对农业可持续性的效益。超越对数模型是在 L. Christensen、D. Jorgenson 和 Lau 于 1973 年提出的超越对数生产函数的基础上发展而来的，是一种易于估计和包容性较强的变弹性生产函数模型，它在结构上属于平方反应面（Quadratic Response Surface）模型，可以很好地研究生产函数中投入要素之间的相互影响，它的适用性和可靠性较高。一般的生产函数的数学表达为：

$$Y=f(A, K, L, \cdots) \tag{5-4}$$

其中，Y 表示产出；K、L 为资本存量和劳动力投入量。（5-4）式取对数为：

$$Lny=a+\beta_l lnL+\beta_k lnK \tag{5-5}$$

其中，β 为待估计的系数，通过超越对数生产函数模型，可以分析投入要素的产出弹性和要素的替代弹性，（5-5）式取对数为：

$$Lny=a+\beta_l lnL+\beta_k lnK+\beta_{ll}(lnL)^2+\beta_{kk}(lnK)^2+\beta_{lk} lnL \cdot lnK \tag{5-6}$$

根据（5-6）式可求得要素投入的产出弹性：

资本投入的产出弹性为：

$$\sigma=\frac{dy/y}{dk/k}=\frac{dlny}{dlnk}=\beta_k+2\beta_{kk} lnk+\beta_{kl} lnl \tag{5-7}$$

劳动投入的产出弹性为：

$$\sigma=\frac{dy/y}{dl/l}=\frac{dlny}{dlnl}=\beta_l+2\beta_{ll} lnl+\beta_{kl} lnk \tag{5-8}$$

本节运用 Trans-Log 模型分析农地流转对农业可持续性的直接效益和通过其他要素产生的间接效益。一般意义上，土地、资本和农业人口是农业生产的三大要素，也是关系农业可持续性的关键因素，因此，分别用农地流转变量来表征土地要素（land），用农村家庭平均每户生产性固定资产来表征资本投入量（capital），用第一产业从业人员来表征劳动力要素（employee），分别用 lan、cap 和 emp 来表示，用农业可持续性 y 作为被解释变量，建立超越对数模型：

$$\begin{aligned}lny=&c+\alpha_0\times lnlan+\alpha_1\times lncap+\alpha_2\times lnemp+\alpha_3\times\frac{1}{2}\times(lnlan)^2+\alpha_4\times\frac{1}{2}\times(lncap)^2+\\&\alpha_5\times\frac{1}{2}\times(lnemp)^2+\alpha_6\times(lnlan\cdot lncap)+\alpha_7\times(lnlan\cdot lnemp)+\\&\alpha_8\times(lncap\cdot lnemp)+u_i\end{aligned} \tag{5-9}$$

用 e 表示农地流转对农业可持续性的效益弹性，则：

$$e=\frac{dy/y}{dx/x}=dy/dx=\alpha_0+\alpha_3 lnlan+\alpha_6 lncap+\alpha_7 lnemp \tag{5-10}$$

因此，农地流转对农业可持续性的总效应为：

$$b_m = e \times \frac{dx/x}{dy/y} \tag{5-11}$$

分解之后还可以求得农地流转的直接效益 b_d 和间接效益，间接效益包括资本效益和人口效益，分别用 b_c 和 b_m 表示，则有：

$$b_d = (\alpha_0 + \alpha_3 \ln lan) \times \frac{dy/y}{dx/x}$$

$$b_c = \alpha_6 \ln cap \times \frac{dy/y}{dx/x} \tag{5-12}$$

$$b_m = \alpha_7 \ln emp \times \frac{dy/y}{dx/x}$$

三、检验结果与分析

（一）农业可持续性测度

关于农业发展的可持续性，目前学术界做了不少的研究：国外的农业可持续性评价涉及人均耕地、土地利用变化、农业资源、化肥和农药的使用、食品的生产能力、食物的安全性、资源保护、生活质量和环境质量、农业营养平衡、作物产量、土壤质量、农业管理、农业环境质量、农业生物多样性、经济和社会方面以及农业净能量平衡等指标；国内的学者们也从不同的角度对农业可持续性进行了评价，如食物保障度、经济发展、人口控制与发展、环境保护与治理、社会进步，农业经济、农业资源环境、农业生产、农业生态、农村人口与社会方面等（山世英，2002；张婷，2004；赵学平等，2007；刘喜广，2009；曹执令，2012；袁久和等，2013）。这些评价指标虽然都有所不同，但都是围绕农业生态环境、农业经济和农业社会这三个方面。因此，结合专业知识和前人的研究成果，我们认为农业可持续性可以由农业投入、产出以及农业生态环境系统（反映农业生产潜力）状况来衡量，其中农业投入包括人力（人员）、物力（设施、机械）、财力（资金）方面，农业产出包括土地产出、劳动产出及农业增加值，农业生产潜力则可由农业结构情况、自然灾害情况、农业复种情况、农地压力以及农业污染等来衡量（见表5-1）。由于指标衡量的非单一性，我们采用因子分析法对农业可持续性进行整体测度。分析的时间跨度选定为1988~2011年；而空间范围为29个省、直辖市、自治区，把重庆的数据并入了四川，西藏、香港、澳门三地由于数据的不可获得性和地区发展的特殊性予以剔除。所有数据均来自于《新中国60年统计资料汇编》、《新中国农业60年统计资料》以及2009~2012年的《中国统计年鉴》、《中国农村统计年鉴》、《中国农业统计年鉴》。

表5-1　指标变量

指标名称		单位
农业资金支持力度	1 财政支农支出	亿元
农业设施投资力度	2 农户家庭生产性固定资产投资	元/户
农业机械化水平	3 农机总动力/农林牧渔总产值 4 每亩耕地用电量	千瓦时/万元 千瓦时/亩
农业人员潜力	5 户均人数	人/户
农业用水丰裕度	6 有效灌溉面积/耕地面积 7 水库总容量/农作物播种面积	% 立方米/亩
土地产出率	8 农业产值/农作物播种面积	元/公顷
社会劳动产出率	9 第一产业产值/第一产业从业人口	元/人
农业产出水平	10 粮食亩产 11 农林牧渔增加值	千克/亩 亿元
农业结构调整	12 粮食播种面积/农作物播种面积	%
农业自然灾害损害程度	13 成灾面积/受灾面积	%
农业复种指数	14 农作物播种面积/耕地面积	%
农地压力指数	15 耕地面积/人口数	亩/人
农地化学污染	16 单位面积农药使用量 17 单位面积化肥使用量	千克/亩 千克/亩

采用多元统计分析方法，通过对上述17个变量进行因子分析来综合评价农业发展可持续性，再以各构造因子的重要性作为权重计算各地区各年份农业发展可持续性的综合得分。具体步骤为：一是建立可观测变量x，$x=(x_1, x_2, x_3, \cdots, x_{17})$，均值向量$E(F)=0$，协方差矩阵$Cov(x)=\frac{\sum_1^{17}(X_i-\overline{X})}{16}$，且变量标准化之后协方差矩阵$Cov(x)$与相关矩阵R相等；二是确认待分析变

量是否适合因子分析，进行 KMO 检验和 SMC 检验；三是构造因子变量，在主成分法的 Factor（Stata 因子分析命令）过程中发现 1988~2011 年，所有的样本年前 5 个因子的特征值均大于 1，且所占方差都在 82.98%以上（见表 5-2），可见，运用因子分析法很好地消除了相关性，并且能用提炼的少数因子最大程度地反映农业发展的可持续性，$F=(F_1,F_2,F_3,F_4,F_5)$，F 是不可测的向量，均值向量 $E(F)=0$，协方差矩阵 $Cov(F)=1$，F_1,F_2,F_3,F_4,F_5 之间相互独立；四是确定因子，当所得的 m 个因子无法确定或者实际意义不明显时，需要进行旋转以获得较为明显的实际含义；五是计算方差贡献率与累积方差贡献率；六是计算综合得分，考虑到样本量和计算的复杂性，此处只简要介绍计算过程。令 Y 为农业发展可持续性的总得分，则 $Y=\sum W_{it}F_i$。其中，W 为每个主成分在方差总贡献率中所占的比重；$W_{it}=\lambda_i/\sum\lambda$，λ 为每个主成分因子的方差贡献率，$\sum\lambda$ 为 5 个因子的累积贡献率（见表 5-2）；F 为每个主成分的得分；$t=1,\cdots,5$（5 个特征值大于 1 的因子）；$i=1,\cdots,30$（除了 29 个省、直辖市、自治区，还计算了全国的得分情况）。同时，由于变量经过了标准化处理，部分计算的综合得分有负数，为了方便后面的计算，本节将全部得分加上了 2，使得全部综合得分都变为了大于 0 的正指标（见表 5-3）。

表 5-2　累积贡献率

年份	因子贡献率	年份	因子贡献率	年份	因子贡献率	年份	因子贡献率
1988	0.8946	1994	0.8856	2000	0.8714	2006	0.8858
1989	0.891	1995	0.8826	2001	0.8522	2007	0.8676
1990	0.8298	1996	0.8756	2002	0.8603	2008	0.8538
1991	0.9154	1997	0.8996	2003	0.8769	2009	0.8924
1992	0.8985	1998	0.8803	2004	0.8677	2010	0.879
1993	0.879	1999	0.8674	2005	0.8964	2011	0.8499

表 5-3　农业发展可持续性情况

地区＼年份	1988	1989	1990	1991	1992	1993	1994	1995	1996	1997	1998	1999
全国	1.7203	2.7598	2.4711	2.5576	2.7449	2.7461	2.5052	2.8188	2.8776	2.837	2.5251	2.7352
北京	1.2568	2.9546	2.8438	1.9501	2.0348	3.6558	2.8105	3.1486	3.3937	2.8084	2.5368	3.2147

续表

地区＼年份	1988	1989	1990	1991	1992	1993	1994	1995	1996	1997	1998	1999
天津	1.1228	2.2371	2.3778	2.0154	2.5224	2.4473	2.4201	2.6064	2.5593	2.6374	2.5223	2.9127
河北	0.4343	1.8138	1.4595	1.8301	2.1253	1.7184	1.8457	1.9399	1.866	2.2061	2.1394	2.2331
山西	0.2699	1.4463	1.4792	1.5796	1.5227	1.6318	1.7044	1.5174	1.5228	1.5253	1.5717	1.7388
内蒙古	0.3102	1.2697	2.2783	2.8359	2.0172	1.5654	1.5102	2.0354	2.152	2.0448	2.0986	1.5498
辽宁	0.7601	1.7007	2.2475	2.0817	2.1009	2.5733	2.1456	2.1426	2.3579	2.0849	2.1255	2.2495
吉林	0.8685	1.8302	2.2537	2.5321	2.0376	2.1808	1.5044	2.015	2.2322	2.0602	1.8859	1.4674
黑龙江	0.2911	1.2542	2.6961	3.0515	2.0116	1.7739	1.5506	2.2121	2.3392	2.3046	2.0119	1.5433
上海	1.8583	2.9317	2.6374	2.5011	2.6798	2.5578	3.3573	2.9744	2.2752	2.9413	3.5363	3.008
江苏	1.2542	2.64	1.9618	1.7641	2.3698	1.9645	2.3941	2.2855	2.2276	2.6435	2.2808	2.288
浙江	1.8435	2.592	2.0961	2.0249	2.6709	2.4899	2.8821	2.5554	2.4556	2.478	2.7582	2.6027
安徽	1.1124	2.085	1.5782	1.4438	1.6566	1.6746	1.7624	1.7384	1.6851	1.8595	1.7047	1.7076
福建	1.492	2.303	2.1101	1.9283	2.3522	2.1731	2.6692	2.2784	2.2557	2.2459	2.3192	2.7591
江西	1.2815	2.24	1.5818	1.7464	1.4302	1.6374	1.7354	1.6106	1.4857	1.373	1.6035	1.6827
山东	0.8739	2.153	1.7473	1.8141	2.2363	1.9377	1.8566	1.9164	1.8	2.1833	2.0665	2.1628
河南	0.7648	1.9073	1.5736	1.6772	1.6193	1.8199	1.7072	1.616	1.656	1.8385	1.7574	1.8274
湖北	1.1061	2.4575	1.6055	1.6419	1.2925	1.9315	1.9423	1.8161	1.6996	1.8892	1.8238	1.5113
湖南	1.17	2.4867	1.4561	1.4522	1.6561	1.8018	2.0971	1.8379	1.7755	1.8844	1.7052	1.7111
广东	1.6649	2.6309	2.4387	2.202	3.4562	2.818	3.1782	2.5369	2.5511	2.4121	2.5963	2.4916
广西	0.868	1.8789	2.7775	1.3965	1.5555	1.7255	1.7613	1.5297	1.6302	1.3061	1.5145	1.6121
海南	1.1934	1.7912	2.0134	2.0739	2.0222	2.4494	2.0533	1.9656	2.3483	1.8906	1.9921	2.37
四川	0.835	2.1399	1.6117	1.2081	2.166	2.1664	1.7609	1.58	1.4071	1.6697	1.4338	1.4483
贵州	0.9434	1.5405	1.1941	1.2235	1.0089	1.5737	1.3464	1.1243	1.1424	0.8468	1.0608	1.336
云南	0.9384	1.4661	1.7523	1.5821	1.4054	1.6188	1.8738	1.4395	1.54	1.3768	1.4089	1.4957
陕西	0.6097	1.4286	1.4802	1.693	1.5884	1.5511	1.576	1.249	1.1854	1.4248	1.359	1.6042
甘肃	0.2307	1.2247	1.5041	1.958	1.5655	1.3724	1.4709	1.4028	1.5404	1.4695	1.6373	1.5557
青海	1.8562	1.4942	1.9075	2.375	1.7456	1.5873	1.3898	1.5162	1.5667	1.3971	1.7188	1.5102
宁夏	0.3766	1.3866	1.8777	2.3876	1.9159	1.5202	1.4764	1.7284	1.7011	1.8299	1.7851	1.6754
新疆	0.6931	1.9557	2.988	3.4723	2.4891	1.3363	1.7126	2.8625	2.771	2.5314	2.5207	1.9957

地区＼年份	2000	2001	2002	2003	2004	2005	2006	2007	2008	2009	2010	2011
全国	2.6416	2.5694	2.8765	2.5873	2.5215	3.2283	2.6781	2.5143	2.4638	2.8362	2.3931	2.4994
北京	2.4849	2.406	2.7189	3.5929	3.0392	2.9666	2.8492	2.7924	2.8726	2.5798	2.9396	1.8171

续表

年份 地区	2000	2001	2002	2003	2004	2005	2006	2007	2008	2009	2010	2011
天津	2.1321	2.4146	2.6869	2.7632	2.4851	2.6426	2.3487	2.5163	2.3797	2.2708	3.0533	1.7494
河北	2.4685	2.2755	2.2153	2.0467	2.1656	2.1812	2.2781	2.2222	2.0056	2.2465	2.5473	2.0064
山西	1.5658	1.3305	1.7085	1.4907	1.2838	1.4545	1.3504	1.3464	1.2271	0.9725	1.6886	1.1513
内蒙古	1.3196	1.5576	1.5151	2.1518	2.0586	2.0615	2.1321	2.3152	2.2762	1.5408	1.3699	3.0737
辽宁	1.5386	1.5811	1.7062	2.13	2.1206	2.1859	2.4236	2.22	2.3954	1.8074	2.1685	2.496
吉林	1.2273	1.424	0.9628	1.8132	1.6115	2.0172	2.1103	2.0266	2.1715	1.9036	1.7586	2.6646
黑龙江	1.0855	1.458	0.9709	1.9122	1.57	2.0221	1.8359	2.1109	2.1829	1.5003	1.2331	3.1587
上海	2.8483	2.8238	3.228	3.0044	3.1932	2.5716	2.4673	3.0085	2.7818	2.2663	2.0933	1.6871
江苏	2.4423	2.6466	2.4082	2.1752	2.1822	2.4056	2.4323	2.4166	2.4191	2.6539	2.5052	2.2311
浙江	2.6609	2.7778	2.7302	2.7292	2.7689	2.6418	2.7524	2.8849	2.8911	2.4986	2.6959	2.3311
安徽	2.2329	2.1913	2.0682	1.4742	1.6464	1.6408	1.6037	1.6238	1.4512	2.0081	1.8768	1.6419
福建	2.6357	2.2893	2.1196	2.4481	2.525	2.3629	2.6023	2.524	2.5506	2.4623	2.7102	1.9576
江西	2.5254	2.3448	2.094	1.6793	1.7882	1.8234	1.7895	1.6512	1.5328	2.3696	1.5278	1.4981
山东	2.5438	2.5413	2.2388	2.2719	2.3133	2.2329	2.4624	2.2492	2.3585	2.606	2.6953	2.1553
河南	2.4609	2.3186	2.1146	1.6863	1.9139	1.7881	1.8689	1.6552	1.6313	2.4786	2.2904	1.808
湖北	2.2497	2.0501	1.8749	1.5129	1.8024	1.526	1.8682	1.678	1.7378	2.2376	1.7616	1.9694
湖南	2.6829	2.6782	2.2399	1.83	1.9766	1.7995	2.0061	1.6883	1.6688	2.6425	1.8265	1.7871
广东	2.4318	2.1331	2.2684	2.1503	2.5083	2.0229	2.263	2.0844	2.2554	2.1674	2.5434	1.5935
广西	1.925	1.7611	1.8165	1.3661	1.4978	1.5328	1.5585	1.4933	1.4452	1.7719	1.6317	1.6845
海南	1.5113	1.3993	1.7222	2.3438	2.1805	2.4147	2.6347	2.2676	2.5708	1.6015	2.0274	1.6537
四川	1.8354	1.6508	1.6939	1.5558	1.4885	1.6872	1.6255	1.4714	1.6057	1.9275	1.6246	1.7392
贵州	1.228	1.1538	1.4513	1.1285	1.0445	1.2055	0.9542	1.0789	1.0532	1.1532	0.9915	1.3292
云南	1.3032	1.2686	1.5036	1.4305	1.369	1.4146	1.2936	1.3482	1.4251	1.2705	1.301	1.804
陕西	1.2327	0.9368	1.3344	1.4655	1.4188	1.5283	1.3143	1.4663	1.6014	1.275	2.0178	1.5204
甘肃	1.3314	1.2594	1.5005	1.591	1.641	1.29	1.3881	1.4612	1.4796	1.0244	1.385	1.928
青海	1.7209	1.8315	1.7788	1.3005	1.4869	1.544	1.2962	1.4313	1.3998	1.5085	1.2935	1.5612
宁夏	1.6027	2.0394	1.8587	1.7011	1.5962	1.4742	1.2488	1.6392	1.6125	1.7324	1.6927	2.1115
新疆	2.1308	2.8875	2.5939	2.6673	2.8024	2.3333	2.5638	2.8144	2.5534	2.686	2.3568	3.3916

（二）农地流转对农业可持续性效益的发展效益

以本节（一）中最终求得的农业可持续性得分作为被解释变量；包括解释变量农地流转变量（户均经营耕地面积）、资本投入变量（农村家庭平均每户生产性固定资产）、劳动力变量（第一产业从业人员）在内的数据都来自于《新中国60年统计资料汇编》、《新中国农业60年统计资料》以及2009~2012年的《中国统计年鉴》、《中国农村统计年鉴》、《中国农业统计年鉴》。分析的时间跨度为1988~2011年。根据（5-9）式进行Trans-Log模型估计，得到下列回归方程：

$$\begin{aligned}\ln y = & -2212.07+224.29\times \ln lan+49.48\times \ln cap+341.8\times \ln emp- \\ & 6.44\times\frac{1}{2}\times(\ln lan)^2-0.66\times\frac{1}{2}\times(\ln cap)^2-26.78\times\frac{1}{2}\times(\ln emp)^2- \\ & 4.02\times(\ln lan\cdot \ln cap)-17.01\times(\ln lan\cdot \ln emp)- \\ & 3.44\times(\ln cap\cdot \ln emp)+u_i \end{aligned} \quad (5-13)$$

再根据（5-10）式、（5-11）式、（5-12）式，计算求得1988~2011年农地流转的农业可持续效益，部分结果如表5-4所示：

表5-4　模型估计结果

年份	总效益	直接效益	间接效益	
			资本效益	人口效益
1988	—	—	—	—
1989	0.0482	1.7880	-0.2384	-1.5014
1990	0.6241	48.4948	-6.5635	-41.3073
1991	1.4046	167.9411	-23.3032	-143.2333
1992	-2.0184	-215.4854	30.2236	183.2435
1993	19.2239	2853.6904	-410.1266	-2424.3399
1994	-0.0082	-1.4831	0.2184	1.2566
1995	-0.0624	-12.5300	1.8842	10.5834
1996	0.1505	410.2335	-63.8080	-346.2750
1997	4.3112	1824.6524	-285.4947	-1534.8465
1998	0.1054	50.1402	-7.8563	-42.1786
1999	-0.0399	-45.5648	7.1521	38.3728

续表

年份	总效益	直接效益	间接效益	
			资本效益	人口效益
2000	-0.1423	402.5217	-64.1490	-338.5150
2001	-0.2648	174.8473	-27.9883	-147.1238
2002	0.1155	-38.7033	6.2406	32.5783
2003	1.3079	-191.7445	31.2626	161.7898
2004	0.4473	-81.6947	13.4227	68.7193
2005	0.2177	-49.5119	8.2940	41.4356
2006	0.0520	-18.3851	3.1046	15.3325
2007	0.1782	-72.0681	12.3046	59.9418
2008	5.2396	-1299.0613	224.5861	1079.7148
2009	0.0405	-148.3171	25.8415	122.5162
2010	-0.0091	-28.0416	4.9273	23.1052
2011	-4.7028	-1277.7754	232.7137	1040.3589

从表 5-4 中可以得出，不同时期农地流转对农业可持续性的直接效益和间接效益不同。1988~2002 年为农地流转的解禁阶段，农地流转的农业可持续性效益也表现得不稳定。在这个时期，农地流转对农业可持续性的直接效益在大部分年份为正效益，如 1989 年、1990 年、1991 年、1993 年、1996 年、1997 年、1998 年，只有少数几年表现为较弱的负效益，说明从 20 世纪 80 年代末期到 21 世纪初期，农地流转之后多数仍然采用流转前的耕作方式，农地承载压力和环境压力没有增大；而由于农地流转后存在一定的规模效益和交易效益，土地产出率和土地利用率都提高了，农地流转总体上提高了农业的可持续性。这个阶段农地流转的资本效益与人口效益在大多数年份都表现为负值，说明这个时期的农户对农地的投资不多，再加上这个时期我国的农村劳动力开始大量流动，留守下来的多为妇女、儿童和老人，对农村和农业发展的资本投入和人力投入都有限，农地利用效率并不高，从而在一定程度上影响了农业的可持续性。总体来说，这个时期农地流转的直接效益大于间接效益，农地流转对农业可持续性起到了正向促进作用。此外，根据这个阶段农地流转效益的波动性我们可以推断，我国农户在农业生产上存在明显的羊群效应，连续几年的正效益之后会出现负效益，这反映出农民生产的盲目性的和效仿性，农民对市场

没有客观的评价，缺乏经营知识。

从 2002 年起，我国农地流转进入规范化阶段，农地流转对农业可持续性表现出连续的效益。农地流转对农业可持续性的直接效益为负值，说明农地流转促进了农地的规模化经营，提高了农业机械化水平，农业投入增多，农业利用程度提高，农业产出也随之增加。但这种短期内的农业产出提高并不利于农业的可持续性，农地流转后环境压力增加，如农地流转后农药化肥的使用、机械化作业等带来的二次污染都有所增加，再加上我国几乎没有休耕计划，农地流入户对他人农地的养护不足，这些都增加了农业的承载压力，不利于农业可持续性。资本效益和人口效益都为正值，资本效益略大于人口效益，这反映了农地流转促进了农民对农地的投资，提高了生产性资产的利用效率，而农地流转之后，对农村劳动力的需求减少，劳动生产率提高，但是由于我国农户兼业流动普遍，发挥的效益并不明显。因此，从整体上看，农地流转虽然促进了农业生产经营的规模化，提高了资产利用效率和劳动生产率，为农民增收提供了一条可能的途径，但是农地流转的过程中也存在养护缺失、环境压力增大的问题，农业发展的可持续性在 2002~2009 年表现出正效益，2010 年起为负效益。结合环境库兹涅茨曲线，可以初步判断我国农村目前处于人均收入增加、环境污染由低趋高的阶段。

（三）农地流转对农业可持续性效益的区域效益

根据表 5-3 我们可以计算（东中西部及我国粮食主产区、非主产区农业可持续性的平均得分情况①）得出图 5-4。从图 5-4 中可以看出，东部地区的拟合可持续性相对较高，从 1989 年开始历年得分均超过 2.0，但是 2011 年有下降的趋势，说明农业可持续性在恶化，此外粮食非主产区历年来的农业可持续性走势和东部地区非常相似，也是在 2011 年变弱；东部沿海地区大都属于我国的粮食非主产区，黄淮海平原的大部分、长江三角洲、珠江三角洲都分布

① 西部地区包括的省级行政区共 10 个，分别是四川、贵州、云南、陕西、甘肃、青海、宁夏、新疆、广西、内蒙古；中部地区有 8 个省级行政区，分别是山西、吉林、黑龙江、安徽、江西、河南、湖北、湖南；东部地区包括 11 个省级行政区，包括北京、天津、河北、辽宁、上海、江苏、浙江、福建、山东、广东和海南；粮食主产区包括 13 个省级行政区，分别是河北、内蒙古、辽宁、吉林、黑龙江、江苏、河南、山东、湖北、湖南、江西、安徽和四川；粮食非主产区则包括剔除西藏之后的 16 个省级区域，包括浙江、福建、上海、广东、广西、海南、北京、天津、山西、宁夏、新疆、青海、陕西、甘肃、云南、贵州。

在这一带，经济和科技发展水平较高，农业基础设施比较发达，农业现代化和产业化水平较高，因而经济发达地区表现出较高的农业发展可持续性。西部地区的农业可持续性最低，历年来都没有达到2.0，说明西部地区受自然条件的限制，特别是气候、水资源等的影响，农业可持续性不高；但随着支持西部发展战略的实施，农业支出比例提高，各项农业基础设施不断完善，西部地区的农业可持续性在最近几年得到了改善。中部地区和粮食主产区的农业可持续性表现得较为平稳，略高于西部地区，但和东部地区比较还存在一定的差距，中部地区也是我国粮食主产区的主要分布地带，大都是我国传统的农业区，农业现代化程度不高，耕地保护和质量建设有待全面化，因而历年来这些地区的农业可持续性并不高。

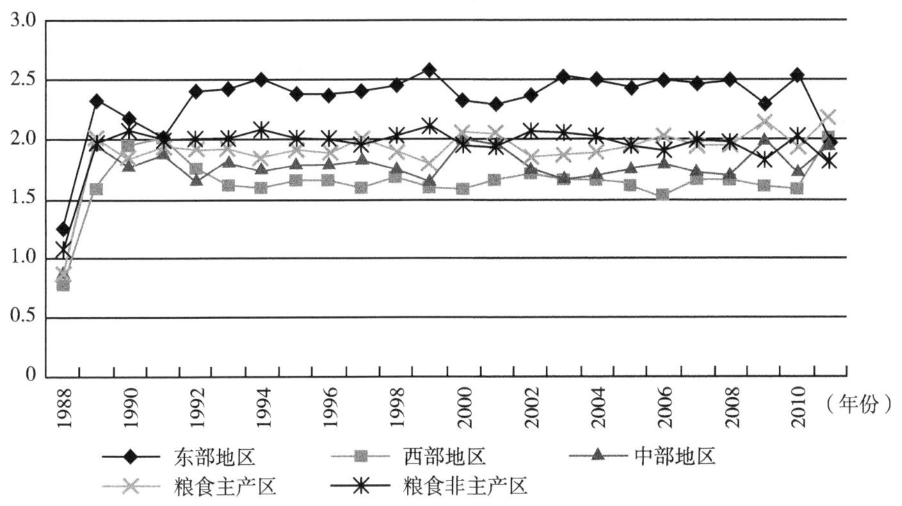

图 5-4　各地区历年的农业可持续性

我们以农业可持续性作为被解释变量，以农地流转作为解释变量来估计农地流转对农业可持续性的影响。有三点说明：一是由于地区经济发展存在相关性，我们采用的省级数据之间可能存在个体联系性，因此，对于面板模型的选择仍然借鉴了 Hausman 检验的结果；二是考虑到农业可持续性具有累积效应，所以加入了因变量的滞后一期数据，用 Y（-1）表示；三是由于农业可持续性还受到其他因素的影响，我们加入了控制变量——农民人均纯收入。因此，模型Ⅰ、模型Ⅱ、模型Ⅲ、模型Ⅳ分别为简单面板模型、考虑滞后因素的简单面板模型、加入控制变量的面板模型、加入控制变量和滞后因素的面板模型，结果如表 5-5 所示。

表 5-5　模型估计结果

	地区	Hausman 值	模型形式	常数项	Y（-1）	农地流转	控制变量	F/W
模型Ⅰ	东部地区	10.63 (0.00)	固定效应	0.8489 (0.00)		-0.0175 (0.70)		0.14 (0.70)
	西部地区	2.40 (0.12)	随机效应	0.6357 (0.00)		-0.0473 (0.34)		0.91 (0.34)
	中部地区	1.07 (0.30)	随机效应	0.2330 (0.10)		0.0943 (0.11)		2.44 (0.11)
	粮食主产区	3.13 (0.07)	固定效应	1.1622 (0.00)		-0.2682 (0.03)		4.46 (0.03)
	粮食非主产区	4.52 (0.03)	固定效应	0.6029 (0.00)		0.0071 (0.87)		0.02 (0.87)
模型Ⅱ	东部地区	23.89 (0.00)	固定效应	0.8026 (0.00)	0.2495 (0.00)	0.0334 (0.25)		27.06 (0.00)
	西部地区	1.97 (0.37)	随机效应	0.3196 (0.00)	0.1924 (0.00)	0.0683 (0.13)		31.80 (0.00)
	中部地区	2.90 (0.23)	随机效应	0.6388 (0.00)	0.2805 (0.00)	-0.0373 (0.38)		46.73 (0.00)
	粮食主产区	4.90 (0.08)	固定效应	1.0316 (0.00)	0.2450 (0.00)	-0.1920 (0.01)		29.78 (0.00)
	粮食非主产区	6.29 (0.04)	固定效应	0.5555 (0.00)	0.2322 (0.00)	0.0486 (0.07)		38.96 (0.00)
模型Ⅲ	东部地区	50.50 (0.00)	固定效应	-0.9164 (0.00)		0.2927 (0.00)	0.1668 (0.00)	30.98 (0.00)
	西部地区	3.90 (0.12)	随机效应	-0.5645 (0.02)		0.1448 (0.00)	0.0939 (0.00)	17.37 (0.00)
	中部地区	3.58 (0.16)	随机效应	-0.0695 (0.75)		-0.0327 (0.41)	0.0891 (0.00)	12.90 (0.00)
	粮食主产区	16.90 (0.00)	固定效应	-0.5233 (0.43)		-0.0921 (0.50)	0.1238 (0.00)	18.72 (0.00)
	粮食非主产区	50.88 (0.00)	固定效应	-0.3642 (0.11)		0.1572 (0.00)	0.0923 (0.00)	9.90 (0.00)

续表

	地区	Hausman 值	模型形式	常数项	Y（-1）	农地流转	控制变量	F/W
模型Ⅳ	东部地区	91.47 (0.00)	固定效应	-0.3698 (0.01)	0.3083 (0.00)	0.2193 (0.00)	0.1135 (0.00)	47.35 (0.00)
	西部地区	7.12 (0.07)	随机效应	0.2488 (0.17)	0.1943 (0.00)	0.0853 (0.05)	0.0044 (0.78)	32.78 (0.00)
	中部地区	3.75 (0.28)	随机效应	0.3808 (0.02)	0.2953 (0.00)	-0.0264 (0.50)	0.0308 (0.08)	49.85 (0.00
	粮食主产区	26.96 (0.00)	固定效应	0.2794 (0.26)	0.2738 (0.00)	-0.0384 (0.65)	0.0567 (0.00)	25.99 (0.00)
	粮食非主产区	59.51 (0.00)	固定效应	0.4150 (0.00)	0.2379 (0.00)	0.0688 (0.03)	0.0136 (0.29)	26.34 (0.00)

注：括号内为保留两位小数后的 P 值。

从表 5-5 中可以看出，根据我们的理论推测和 Hausman 检验结果，对东部地区、粮食主产区和粮食非主产区采用固定效应模型，对西部地区和中部地区则采用随机效应模型进行估计，这反映出我国西部地区和中部地区的个体性差异较大。在中部的 8 个省中只有 6 个省的经济发展水平较快，农业产业化和现代化水平较高；在西部的 10 个省级行政区中，农业生产布局有差异，如四川省的土壤、气候和光照都比较适合农业生产，且拥有较好的农业生产基础和较高的生产水平，宁夏有“塞上江南”的美誉，甘肃农地资源较为丰富，新疆主要为温带水果和棉花产地，内蒙古等地为糖料作物基地，而西北地区属于干旱半干旱地区，这些因素导致个体间结构上的差异。

在没有考虑滞后因素和控制变量的情况下，模型的整体性检验都不太好，只有粮食主产区表现出轻微的负效应，这说明农业可持续性还受到其他变量的影响，加入控制变量和滞后因素后，所有地区的模型整体解释能力都变强了。加入控制变量后，东部地区农地流转对农业可持续的显著性参数达到了 0.2927，西部地区和粮食非主产区也都分别达到 0.1448 和 0.1572，说明人们收入水平的增长促使农地的资源配置效益增加，促进了农业发展可持续性的提高，农地流转规模每提高一个单位，东部地区农业可持续性可以提高 29.27%，西部地区可以提高 14.48%，粮食非主产区可以提高 15.72%，这说明随着收入水平的增长，人们的生态环境意识增强。农地流转在东部地区对农业可持续性的影响为所有分析区域中的最高值，而在西部地区和粮食非主产区的促进效果大大低于东部地区，这说明这些区域内农地流转经营模式、生态环境状况、农业生产条件等都还有待改善。在中部地区和粮食主产区则表现为负影响，但这个负影响并不显著，农地流转对农业可持续性的作用可以忽略不计，因此，农地流转能够促进农业可持续性的结论并不能解释中部地区和粮食主产区，而提高农业投入、促进农业的科技应用、积极进行农业污染治理或许是保证这些地区农业可持续性的关键。这也说明农地流转在农业生产条件较好的地区对农业可持续性的效益并不明显，而在农业发展相对较差的地区则表现出明显的效果，所以，通过积极推进农地流转可以挖掘农业欠发达地区的农业生产潜力，促进农业可持续性。

加入滞后变量之后，滞后因素对农业可持续性的影响显著，农地流转却没有发挥明显的效益，但在粮食主产区表现出 19.2%的负影响，在粮食非主产区则表现出 4.86%的正影响。这说明粮食主产区农地资源丰富，农地流转后可能存在的规模经营、耕作技术改进、农药化肥使用、农机污染等也不利于农业可持续性，且这些影响对农业可持续性存在滞后效益；而在非主产区，通过农地流转促使劣质耕地被挤出，反而改善了农业可持续性。这分别可以从环境库兹涅茨理论以及马尔萨斯假说和经济人假设中推导求证，即一方面农地流转导致劣质农地被抛弃或者利用粗放，从而促使农业环境修复，提高农业可持续性；另一方面农地流转促使农地面积扩张，造成农地退化，降低农业可持续性。

在综合考虑滞后因素和控制变量后，可以发现滞后因素和控制变量对农业可持续性都表现出积极影响，滞后因素影响更明显，控制变量对农业可持续性的影响相对较小。东部地区、西部地区和粮食非主产地区的农地流转对农业可持续性的显著性参数分别为 0.2193、0.0853、0.0688，略低于模型Ⅲ中的显著性水平，这说明有一部分效应被农业可持续性的累积负效益抵消，但是仍然呈现出正向的积极效益，这反映了在人们生活水平提高的同时农业污染也增加了，而保护、监督可以有效促进农业可持续性。因此，从保持和提高农业可持续性的角度出发，应当积极促进农民增收，通过生活水平的提高，改变人们关注事物的重心。与此同时，我们还可以发现，在中部地区和粮食主产区的负效益也有明显的下降。

四、结论与启示

通过分析得出，不同时期的农地流转生态效益不同：第一，在农地流转的解禁阶段，农地流转的生态效益表现得不稳定：直接效益在大部分年份为正效益，间接效益则多数年份都表现为负值，但总体上直接效益大于间接效益，据此可以判断这个阶段的农户在农业生产上存在明显的羊群效应，连续几年的正效益之后会出现负效益，这主要是由于农民缺乏市场经营知识，农民生产存在严重的盲目性和效仿性；第二，在农地流转的规范化阶段，农地流转的生态效益也变得稳定，但直接效益变为负，间接效益则变为正，总体上间接效益大于直接效益，据此可以判断农地流转虽然促进了农业生产经营的规模化，提高了资产利用效率和劳动生产率，但是农地流转的过程中也存在养护缺失、环境压力增大的问题；第三，结合环境库兹涅茨曲线，初步判断我国农村目前处于人均收入增加、环境污染由低趋高的阶段，因此，随着农地流转的深化，农地流转对农业可持续性的负面影响不容忽视。

（1）在通过农地流转实现适度规模经营的同时，更重要的一个方面应是促进农业污染的高效综合治理。目前，农业污染问题日益突出，农业污染量已占到总污染量（指工业污染、生活污染及农业污染的总和）的1/3～1/2，农药化肥、残膜、秸秆燃烧及农机动力污染等都是重要的污染来源，农业可持续性遭到了威胁。解决这些问题，首先应当加强对农业污染问题的重视，认识到农业污染的危害性，尽量做到不污染、少污染、快治理；其次是要加强对农业污染治理技术的研究，通过推进农业清洁生产技术，为降低农业污染提供技术支持，进而降低农地流转对农业可持续性的负效益。

（2）在通过农地流转促进农村劳动力转移的同时，应建立城乡协调的劳动力衔接市场。目前，我国农村人口外流严重，留守下来的多为妇女、儿童和老人，农村“空心村”问题突出，未来“谁来种地”成为了社会关注的重要问题。因此，虽然人口外流在一定程度上避免了对农地资源的过度开发，降低了对土壤、水源和空气的污染，减轻了人口对农业生态环境的污染和破坏，但必须注意两点：一是适度性，要适合农村、农业发展的实际情况，保证有合适的、足够的农村人口从事农业生产；二是渐进性，因为农村人口素质相对较低，要逐步引导农村人口进入城镇，做好相关的安置和就业服务工作。

（3）持续的农业投融资和完善的农业基础设施是农业可持续性的关键，在农地流转的过程中更为重要。由于青壮年流出后，留守人员的资本投入和人力投入有限，因此，应当加强农业投资与农业基础设施建设，依靠农地流转建立高效的农村融资体系和多元化的投资体系，探寻新的农业基础设施建设机制。另外，还要加强对农地流转行为的监督管理，加大对农地流转的核查力度，防止农地流转过程中的“套补”行为，引导农地流转朝着理性、务实的方向发展，实现农地流转与农业可持续性的耦合前行。

（4）应当推动中部地区、粮食主产区和西部地区的农地流转，依靠农地流转促进农地经营的集中化、机械化和现代化，提升农业生产能力，夯实粮食安全性，提高农业发展的可持续性，从而更好地促进地区发展的平衡性、稳定性和可持续性。农地流转是促进资源高效配置，改变粗放的农业生产方式，促进农业和工业、城市和农村协调发展的重要途径。中部地区、粮食主产区和西部地区占有丰富的耕地资源，但是这些地区经济水平低于东部沿海等经济发达地区，再加上农村劳动力的大量流动，劣质耕地被挤出，耕地撂荒严重，农业生产条件恶化，农业生产效率低，而有序、高效、合理的农地流转改变了农业分散的经营模式，解决了农田细碎化问题，使得农业发展融资环境更好，农业技术的适用性更强，农业生产管理的科学化程度更高。因此，在经济欠发达地区推进农地流转，可以促进农业的产业化、规模化运营，充分挖掘这些地区的农业生产潜力，增强我国农业综合生产能力，并巩固农业可持续性。

第三节　基于 Simultaneous Equation 模型的生态效应分解

一、生态效应的分解机理

土地流转可以看作土地这种特殊商品及其相关权利在土地市场的流通，而土地作为权利的载体在流通中不发生商品转移。土地流转的生态效应可以借鉴贸易环境理论，分解为规模生态效应、结构生态效应、技术生态效应，土地流

转通过这几个途径累积作用于整体生态系统。

1. 规模生态效应

农地流转后的规模化经营对环境所带来的影响我们称为规模生态效应。农地流转改变了原有经济活动的规模，促使农业生产投入的增加，对区域环境产生了生态损害和生态改善的双重影响。生态改善表现为促进了农业适度规模化经营，从而有利于集中化管理，有利于生产中污染源的治理，有利于生态脆弱地区的环境改善；另外，通过运用现代化的农业生产技术，能够使农业对环境的损害降到最小。生态损害则是随着农地规模化经营对农药、化肥等的使用增多，从而扩大了对农村生态环境的负面影响，如机械动力污染、二次污染等。此外，规模化经营后对劳动力的需求也发生变化，这也间接作用于农村环境。

2. 结构生态效应

结构生态效应是指土地流转改变农业生产结构后对生态环境的影响。假如区域内总的农业生产规模不变，那么生产结构中所包含的对化肥、塑料薄膜、机械、农药使用量等需求高的生产类别越多，排放的污染也就越多，生态承载压力随之越大。因此，农地流转的结构效应取决于土地流转之后新的农业生产结构对原来的生产结构而言污染排放程度的大小。此外，农业生产结构的变化对劳动力的要求也有变化，可能释放部分农村劳动力，也可能需要拥有新技能的劳动力，这对于农村生态也具有重要影响。

3. 技术生态效应

所谓技术生态效应就是指土地流转后形成的规模经济、范围经济引致的技术进步、扩散、转让对生态系统的影响。如果生产过程中仍然使用原来的技术，在生产量扩大且缺乏有效环境政策支持的情况下，自然资源的使用和污染物的排放将增加，从而恶化生态环境。因此，理论上，技术生态效应是积极的：其一，土地流转后的规模化、现代化经营使土地经营效益提高，土地经营者增收、生活水平提高，从而更加注重环保；其二，技术的使用存在正溢出效应，使周边地区可以通过引入来获得环境保护的技术诀窍。同时，技术效应还受劳动者知识水平的制约：劳动者知识水平越高，技术生态效应就越明显。

二、模型设定与说明

基于以上农地流转的生态分解效应机理，我们构建五等式联立方程对农地流转的生态效应进行单方程实证估计。基本思想是通过构建联立模型探讨农地流转，农业生产规模、结构、方式以及最终农村生态环境之间的关系，研究我国农地流转与农业污染排放之间的联系，模型设定如下：

$$\begin{cases} Z_t = z(G_t,\ J_t,\ T_t,\ D_t) \\ G_t = g(NT_t,\ NJ_t,\ Z_t,\ D_t) \\ J_t = j(T_t,\ Peop_t,\ D_t) \\ T_t = t(NE_t,\ G_t,\ Z_{t-1},) \\ D_t = d(T_{t-1},\ NJ_t,\ G_{t-1}) \end{cases} \qquad (5-14)$$

其中，Z_t 表示总生态效应，分解为农用化肥、农用塑料薄膜、农用柴油以及农药使用量。根据经济增长与环境理论，规模生态效应、结构生态效应、技术生态效应与农地流转变量都包含在该等式中。在结构生态效应、技术生态效应等变量不变时，生产规模的扩大对生态的影响相对较多，所以规模效应 G 的系数是正的，即 $z'(G_t)>0$。结构生态效应反映了一个地区的产业内结构变动对生态的影响，如果生产规模不变，结构效应对生态的影响取决于产业内部结构在环境污染较大行业的占比情况，所以结构生态效应的系数 $z'(J_t)$ 待定。对于技术生态效应而言，在规模生态效应和结构生态效应都不变时，相关技术越先进或者应用面越广污染就越少，所以技术生态效应的系数为负，即 $z'(T_t)<0$。因此，农地流转对环境的影响是多重性的，它通过影响生产规模、产业结构以及生产技术等发挥作用。

其中，G_t 表示规模效应、用农林牧渔总值表示；J_t 表示结构效应，用粮食播种面积的占比表示；$Peop_t$ 表示人口变量，用第一产业就业人数占总人口的比重表示；LS_t 表示技术生态效应（T_t），考虑到数据的可获得性和连续性，用劳动生产率表示技术的生态溢出，其中劳动生产率=第一产业生产总值/第一产业从业人员；ND_t 表示土地流转变量（D_t），用农村户均经营耕地面积表示，农村户均耕地面积=农户平均人数×农村居民家庭人均耕地面积，同时农地流转强度也会受到上一年的技术生态效应（LS_t-1）、生产规模（G_t-1）以及农业机械化水平（NT_t）的影响；NT_t 表示农业投入变量，用政府农林水事务支出表示，包括农业支出、林业支出、水利支出、扶贫支出和农业综合开发支出，其中 2000~2006 年的数据由农业支出、林业支出、农林水利气象等部门事业费以及支持不发达地区支出构成；NJ_t 表示农业机械总动力变量；NE_t

表示各地区农村居民平均每百个劳动力中初中及以上文化程度者的占比。在分析农地流转与环境变化以及各相关要素之间的关系时，为消除异方差等，本章将模型进行了对数转换，具体采用以下模型：

$$\begin{cases} \ln Z_t = \alpha_1 + \alpha_2 \ln G_t + \alpha_3 \ln J_t + \alpha_4 \ln LS_t + \alpha_5 \ln ND_t \\ \ln G_t = \alpha_6 + \alpha_7 \ln NT_t + \alpha_8 \ln NJ_t + \alpha_9 \ln Z_t + \alpha_{10} nND_t \\ \ln J_t = \alpha_{11} + \alpha_{12} \ln LS_t + \alpha_{13} \ln Peop_t + \alpha_{14} \ln ND_t \\ \ln LS_t = \alpha_{15} + \alpha_{16} \ln NE_t + \alpha_{17} \ln G_t + \alpha_{18} \ln Z_{t-1} \\ \ln ND_t = \alpha_{19} + \alpha_{20} \ln LS_{t-1} + \alpha_{21} \ln NJ_t + \alpha_{22} \ln G_{t-1} \end{cases} \tag{5-15}$$

三、检验结果与分析

（一）模型最优化检验

选取了2000~2010年的相关数据，运用Eviews软件进行模型筛选，首先进行似然比检验，似然比检验的零假设为固定效应模型是冗余的。从检验结果来看（见表5-6），四个模型的似然比检验结果（Cross-Section F）的值均在1%水平上高度显著，都小于0.01，拒绝冗余，摒弃混合模型。其次看Hausman检验结果（Cross-Section R），在固定效应模型与随机效应模型之间选择最优模型，Hausman检验结果的值也都小于0.05，而Hausman检验的零假设为选择随机效应模型，因此拒绝随机效应模型的假设，选择固定效应模型。同时，考虑到31个样本区间的差异性，采用广义最小二乘法（GLS）对模型进行固定效应估计，表5-6给出了四个截面加权（Cross-Section Weights）的固定效应模型的模型拟合优度值（R^2），四个模型的拟合效果较好。

表5-6　模型的最优化检验

模型Ⅰ（农用化肥）	模型Ⅱ（农用塑料薄膜）	模型Ⅲ（农用柴油）	模型Ⅳ（农药使用量）
Cross-section F：234.4057*** Cross-section R：16.3427*** R^2：0.9976	Cross-section F：256.1776*** Cross-section R：26.3673*** R^2：0.9870	Cross-section F：686.2316*** Cross-section R：11.0270** R^2：0.9928	Cross-section F：368.9665*** Cross-section R：41.5090*** R^2：0.9957
Cross-section F：56.2668*** Cross-section R：12.2788** R^2：0.9900	Cross-section F：138.4410*** Cross-section R：15.1086*** R^2：0.9912	Cross-section F：144.4487*** Cross-section R：18.8191*** R^2：0.9903	Cross-section F：52.3781*** Cross-section R：17.24662*** R^2：0.9904

续表

模型Ⅰ（农用化肥）	模型Ⅱ（农用塑料薄膜）	模型Ⅲ（农用柴油）	模型Ⅳ（农药使用量）
Cross-section F：9454.1838*** Cross-section R：14.1888*** R^2：0.9991	Cross-section F：9454.1838*** Cross-section R：14.1888*** R^2：0.9991	Cross-section F：9454.1838*** Cross-section R：14.1888*** R^2：0.9991	Cross-section F：9454.1838*** Cross-section R：14.1888*** R^2：0.9991
Cross-section F：1013.5728*** Cross-section R：35.5368*** R^2：0.9963	Cross-section F：1473.3247*** Cross-section R：123.4009*** R^2：0.9957	Cross-section F：1427.2907*** Cross-section R：118.5874*** R^2：0.9958	Cross-section F：1177.9520*** Cross-section R：58.7912*** R^2：0.9957
Cross-section F：658.4943*** Cross-section R：12.2148*** R^2：0.9895	Cross-section F：658.4943*** Cross-section R：12.2148*** R^2：0.9895	Cross-section F：658.4943*** Cross-section R：12.2148*** R^2：0.9895	Cross-section F：658.4943*** Cross-section R：12.2148*** R^2：0.9895

注：*** 表示在 1%水平上显著，** 表示在 5%水平上显著，* 表示在 10%水平上显著。

（二）生态效益分解分析

从表 5-7 中的估计结果可以得出：在总生态效应中，首先，农地流转对农用化肥使用量、农药使用量的直接影响为正，对农用塑料薄膜、农用柴油使用量的直接影响显著为负，农地流转强度每增加 1%，农用塑料薄膜、农用柴油的使用量都减少约 0.09%，化肥、农药的使用量则分别增加 0.01%和 0.1%。这可能是由于我国长期以来实行以家庭为单位的农地耕种制度，对化肥、农药的使用量相对较少，人们大都通过牲畜粪便肥料和稻草秸秆来替代化肥，农地流转之后进行规模化种植，对化肥和农药的使用量增加；而农地流转后对农用塑料和农业柴油使用的减少则来自于规模化后的节约减少。其次，经济增长对生态环境的影响是高度显著的，农林牧渔总产值每增加 1%，农用化肥、农用塑料薄膜、农用柴油和农药的使用量分别增加 0.28%、0.39%、0.27%和 0.44%，因此农地流转的规模生态效应是负生态效应。再次，粮食总播种面积占全国的比重对农用化肥、农用柴油和农药使用量的影响为正，只对农用塑料薄膜的使用量为负影响。由于粮食播种面积越大，对化肥、柴油和农药的需求越多，排放也越多，环境承担压力也越大，而我国粮食种植为非大棚种植，所以在整体种植面积相对不变的情况下，粮食种植占比越大，塑料薄膜的使用量就相对越少。最后，随着劳动生产率的提高，生态压力是增加的。劳动生产率每提高 1%，农用化肥使用量增加 0.01%，农用塑料薄膜使用量增加 0.06%，农用柴油使用量增加 0.09%，但农药使用量则减少 0.06%，这可能和

劳动生产率提高伴随着人们生活水平的相对提高有关，生活水平的提升使人们对环境和食品质量的关注增多，因此，减少了农药使用量或者使用了替代品。而对劳动生产效益的追求，可能导致过多地使用化肥以及其他技术，从而使环境压力增大。因此，在偏远贫穷的山区，人们的生产方式较为落后，对机械、技术的依赖性弱，从而生态环境就好。所以，适当地放缓发展速度对保护环境有利。

在规模生态效应中，农地流转对生态有直接和间接的双重影响。农地流转可以促进农地向耕种能手和种植大户集中，促进农业适度规模化经营，促使对农地的投入增多，从而使农业机械化能力增强，进而一方面促使农业经营管理有序化，另一方面也导致投入增多，即二次污染加剧。从回归结果中可以看出，农业投入和农业机械化导致对农用薄膜、农用柴油、化肥、农药的使用量增加，生态压力增加；上一期的农业生态条件越好，越有利于生态保持；而农地流转对农村生态的直接影响为负但不显著，说明农地流转对农业产出的直接影响几乎可以忽略不计。

在结构生态效应中，技术的生态影响显著为负，农地流转的生态影响显著为正，第一产业就业人员占比的生态影响为负，但不显著。即科学技术在农业领域的运用对生态的影响为正效应，但劳动产出率越高人们越不趋向于从事粮食生产，而更可能从事其他经济作物的生产，因为粮食的经济收益相对低。所以，从粮食安全的角度出发，这映射了我国 18 亿亩耕地红线政策出台的科学性以及提高补贴力度、促进农民增收政策的必要性。而农地流转能够提高粮食种植比，具有生态正效应性，因为农地流转能够提高粮农收入。从分析结果看，农地流转强度每提高 1%，粮食种植比例提高 0.07%。

在技术生态效应中，农业产值总量对生态的技术效应显著为正，农林牧渔产值每增加 1%，技术生态溢出效应在 1%左右。上一期的农用化肥和农药使用量的当期技术溢出效应显著为负，而上一期的农用塑料薄膜和农业柴油的技术效应则显著为正，这正好说明了农业生产资料如塑料薄膜、农用柴油对劳动生产率提高的辅助作用，而化肥和农药则会冲抵技术生态效应。此外，模型的分析结论还显示，劳动者受教育程度越高，对技术生态效应的影响是负的，但并不显著，这受我国的现实国情影响：随着知识水平的提高，人们更愿意参与工业化、城镇化建设以获取更多的收益。因此，农村劳动者的技术生态效应对环境的溢出较小。

劳动生产率和农林牧渔产值对农地流转的影响均为负，即农业产出越高，人们越趋向于拥有土地而不进行流转；而农业机械化对农地流转则是正向的推动力，机械化程度越高，人们越愿意参与农地流转，机械化程度提高 1%，人们参与农地流转的意愿增加 0. 18%。

表 5-7　农地流转生态效应的参数分析

变量	模型Ⅰ（农用化肥）		模型Ⅱ（农用塑料薄膜）		模型Ⅲ（农用柴油）		模型Ⅳ（农药使用量）	
	系数值	T 检验值	系数值	T 检验值	系数值	T 检验值	系数值	T 检验值
α(1)	2. 2201***	12. 5790	8. 1817***	30. 5351	1. 5435***	8. 1100	6. 5854***	23. 0431
α(2)	0. 2802***	10. 9807	0. 3853***	9. 4529	0. 2669***	9. 2011	0. 4429***	10. 0283
α(3)	0. 5681***	10. 5867	-0. 2757**	-2. 5722	0. 4103***	5. 0290	0. 4979***	6. 7984
α(4)	0. 0116	0. 5133	0. 0603*	1. 6842	0. 0917***	3. 4307	-0. 0608	-1. 5060
α(5)	0. 0132	0. 4663	-0. 0905*	-1. 7834	-0. 0888**	-2. 5488	0. 0986	2. 4508
α(6)	-1. 8444***	-8. 3623	-2. 3625***	-8. 8364	-1. 5162***	-6. 3901	-2. 6527***	-9. 0337
α(7)	0. 2430***	22. 1099	0. 2362***	22. 6212	0. 2470***	23. 2547	0. 2456***	23. 4720
α(8)	0. 4049***	7. 7622	0. 6597***	15. 3579	0. 6689***	11. 8714	0. 5738***	11. 1283
α(9)	0. 5785***	7. 6650	0. 1175***	4. 7058	0. 0634	1. 2874	0. 2102***	5. 0650
α(10)	-0. 1037**	-2. 5826	-0. 0035	-0. 0971	-0. 033801	-0. 8469	-0. 0721**	-1. 7700
α(11)	0. 6226***	14. 3959	0. 6226***	14. 3959	0. 6226***	14. 3959	0. 6226***	14. 3959
α(12)	-0. 0245***	-5. 4576	-0. 0245***	-5. 4576	-0. 0245***	-5. 4576	-0. 0245***	-5. 4576
α(13)	-0. 0009	-0. 0690	-0. 0009	-0. 0690	-0. 0009	-0. 0690	-0. 0009	-0. 0690
α(14)	0. 0663***	3. 6247	0. 0663***	3. 6247	0. 0663***	3. 6247	0. 0663***	3. 6247
α(15)	-6. 4702***	-90. 7572	-7. 2723***	-65. 396	-7. 1907***	-106. 21	-6. 3365***	-36. 3112
α(16)	-0. 0031	-0. 1825	-0. 0015	-0. 0784	-0. 0021	-0. 0789	-0. 0090	-0. 39977
α(17)	1. 1089***	86. 3607	1. 0087***	103. 672	0. 9943***	93. 5342	1. 0752***	95. 2002
α(18)	-0. 2794***	-10. 0975	0. 0205	1. 5304	0. 0661	3. 0816	-0. 1165***	-5. 2616
α(19)	0. 7971**	2. 5357	0. 7971**	2. 5357	0. 7971**	2. 5357	0. 7971**	2. 5357
α(20)	-0. 0510	-1. 5686	-0. 0510	-1. 5686	-0. 0510	-1. 5686	-0. 0510	-1. 5686
α(21)	0. 1855***	3. 6586	0. 1855***	3. 6586	0. 1855***	3. 6586	0. 1855***	3. 6586
α(22)	-0. 0546	-1. 2516	-0. 0546	-1. 2516	-0. 0546	-1. 2516	-0. 0546	-1. 2516

注：*** 表示在 1%水平上显著，** 表示在 5%水平上显著，* 表示在 10%水平上显著。

（三）分解效益的区域差异分析

虽然31个省份的规模生态效应、结构生态效益、技术生态效应以及农地流转对生态的影响倾向相同，但影响程度存在明显的地域差异（见表5-8）。第一，生态个体固定效应最强的地区主要集中在东部，如山东、河南、河北、浙江、江苏、福建等；固定效应最差的省份则主要分布在西部较为落后的地区，如西藏、贵州、宁夏、重庆、青海、内蒙古。生态个体固定效应越强，说明农地流转的规模、结构和技术效应对生态环境的影响越大，受其他因素的影响就相对越小。从分析结果来看，在靠后的几个省份中，其经济发展相对落后，土地流转强度低，农业机械化程度相对低，很多山区基本靠人力耕种，对化肥、农药、柴油以及塑料薄膜的使用较少，对农村生态环境的污染就相对较低；而排在前面的几个地区则相反，其为经济高速发展地区，且有些是粮食主产区，更多地受农地流转及其规模、生态、技术效应的影响。第二，规模个体固定效应最强的为上海、海南、福建、广东四个沿海省份；较差的则为山西、河南、陕西、宁夏、甘肃、西藏以及青海。这反映出四个沿海省份中的农业投入、农业机械化以及农地流转对规模生态的溢出效应较大；而靠后的一些省份则主要受其他因素的影响。第三，结构个体固定效应中最强的有河南、山东、四川，且这几个省份都是农业大省，说明劳动生产率、第一产业就业人员占比和农地流转更多地影响了农业大省的农业内部结构；最差的为西藏、北京、上海，说明这三个地区的农业产业内种植结构更多地是受其他因素的影响。第四，技术个体固定生态效应中表现最强的为上海、天津、西藏、北京四个地区，说明这四个地区中劳动者的受教育程度、农业规模产值以及上期的生态环境对技术生态效应的影响最大；最差的有河南、四川、山东、湖南，这几个省份为农业大省且地形复杂，受自然条件制约，部分区域的农业生产方式相对落后，技术生态效应差。第五，农地流转个体固定效应最强的为黑龙江、内蒙古、宁夏；最差的有上海、浙江、北京，这反映出明显的地区特点，最强的地区为粮食主产区，农地流转更多地受劳动者生产率、农业机械化水平以及上期农业产值规模的影响；而最差的地区为经济发达地区，说明这几个地区的农地流转受其他因素的影响。

表 5-8 农地流转生态效应的区域比较分析

模型		生态效应	规模生态效应	结构生态效应	技术生态效应	农地流转
化肥使用量	前三位	河南 0.5208 山东 0.4760 江苏 0.4739	上海 0.7665 海南 0.8826 福建 0.4739	河南 1.4284 山东 1.2140 四川 1.0928	上海 1.5916 天津 1.5437 西藏 1.5093	黑龙江 1.7273 内蒙古 1.4861 吉林 1.3293
	后三位	青海-0.8896 上海-0.3102 黑龙江-0.3031	山西-0.6950 河南-0.4839 陕西-0.4329	西藏-2.6960 北京-2.1934 上海-1.9264	河南-1.2640 四川-1.1031 山东-1.0301	上海-1.1201 浙江-1.11906 北京-0.9357
农用塑料薄膜使用量	前三位	山东 1.9517 新疆 1.6427 甘肃 1.2248	海南 0.9579 福建 0.7519 广东 0.6224	河南 1.4284 山东 1.2140 四川 1.0928	西藏 2.2556 上海 1.9752 北京 1.9036	黑龙江 1.7273 内蒙古 1.4861 吉林 1.3293
	后三位	西藏-3.9053 青海-3.0164 海南-1.8909	山西-0.8450 宁夏-0.7643 甘肃-0.5842	西藏-2.6960 北京-2.1934 上海-1.9264	山东-1.3665 河南-1.6280 湖南-1.0683	上海-1.1201 浙江-1.11901 北京-0.9357
农用柴油使用量	前三位	河北 1.5276 浙江 1.5260 山东 0.7813	海南 0.8262 福建 0.6960 上海 0.5537	河南 1.4284 山东 1.2140 四川 1.0928	西藏 2.3557 上海 2.0132 北京 1.9730	黑龙江 1.7273 内蒙古 1.4861 吉林 1.3293
	后三位	贵州-1.8991 西藏-1.4653 重庆-0.8178	宁夏-0.8416 山西-0.8242 西藏-0.8145	西藏-2.6960 北京-2.1934 上海-1.9264	河南-1.6524 山东-1.4123 四川-1.2296	上海-1.1201 浙江-1.11901 北京-0.9357
农药使用量	前三位	浙江 0.9167 湖北 0.8441 福建 0.8050	海南 0.6610 福建 0.5227 上海 0.4217	河南 1.4284 山东 1.2140 四川 1.0928	上海 1.9280 西藏 1.9230 北京 1.7687	黑龙江 1.7273 内蒙古 1.4861 吉林 1.3293
	后三位	宁夏-1.3874 内蒙古-1.0795 西藏-1.0371	山西-0.7471 青海-0.4953 西藏-0.4638	西藏-2.6960 北京-2.1934 上海-1.9264	河南-1.5199 四川-1.2101 山东-1.2015	上海-1.1201 浙江-1.11901 北京-0.9357

四、结论与启示

基于 2000~2010 年中国 31 个省、直辖市、自治区的面板数据，运用广义最小二乘法（GLS）进行了截面加权的固定效应分析，分析了各省、直辖市、自治区农地流转生态效应的相关影响因素，并对省域间的差异进行了对比分析，检验结论如下：①农地流转对农用化肥使用量、农药使用量的直接影响为

正，对农用塑料薄膜、农用柴油使用量的直接影响显著为负；经济增长对生态环境的影响显著为正；粮食总播种面积占全国的比重对农用化肥、农用柴油和农药使用量的影响为正，只对农用塑料薄膜的使用量为负影响；随着劳动生产率的提高，对于技术的依赖性增大，对环境的压力也是增加的。②在规模效应中，农地流转对农业产出有直接和间接的双重影响。农业投入和农业机械化导致对农用薄膜、农用柴油、化肥、农药的使用量增加，生态压力增加；上一期的农业生态条件越好，越有利于生态保持；而农地流转对农村生态的直接影响为负，但不显著。③在结构效应中，技术的生态影响显著为负，农地流转的生态影响显著为正，第一产业就业人员占比的生态影响为负，但不显著。④在技术效应中，农业产值总量对生态的技术效应显著为正，农林牧渔产值每增加1%，技术生态溢出效应在1%左右。上一期的农用化肥和农药使用量的当期技术效应显著为负，而上一期的农用塑料薄膜和农业柴油的技术效应则显著为正；劳动者受教育程度越高，对技术生态效应的影响是负的，但并不显著。⑤劳动生产率和农林牧渔产值对农地流转的影响均为负，而农业机械化对农地流转则是正向的推动力。⑥31 个省、直辖市、自治区的规模生态效应、结构生态效应、技术生态效应以及农地流转对生态的影响倾向相同，但影响程度存在明显的地域差异。

通过以上结论，我国农村土地流转制度建设中应当考虑土地流转的生态效应影响，在地区发展和制度建设中应当注意以下几点：①推进土地适度规模经营以及土地流转管理制度创新，促进经济循环发展。规模化经营能够依赖机械能力释放出更多的劳动力，从而在提高农业产出的同时为城乡一体化提供支撑。一方面，依赖土地适度规模经营与管理制度创新，加强对土地的管理与监控，进一步规范中介组织、交易程序、交易行为、收益分配等工作；另一方面，通过“土地流转—适度规模经营—更高的产出—更多的投入—经营范围扩大”这样一个循环路径，可以提高土地收益，促进经济发展。②完善地区功能区划，建立环境有偿使用制度。首先，面对日益紧张的环境、资源压力与经济发展需要，应当结合土地功能区划和产业结构调整，严格控制土地用途；其次，在开展土地流转之前，要进行充分的环境影响评价，严格执行可行性论证制度，确定其对土地生态环境的影响较小时才可以进行；最后，对农业用地实施适当的休耕计划或者套种作业，结合生态恶化的土地审批制度和土地有偿使用等综合管理制度，避免土地资源匮乏。③构建土地流转效应动态监测机制。生态环境恶化与利益驱动的土地流转有关，在农村土地流转中重视生态效应是人与自然和谐发展的表现，是保证合理开发利用资源和保持生态平衡的前提。在土地利用的干预机制基础上，各地区对土地流转后的生态环境要进行动态监测，通过预警机制、危机处理机制和环境修复机制，及时掌握情况、适当调整，保障生态环境的健康可持续发展。

本章小结

基于生态效益的传导机理，运用 Trans-Log 模型、联立方程模型和进行截面加权的固定效应模型分析了我国农地流转的生态效益，得出结论：①在总效益上，在农地流转的解禁阶段（1988~2001 年），农业可持续效益的直接效益在大部分年份为正效益，间接效益则多数年份都表现为负值，直接效益大于间接效益且总效益不稳定；在农地流转的规范化阶段（2002~2011 年），直接效益为负，间接效益为正，间接效益大于直接效益且总效益变得稳定，结合环境库兹涅茨曲线，可以初步判断我国农村目前处于人均收入增加、环境污染由低趋高的阶段。因此，应通过劳动力市场建设、农业投融资和农业基础设施的完善以及农业污染治理来消除农地流转对农业可持续性发展的负效益。②在分解效益上，农地流转加重了农用化肥、农药的使用量，但农用塑料薄膜和农用柴油的消耗量减少了；而粮食播种面积占比的提高会增加对化肥、柴油以及农药的使用量，但对塑料薄膜有一定的节约效应。此外，经济增长和劳动生产率的提高都加大了农村生态环境的压力，且生态效应在不同的区域呈现出明显的差异性。

第六章 农地流转效益的综合评价与分析

第一节 农地流转效益的综合评价

第三章至第五章的分析认为农地流转除了有促进农业产出增加、农民收入增加等经济效益之外，其社会效益、生态效益也不容忽视，甚至超过了经济效益并成为制约社会发展的重要因素。因而，农地流转的效益并不局限于农业经济系统，它对实现国家、地方有关社会发展目标所产生的贡献与制约效应，将影响到整个社会体系。那么，自农地流转涌现起，它对于社会发展的总效益如何？发展趋势是怎样的？对不同的地区是否表现出相同的效益？它的产生逻辑是怎样的？如何建立效益的协调机制？这些问题的回答对于推进有序、高效的农地流转，促进社会和谐发展具有积极的意义。本章将使用定量分析和定性分析相结合的多元统计方法，测算 1988 年农地流转解禁之后的农地流转综合效益及区域差异，并且深入探讨农地流转效益的发生逻辑以及效益协调机制，其目的是凌驾于具体形式之上从整体出发构建农地流转社会效益的评价体系。

一、农地流转效益的评价方法选择

第一类是定性评价法。由于效益的难以衡量性，长期以来对于效益的评价多采用这种方法，但是受随机性因素影响，该方法存在主观性、结果模糊性等特点，因而导致难以进行严谨的设计和检测，对实践指导存在一定的缺陷，如专家评价法、成因分析法以及类比分析法都属于定性分析法。但它们的优点在于：①不受统计数据有限性限制，能够借助经验和逻辑推断能力进行整体把握；②能够体现评价人对事物的理解、思考和深层次分析；③能够灵活地抓住有价值的细节；④能够主动、有导向地引导事物发展的方向。

第二类是定量评价法。定量评价主要是为人们提供一个系统、客观的数量分析方法，通过数学方法计算得出更加直观、具体的评价结果。但是由于统计方法本身就存在技术缺陷，因此，难以对信息进行深层次的剖析和考察。数据包络法、层次分析法、模糊综合评价法、灰色关联度法、熵值法等都属于定量评价方法。由于效益影响因素错综复杂，各种统计数据难以统一量化，因而，在实际操作中这类方法难以实施。

第三类是综合评价方法。综合评价方法结合了控制论和系统论的观点，将多个指标转化为一个能够反映综合情况的指标进行评价，当事物的影响因素很多且具有一定的模糊性时，这种方法实现了定性方法与定量方法有机结合的优势。此类方法的运用需要有评价者、被评价对象、评价指标、权重系数以及综合评价模型。以农地流转效益的相关数据为依据，运用定性分析法（类比法）和定量分析法（因子分析法），本章评价的思路如下：

（1）根据专业知识进行综合判断，首先把问题层次化，按照农地流转的性质和可能产生的影响，将问题分为不同的类别，初步形成一个分析结构模型。如图 6-1 所示，农地流转主要影响农业、农村和农民的发展，其次才可能对城市产生影响。

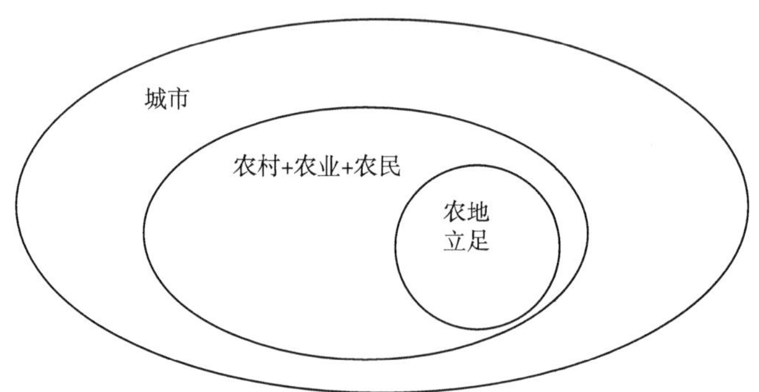

图 6-1　农地流转效益的影响结构

（2）收集可能影响的量化指标，运用 KMO 检验和 SMC 检验考察变量间

的相关性。

（3）确定评价指标权重。运用主成分法的思想提取公因子，尽量使变量的方差能够被主成分所解释。

（4）对评价项目赋分。根据农地流转效益涉及的维度进行综合赋分，根据评价总分的数据对各地区农地流转的综合效益进行排名。

（5）根据评价结果得到启示。

二、农地流转效益的评价指标体系建立

（一）基本思路

农地流转表面上看是农户行为，实质上是一个复杂的系统，需要一系列的指标来衡量其流转的效果，所选取的指标要求能够尽可能全面地反映农地流转可能影响到的各个方面。在我国，农地流转已经能够找到可依据的法律，农地流转的效益也一般通过流转后的经济效益来衡量，如农地流转是否促进了农民增收、提高了农业产出，这些效益的测度较频繁且成熟。但对农地流转的社会效益还很少被关注，一方面是由于农地流转对社会的影响是长期的、滞后的，另一方面是由于社会效益所涉及的范围广，存在评价的难度。但是不容忽视的是，农地流转对于经济社会发展的影响已经完全不仅仅在于农业产出的增加，它关系到整个社会的和谐与可持续发展，所以，进行农地流转的综合效益评价研究具有重要的意义。由于农地流转与新型农村建设、新型农民培育以及农业现代化发展的密切关系，农地流转的效益集中反映的内容就是对于农业、农村与农民的影响，同时，由于我国发展上的二元性，农地流转对于城乡协调发展也具有非常重要的影响。因此，农地流转的综合效益包括对农业、农村、农民以及城乡协调发展的效益。本章就是基于这样一种思路，选取了 60 多个相关指标，不仅仅考虑到农地流转对农业、农村、农民带来的直接效益，还考虑其产生的间接效益；既重视农地流转的当前利益，也考虑农地流转对于持续性发展的远期效果。

（二）数据来源与研究方法

自改革开放以来，农地流转经历了明令禁止阶段（1978~1986 年）、解禁

阶段（1988~2002 年）和合法化、规范化阶段（2003 年至今），因此本章分析的时间跨度为 1988~2011 年，而空间范围则为 29 个省、直辖市、自治区，重庆的数据并入了四川，西藏、中国香港、中国澳门三地由于数据的不可获得性和地区发展的特殊性予以剔除。所有数据均来自于《新中国 60 年统计资料汇编》、《新中国农业 60 年统计资料》以及 2009~2012 年的《中国统计年鉴》、《中国农村统计年鉴》、《中国农业统计年鉴》。考虑到各指标表征变量的非单一性，我们采用因子分析方法评价农地流转的效益，具体步骤在第五章第二节有介绍。

（三）评价内容与指标

考虑到农地流转与“三农”问题的密切关系，以及农地流转对于城乡协调发展的间接影响，综合评价构建了一个体现农业发展、农村发展、农民发展以及城乡协调发展的效益评价框架（见表 6-1）。①农业发展（X_1~X_{17}）。农地流转最直接的影响对象就是农业。农地是农业生产最基本的要素，农地流转的农业发展效益主要体现为农地流转之后农业生产环境的变化，包括农业政策支持力度、农业设施投资力度、农业机械化水平、土地产出率、社会劳动产出率、农业产出水平、农业人员潜力、农业结构调整、农业用水丰裕度、农业自然灾害损害程度、农业复种指数、农地压力指数以及农业化学污染。②农村发展（X_{18}~X_{31}）。一方面，农地流转促进了农村合作组织、农业大户的出现，为地方发展创造了更优良的农村投融资环境；另一方面，在农地流转基础上出现的新的农地经营模式如农地信托模式、农地入股模式等，使农业和其他产业在思想与技术上相融合，因而，农地流转对农村资源利用状况、生态环境状况、基本生活保障情况、农村社会保障、农村居住舒适度、农民福利情况、粮食安全情况、农村交通情况、农村文化建设情况、农村生活水平、农村人口发展状况以及农村新增就业状况等方面具有显著作用，因而农村发展是衡量农地流转效益的重要方面。③农民发展（X_{32}~X_{40}）。在我国，农地不仅是一种财富的来源，更是一种精神的寄托，因而农地流转应当体现以人为中心的原则。农地流转之后，有些农民继续从事农业生产，有些农民转而从事与农业生产相关的服务业，还有些农民转行加入到城镇化、农村工业化的建设中，但是都需要学习新的农业生产、管理知识与理念，这对于我国新型农民的成长具有积极作用。因此，农地流转会直接或者间接地促进农民就业、农民素质、农民休闲以及农民生活情况的改变，农地流转行为主体——农民的发展情况就应当是农

地流转效益评价的关键部分。④城乡协调发展（X_{41}～X_{60}）。农地流转直接关乎“三农”问题，同时土地、劳动力也是城市化、工业化必备的重要资源，在城市和农村经济发展的过程中，农地流转是否有利于土地和劳动力资源在城乡间的最优化配置，进而促进城乡协调发展是农地流转综合效益的重要体现。这种协调体现在非农化水平、收入、消费、投入、卫生、文化、信息、政治、教育、交通、生态、环保、能源等方面，因此，农地流转效益评价必须考量的一个维度就是城乡发展的协调性。

表 6-1　农地流转效益的评价框架

代码	指标名称
X_1	农业政策支持力度：财政支农支出（亿元）
X_2	农业设施投资力度：农户家庭生产性固定资产投资（元/户）
X_3	农业机械化水平：农机总动力/农林牧渔总产值（千瓦时/万元）
X_4	农业机械化水平：每亩耕地用电量（千瓦时/亩）
X_5	土地产出率：农业产值/农作物播种面积（元/公顷）
X_6	社会劳动产出率：第一产业产值/第一产业从业人口（元/人）
X_7	农业产出水平：粮食亩产（千克/亩）
X_8	农业产出水平：农林牧渔增加值（亿元）
X_9	农业人员潜力：户均人数（人/户）
X_{10}	农业结构调整：粮食播种面积/农作物播种面积（%）
X_{11}	农业用水丰裕度：有效灌溉面积/耕地面积（%）
X_{12}	农业用水丰裕度：水库总容量/农作物播种面积（立方米/亩）
X_{13}	农业自然灾害损害程度：成灾面积/受灾面积（%）
X_{14}	农业复种指数：农作物播种面积/耕地面积（%）
X_{15}	农地压力指数：耕地面积/人口数（亩/人）
X_{16}	农业化学污染：单位面积农药使用量（千克/亩）
X_{17}	农业化学污染：单位面积化肥使用量（千克/亩）
X_{18}	农村资源利用状况：农村沼气用户/总户数（%）
X_{19}	生态环境状况：造林面积（千公顷）
X_{20}	基本生活保障情况：人均生活消费支出/家庭人均纯收入（%）
X_{21}	农村社会保障：农村社会救济及灾害救济费用（元/每千农业人口）
X_{22}	农村居住舒适度：农村人均住房面积（平方米/人）

续表

代码	指标名称
X_{23}	农民福利情况：乡镇卫生院个数（个）
X_{24}	农民福利情况：每万人养老机构数（个/每万人）
X_{25}	粮食安全情况：粮食保障率（千克/人）
X_{26}	农村交通情况：农村平均每百户拥有车辆数（辆/百户）
X_{27}	农村文化建设情况：农村居民家庭平均每百户拥有电视机（台）
X_{28}	农村生活水平：农村居民人均纯收入（元）
X_{29}	农村生活水平：恩格尔系数
X_{30}	农村人口发展状况：农村人口占比（%）
X_{31}	农村新增就业状况：乡镇企业从业人员/农村从业人员（%）
X_{32}	农民就业状况：第一产业就业人员/农村就业人员（%）
X_{33}	农民就业状况：劳动力转移量（人/亩）
X_{34}	农民素质水平：文盲率（%）
X_{35}	农民生活休闲水平：文教娱乐用品支出（%）
X_{36}	农民生活休闲水平：每万人文化集镇中心（个/万人）
X_{37}	农民生活改善程度：食品支出中肉类的占比（%）
X_{38}	农民生活改善程度：每千农业人口拥有医生、卫生员个数（个）
X_{39}	农民生活压力指数：每一劳动力负担数（元/人）
X_{40}	农民农地拥有量：人均拥有耕地面积（亩/人）
X_{41}	非农化水平：非农产业占比（%）
X_{42}	储蓄水平：城乡居民人均储蓄存款余额（元/人）
X_{43}	就业水平：城镇登记失业率（%）
X_{44}	收入差距：城乡居民收入比（%）
X_{45}	消费差距：城乡居民消费比（%）
X_{46}	投资差距：城乡固定资产投资比（%）
X_{47}	财政投入差距：支农投入/财政支出（%）
X_{48}	生活水平差距：城乡恩格尔系数差距（%）
X_{49}	卫生协调：每万人拥有医生数（人/万人）
X_{50}	文化协调：公共图书馆个数（个）
X_{51}	文化协调：城乡文教娱乐用品人均支出比（%）
X_{52}	文化协调：广播电视覆盖率（%）
X_{53}	信息协调：城乡人均邮电业务量比重（元/人）

续表

代码	指标名称
X_{54}	政治协调：社会组织从业人员比重（%）
X_{55}	教育协调：每万人在校大学生数（人）
X_{56}	交通方便度：城乡公路网密度（公里/万人）
X_{57}	生态改善度：人均公共绿地面积（平方米/人）
X_{58}	能源利用度：单位 GDP 能源消耗（吨标准煤/万元）
X_{59}	环境保护度：人均垃圾日处理量（千克/人）
X_{60}	资源节约度：人均日生活用水量（升）

三、农地流转效益的评价结果与分析

针对 14 个农村发展指标，17 个农业发展指标，9 个农民发展指标和 20 个城乡协调发展指标，我们分别采用因子分析法计算出了农地流转对农业、农村、农民发展以及城乡协调发展的效益得分，得分以及排名情况见表 6-3，依据这四个方面的得分情况，根据专家判断（在农地流转的所有效益中，最直接的影响是对农业，其次是对农民和农村，对城乡协调发展则多为间接性影响），按照 2∶1∶1∶1 的比例，我们计算出了总效益，比较判断矩阵如表 6-2 所示，最终可以得到图 6-2~图 6-7。

表 6-2　比较判断矩阵

	农业发展	农村发展	农民发展	城乡协调发展
农业发展	1	2	2	2
农村发展	1/2	1	1	1
农民发展	1/2	1	1	1
城乡协调发展	1/2	1	1	1

从表 6-3、图 6-2 和图 6-3 中我们可以知道，我国自 1988 年农地流转进入解禁阶段开始，四个因子加权综合后的综合得分整体上大都保持在 2.4~2.6 的区间范围内，分阶段呈现倒 U 型且总体上升（恶化）的趋势，得分排名也

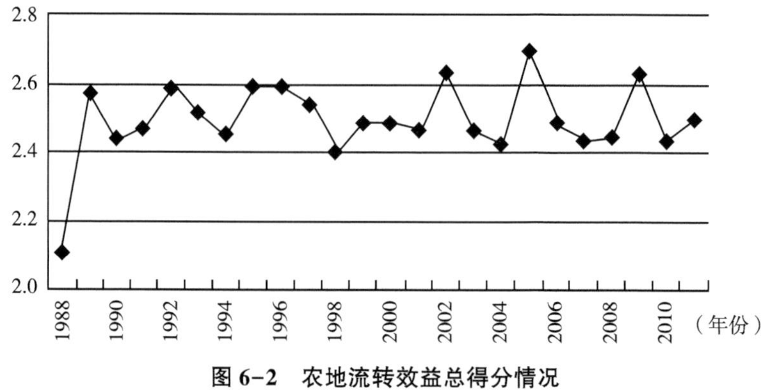

图 6-2　农地流转效益总得分情况

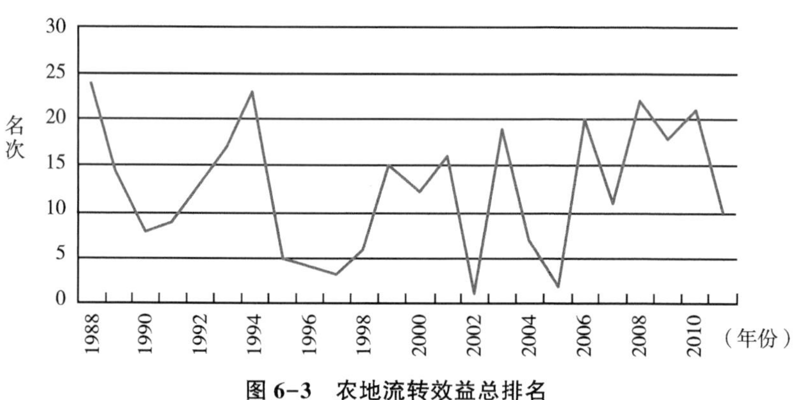

图 6-3　农地流转效益总排名

呈现出此规律。分项来看，总体得分最高的是农村发展因子，其他依次是农业发展因子、农民发展因子和城乡协调发展因子，农村发展因子得分最高是因为农民、农业和城市的发展正效益会传导给农村，而农地流转对城乡协调发展的效益多表现为一种间接效益，因而城乡协调发展因子的得分相对较低。此外，农业发展因子得分最高的年份主要分布在 1992～1997 年，农民发展因子得分最高的基本上在 2002～2011 年，农村发展因子得分最高的是在 1998～1997 年。由此可以看出，在农地流转进入规范化阶段之前，农地流转的农业发展效益、农村发展效益较为明显，这是因为在这个时间范围内，农地流转促使了农业生产规模的扩大，农民收入增加，农村发展充满了活力；但是农民的发展却是在 2002～2011 年这个时间段最好，这是因为随着农民收入的增加、城乡差距的缩小以及新农村建设的成果逐步显现，农民的生活水平、自身素质等方面都有了大的改善。城乡协调性则是在 20 世纪 90 年代初期和最近几年表现得较为明

显，经历了效益“明显—不明显—明显”的过程，反映了随着经济的发展，农地流转对于促进城乡协调发展的积极作用。

根据结果做进一步的分析还可以发现，农地流转的农民发展效益和城乡发展效益在最近的十年里表现得较为显著，而农业发展和农村发展则相反，为什么会出现这种情况呢？这个问题应当引起我们的重视，农民发展了但是农村却没有发展起来，很大一部分归因于农地流转后的农村劳动力转移以及城镇化建设。近年来，我国农村“空心村”的现象明显，大量的农民进城打工，农村常住人口多为妇女、儿童、老人，即所谓“三八六一九九部队”。根据“中国农村留守人口研究”结果显示，80.6%的留守老人仍然在从事农业生产。农业生产的这种人口结构再加上农业污染的累积效应，进一步使农业发展受到影响。因此，农地流转虽然促进了农民的发展和城乡协调发展，但是它也给农业生产和农村建设造成了一定的不利影响。这个研究结果可以很好地解释当下我国“三农”以及城乡一体化进程中的问题。

表 6-3　全国农地流转效益的因子得分与排名

年份	农业发展因子	排名	农村发展因子	排名	农民发展因子	排名	城乡发展因子	排名	综合得分	排名
1988	1.7203	24	3.3952	4	1.864	23	1.8048	20	2.10092	24
1989	2.7598	7	3.5353	2	1.9195	21	1.8929	13	2.57346	14
1990	2.4711	21	3.2724	10	2.0132	15	1.9611	5	2.43778	8
1991	2.5576	15	3.2976	9	1.8651	22	2.0513	1	2.46584	9
1992	2.7449	9	3.5447	1	1.9614	19	1.9508	7	2.58934	13
1993	2.7461	8	3.3456	6	1.8225	24	1.9042	12	2.5129	17
1994	2.5052	19	3.4344	3	1.9873	17	1.8266	18	2.45174	23
1995	2.8188	6	3.3454	7	1.9342	20	2.0414	3	2.59172	5
1996	2.8776	2	3.3928	5	2.0609	10	1.7636	22	2.5945	4
1997	2.837	4	3.3154	8	1.9836	18	1.7295	24	2.5405	3
1998	2.5251	16	3.1790	16	2.0163	14	1.7525	23	2.3996	6
1999	2.7352	10	3.1760	17	1.9918	16	1.7796	21	2.48356	15
2000	2.6416	12	3.2683	11	2.0252	13	1.8553	16	2.4864	12
2001	2.5694	14	3.2161	14	2.0562	12	1.9208	8	2.46638	16
2002	2.8765	3	3.2509	12	2.1239	7	2.0432	2	2.6342	1

续表

年份	农业发展因子	排名	农村发展因子	排名	农民发展因子	排名	城乡发展因子	排名	综合得分	排名
2003	2.5873	13	3.1081	22	2.132	6	1.8918	14	2.4613	19
2004	2.5215	17	3.0924	23	2.102	9	1.9115	10	2.42978	7
2005	3.2283	1	3.0709	24	2.1508	4	1.8185	19	2.69936	2
2006	2.6781	11	3.1498	19	2.108	8	1.8346	17	2.48972	20
2007	2.5143	18	3.1186	21	2.1326	5	1.8899	15	2.43394	11
2008	2.4638	22	3.2370	13	2.0586	11	1.963	4	2.43724	22
2009	2.8362	5	3.1583	18	2.3514	2	1.9545	6	2.62732	18
2010	2.3931	23	3.1258	20	2.3485	3	1.9204	9	2.43618	21
2011	2.4994	20	3.1879	15	2.3874	1	1.9045	11	2.49572	10

四、农地流转效益的区域差异分析

表6-3中给出的是全国历年农地流转效益的因子得分情况，我们运用同样的方法还计算了各地区的因子得分情况，如表6-4所示。

表6-4　各地区农地流转效益得分情况

年份	1988	1989	1990	1991	1992	1993	1994	1995	1996	1997	1998	1999
全国	2.1009	2.5735	2.4378	2.4658	2.5893	2.5129	2.4517	2.5917	2.5945	2.5405	2.3996	2.4836
北京	2.1620	2.9274	2.7925	2.4903	2.4508	3.2471	2.8424	2.9140	2.5894	2.5997	2.6006	2.8737
天津	1.8136	2.8275	2.4351	2.1802	2.4451	2.3137	2.5659	2.8094	2.5793	2.4146	2.3759	2.4939
河北	1.1812	2.3900	1.7617	1.9155	1.9463	1.8180	2.3367	2.5527	2.2262	2.3825	2.2477	2.3517
山西	1.2820	2.2847	1.8241	2.1521	2.1769	2.0295	2.2312	2.4907	2.1732	2.2453	2.1897	2.3274
内蒙古	1.3948	2.2688	2.1200	2.3489	2.0480	1.8629	2.1925	2.2568	2.1233	2.1999	2.1864	2.1632
辽宁	1.6268	2.1985	2.1316	2.1230	2.1448	2.3441	2.1769	2.2505	2.1217	2.1731	2.1202	2.1622
吉林	1.6692	2.0923	2.1768	2.3112	2.0877	2.1489	2.1079	2.1663	2.0749	2.1510	2.0841	2.1530
黑龙江	1.5097	2.0674	2.3454	2.5739	2.1863	1.9682	2.0615	2.1052	2.0735	2.0908	2.0600	2.1014
上海	2.2296	2.0604	2.4413	2.5444	2.5463	3.4094	1.9993	2.0933	2.0134	2.0757	2.0493	2.0918

续表

年份	1988	1989	1990	1991	1992	1993	1994	1995	1996	1997	1998	1999
江苏	1.6046	2.0591	2.0274	2.0639	2.2635	1.9701	1.9979	2.0253	2.0033	2.0309	2.0202	2.0760
浙江	1.8595	2.0288	1.9651	2.0383	2.2368	2.0740	1.9808	1.9553	1.9998	2.0200	2.0196	2.0730
安徽	1.4818	1.9760	1.7009	1.6276	1.6992	1.6707	1.9471	1.9530	1.9820	2.0188	2.0105	2.0342
福建	1.7040	1.9531	1.9116	1.8763	1.9971	1.9883	1.9318	1.9219	1.9613	1.9940	2.0069	2.0215
江西	1.5152	1.9388	1.8100	1.7333	1.6354	1.7197	1.9186	1.9144	1.9608	1.9811	1.9907	2.0160
山东	1.4614	1.9129	1.9060	1.9267	2.0224	1.9118	1.9075	1.8928	1.9553	1.9772	1.9783	1.9273
河南	1.2353	1.9009	1.6923	1.7249	1.6760	1.6905	1.9055	1.8649	1.9481	1.9631	1.9745	1.9233
湖北	1.5854	1.8803	1.7607	1.7465	1.5678	1.8100	1.8957	1.8640	1.9141	1.9541	1.9610	1.8945
湖南	1.5376	1.8634	1.6478	1.6446	1.7597	1.7884	1.8797	1.8280	1.9007	1.9404	1.9476	1.8807
广东	1.8645	1.8582	1.9916	1.9408	2.4025	2.2831	1.8702	1.8150	1.8983	1.9315	1.9236	1.8146
广西	1.4582	1.8247	2.2124	1.5633	1.5952	1.6817	1.8604	1.7596	1.8968	1.9148	1.9107	1.7845
海南	1.5644	1.8089	1.8931	1.9000	1.9291	2.0641	1.8420	1.7567	1.8904	1.8099	1.8630	1.7706
四川	1.4154	1.7886	1.7039	1.4652	1.9729	1.8906	1.8296	1.7442	1.8897	1.8056	1.8607	1.7583
贵州	1.2853	1.7691	1.4599	1.2979	1.3404	1.4835	1.7825	1.7368	1.8520	1.7603	1.8586	1.7328
云南	1.3753	1.7256	1.8044	1.6463	1.5720	1.5720	1.7734	1.6921	1.8395	1.7573	1.8489	1.7318
陕西	1.7549	1.6796	1.7702	1.8193	1.8045	1.7424	1.7715	1.6798	1.8214	1.7417	1.8015	1.7169
甘肃	1.1767	1.6495	1.6950	1.8391	1.7236	1.6300	1.7566	1.6768	1.7436	1.7382	1.7670	1.7069
青海	2.0508	1.6367	1.9651	1.9943	1.9198	1.6724	1.7472	1.6532	1.7134	1.6848	1.7077	1.7059
宁夏	1.3748	1.5716	2.0627	2.1946	1.9520	1.8544	1.7403	1.6057	1.6757	1.5965	1.6428	1.6899
新疆	1.7253	1.4840	2.5537	2.8519	2.3080	1.8477	1.6958	1.4302	1.5844	1.5068	1.5929	1.5392
年份	2000	2001	2002	2003	2004	2005	2006	2007	2008	2009	2010	2011
全国	2.4864	2.4664	2.6342	2.4613	2.4298	2.6994	2.4897	2.4339	2.4372	2.6273	2.4362	2.4957
北京	2.3643	2.5854	2.7957	2.9783	2.6069	2.3936	2.5175	2.8339	2.8515	2.5724	2.3479	2.8301
天津	2.3381	2.5504	2.5022	2.6531	2.4557	2.3144	2.4915	2.5902	2.4541	2.5179	2.3183	2.5394
河北	2.2631	2.5355	2.4786	2.5050	2.3142	2.2897	2.4280	2.4323	2.4507	2.3966	2.2746	2.4514
山西	2.2586	2.2646	2.4176	2.3289	2.2164	2.2376	2.3291	2.4269	2.4314	2.3396	2.2495	2.3108

续表

年份	2000	2001	2002	2003	2004	2005	2006	2007	2008	2009	2010	2011
内蒙古	2. 2202	2. 2625	2. 2954	2. 2866	2. 1813	2. 2064	2. 3035	2. 3708	2. 3772	2. 2156	2. 2129	2. 2441
辽宁	2. 2190	2. 2579	2. 2735	2. 2724	2. 1026	2. 2013	2. 3005	2. 3235	2. 3085	2. 1591	2. 2000	2. 1986
吉林	2. 1855	2. 2294	2. 2631	2. 2258	2. 0988	2. 1702	2. 1906	2. 2600	2. 2967	2. 1504	2. 1885	2. 1379
黑龙江	2. 1790	2. 1337	2. 1680	2. 1489	2. 0948	2. 1659	2. 1903	2. 2291	2. 2498	2. 1197	2. 1496	2. 0922
上海	2. 1240	2. 1156	2. 0298	2. 1360	2. 0887	2. 0870	2. 1155	2. 1984	2. 2376	2. 1123	2. 1034	2. 0611
江苏	2. 1043	2. 1104	2. 0228	2. 1157	2. 0776	2. 0522	2. 1097	2. 0914	2. 2346	2. 1109	2. 0752	2. 0484
浙江	2. 0992	2. 0865	1. 9948	2. 1084	2. 0131	2. 0494	2. 0989	2. 0771	2. 1296	2. 1088	2. 0747	1. 9550
安徽	2. 0905	2. 0245	1. 9614	2. 0373	2. 0051	1. 9989	2. 0712	2. 0613	2. 1276	2. 0906	2. 0735	1. 9511
福建	2. 0434	2. 0052	1. 9484	1. 9874	2. 0047	1. 9921	2. 0519	2. 0484	2. 1134	2. 0697	2. 0336	1. 9419
江西	2. 0312	1. 9774	1. 9294	1. 9861	1. 9888	1. 9874	2. 0393	2. 0411	2. 0892	2. 0360	2. 0187	1. 9356
山东	2. 0261	1. 9768	1. 9022	1. 9479	1. 9881	1. 9835	2. 0176	2. 0137	1. 8919	1. 9788	2. 0092	1. 9131
河南	2. 0000	1. 9760	1. 8934	1. 9043	1. 9852	1. 9581	1. 9273	1. 8340	1. 8756	1. 9632	1. 9700	1. 9019
湖北	1. 9974	1. 9671	1. 8851	1. 8264	1. 9830	1. 9360	1. 9068	1. 8335	1. 8436	1. 9563	1. 9223	1. 8961
湖南	1. 9013	1. 9645	1. 8665	1. 8075	1. 9462	1. 9244	1. 8939	1. 8258	1. 8088	1. 9096	1. 9140	1. 8841
广东	1. 8730	1. 9356	1. 8453	1. 7967	1. 9460	1. 9112	1. 8582	1. 7593	1. 7929	1. 9064	1. 9139	1. 8751
广西	1. 8700	1. 9196	1. 7988	1. 7833	1. 9243	1. 8637	1. 8253	1. 7228	1. 7344	1. 8774	1. 8951	1. 8679
海南	1. 8637	1. 8064	1. 7924	1. 7804	1. 9105	1. 8000	1. 7775	1. 7035	1. 7308	1. 8560	1. 8602	1. 8404
四川	1. 8074	1. 8022	1. 7646	1. 7604	1. 8923	1. 7936	1. 7625	1. 6649	1. 6913	1. 7228	1. 8228	1. 8187
贵州	1. 7943	1. 7841	1. 7581	1. 7233	1. 8750	1. 7753	1. 7589	1. 6630	1. 6424	1. 6906	1. 7690	1. 8137
云南	1. 7333	1. 6997	1. 7228	1. 7228	1. 8085	1. 7567	1. 7256	1. 6606	1. 6157	1. 6882	1. 7438	1. 7703
陕西	1. 6888	1. 5823	1. 7198	1. 7130	1. 7528	1. 7393	1. 6408	1. 6331	1. 5757	1. 6597	1. 7437	1. 7242
甘肃	1. 6615	1. 5805	1. 7160	1. 6689	1. 6170	1. 7250	1. 6075	1. 6270	1. 5679	1. 6302	1. 7275	1. 6849
青海	1. 6254	1. 5750	1. 6308	1. 5371	1. 6098	1. 7032	1. 5446	1. 5675	1. 5276	1. 6057	1. 6828	1. 6542
宁夏	1. 5851	1. 5445	1. 5420	1. 4050	1. 5941	1. 6673	1. 5241	1. 5431	1. 4723	1. 4863	1. 6491	1. 6038
新疆	1. 5658	1. 2800	1. 4470	1. 3918	1. 4886	1. 6173	1. 5022	1. 5298	1. 4401	1. 4419	1. 6203	1. 5584

根据因子得分情况绘制出图 6-4~图 6-7。我们可以得出以下结论：从整体上看，华北、东北和华东地区的农地流转效益较为显著，这几个区域在整个阶段中的排名多集中在 0~15 名，而华中南地区和西南地区农地流转效益的总得分排名则在 16~30 名，这种分布格局反映了农地流转在我国北部以及东部地区的效益较为突出，而在中部地区和南部地区却可能没有明显的效益或者呈现出负效益。

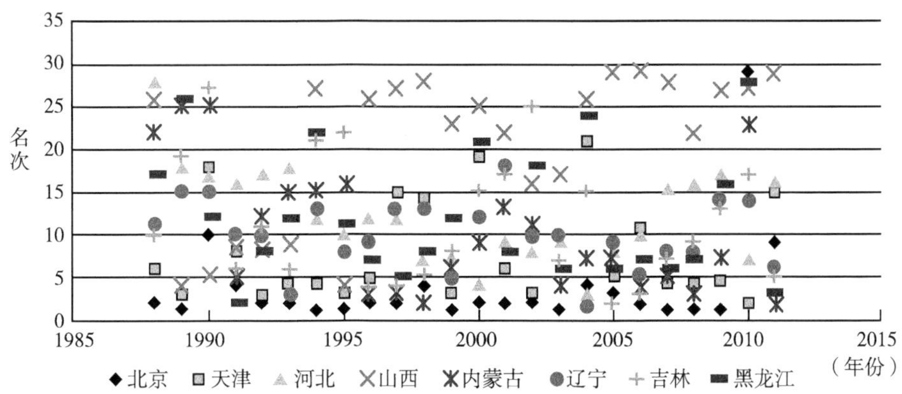

图 6-4　北部地区农地流转效益排名情况

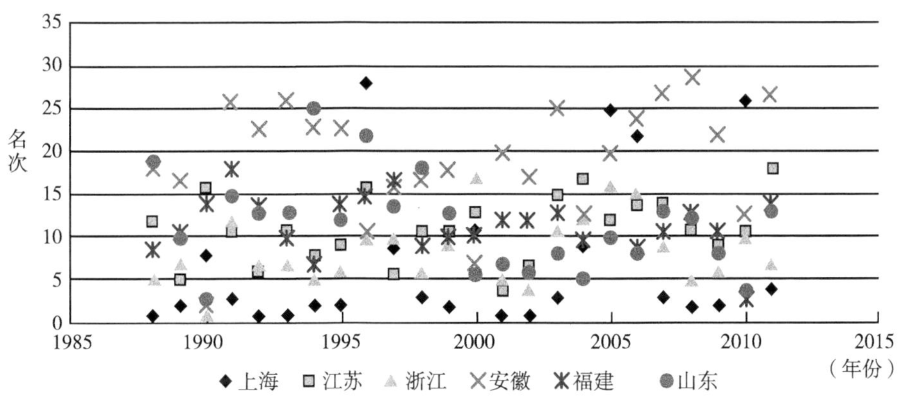

图 6-5　东部地区农地流转效益排名情况

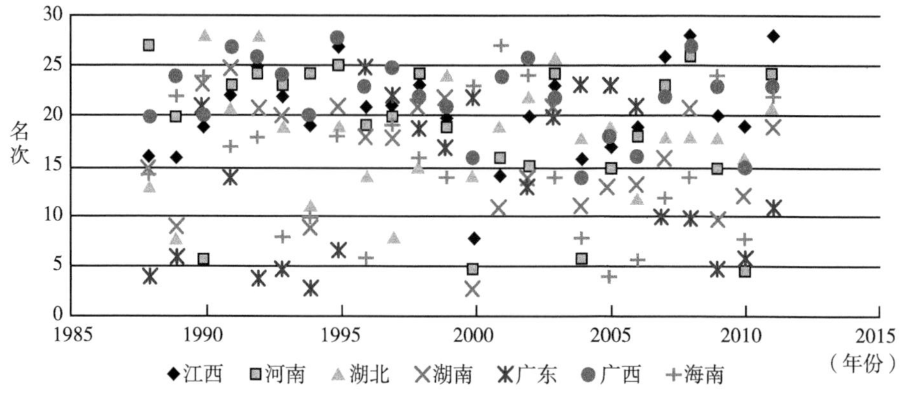

图 6-6　中南地区农地流转效益排名情况

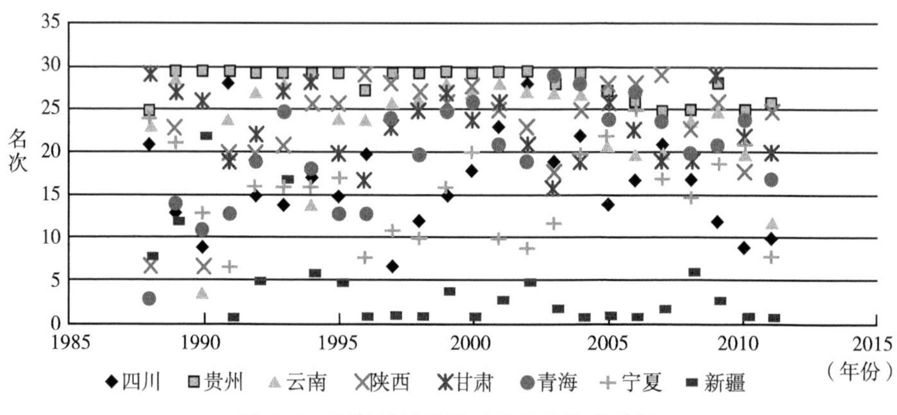

图 6-7　西部地区农地流转效益排名情况

进一步分析，在中南地区和西部地区分布着大量的耕地资源，但是这些地区经济发展水平相对落后，农地流转后仍然沿用了传统的农业生产方式，并没有促进农业生产效率的提高，仅仅由于农地流转对农村劳动力的挤出效应而存在一定的不太明显的效益。但是在北部和东部地区，特别是北京、上海、天津，效益总得分较高，这些地区属于工业比较发达的城市，经济发展水平在我国范围内处于前列，农地流转进一步促进了先进科学技术的运用，推进了农业生产的规模化、机械化，同时释放了更多的劳动力，总体效益较高。因此，可以得出结论：经济较发达地区的农地流转效益更为明显，而经济欠发达地区尽管有大量的耕地资源，但效益并不显著。还可以发现，西部地区新疆的总得分在大部分年度也处在了前列，为什么会出现这种情况呢？新疆主要发展灌溉农业和绿洲农业，户均耕地面积多，2011 年，全区农村土地流转面积达 352.9 万亩，占农民家庭承包经营面积的 11.7%，涉及农户 15.1 万户，初步形成了以承包农户为流转主体，以专业大户、农民专业合作社为规模经营主体，以转包、出租为主要流转形式，以政府管理和服务为重要保障的多元化、多形式的土地流转机制，由于新疆的农业生产特点以及新疆农地流转的积极性，新疆农地流转的总体效益明显。

五、结论与启示

通过农地流转的效益研究，我们发现，最近几年在整体发展趋势上，农业发展和农村发展效益不显著、得分较低，农民发展和城乡协调发展效益明显、得分较高；在地区发展上，华中南和西部地区得分较低、排名靠后。

因此，宏观层面上，必须防止整体趋势的恶化，保证农地流转效益的地区均衡，加大对农业、农村发展以及华中南、西部地区的投入和关注力度。一是要建立多层次的农业污染监督调控体系，保证农业生态环境健康可持续；二是要改善农业生产人文环境，完善农民的教育培训机制，提高农民素质，培养农民的农业环境意识；三是要改善农村基础设施，建设良好的人居环境，加大和鼓励农村投资，促进农村生活、生产环境同步上升；四是要完善西部、中南部地区的农业基础设施，推进农业技术在西部、中南部地区的运用，依靠农地流转促进华中南、西部地区的农业经营适度规模化，促进区域均衡发展。

中观层面上，在推进农地流转的同时，相关管理部门要重视农地流转后农业生产方式变化给农村生态环境带来的影响。环境监督部门要及时监控农业污染情况，对污染者坚决予以惩罚，对于治理者、保护者给予鼓励和奖赏；各类农技推广部门要积极创新，适应农地流转后农业污染处理以及农地规模化经营的相关技术指导需求；农业生产合作组织和农业生产法人单位要尽量做到不污染、少污染、快处理，严格控制农药、化肥以及塑料薄膜等的使用，减少农机污染等“二次污染”的危害，在保证农地产量的同时，不造成浪费和污染；相关的农业协会、环境组织也要积极关注农地流转的社会效益问题，及时宣传农地流转给农业发展、农村发展、农民发展以及城乡协调发展带来的影响，促进农地流转正效益的充分发挥。

微观层面上，农地经营者首先是要增强环境意识，保护农地。如果没有合适的养护和休整，农地并不是可以永续利用的资源，因此，要妥善处理好农业生产与农地可持续之间的关系，有效地保护农地资源。其次是要积极建设农村人居环境。在城镇化和工业化建设的过程中，要加快推进特色农村的建设，依托农业和农村环境的独特性，推动农村和城市的协调发展。最后是要提高自身知识水平，加快促进科学技术在农业生产中的应用，促进科学、人口与自然的和谐发展。

第二节　农地流转效益的发生逻辑

一、农地流转效益的生成机理

农地流转效益是一个复杂的、受多因素影响的过程，是一种综合体现。首先，在内涵上，从经济学的角度来看，主体经营农地就是要追求高的经济绩效，即效益遵循投入产出原则；从社会学的角度来看，则既要体现主客体的价值，即价值原则，又要处理好经济效益与社会效益、短期效益和长期效益之间的关系，还包括一些消极的、负面的影响。其次，根据效益原理，影响效益的因素是多维度的，效益大小是效益成因以及效益约束因子的多重博弈结果，也是这两大机制的共同作用结果。因此，农地流转的效益可以表现为（6-1）式：

$$benefit = g(causes, restrict) \quad (6-1)$$

其中，benefit 表示农地流转的主要效益，包括经济效益，如农民增产效益、农业增收效益、交易费用节约效益等；社会效益，如人力资本效益、融资效益等。causes 表示效益的成因或产生条件，包括内部条件，如是否产生节约与集约效应、解决信息不对称以及分摊风险等；外部条件，如市场竞争环境等。restrict 表示效益的约束因子，包括人的约束，如农民素质、管理者水平；制度约束，如农村村庄治理制度、管理制度等。

因此，农地流转的效益生成机理可以描述为：在经济发展与制度改革的背景（农村土地流转制度、新型农业经营主体建设、土地适度规模经营制度）下，通过新型经营实体内部经济效益优势（节约、集约效益，分摊风险等）的发挥

以及对外部市场竞争条件的适应性（信息充分等），最终产生经济效益与社会效益，这一生成机制还受到一些约束因子的影响，如人的约束与制度约束。其效益成因与约束因子的基本关系以及最终效益的生成机理如图6-8所示。

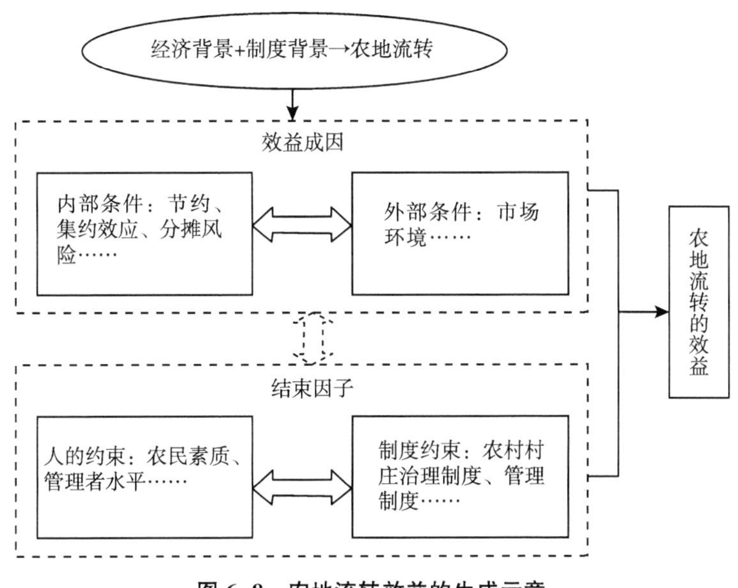

图6-8　农地流转效益的生成示意

二、农地流转效益的产生缘由

农地流转改变了以往小农经营模式的弊端，把分散经营的土地集中起来。从理论上分析，单个的农户面对农产品市场时处于弱势地位，农业生产相对于工业也具有弱质性，因此，具有相似境况或者市场弱势（农业市场失灵以及农产品低价格）的农业生产经营者，往往具有某种集体行为需求或者倾向，即农户之间存在合营以及扩大生产规模的需求，以达到提高市场谈判能力、抵御各类风险的目的。而实践结果证明，在一定的技术水平下，扩大农地经营规模会增加经营绩效。

（一）农业生产因素：效益源头

农业生产具有特殊性：首先是生产技术特性，农业生产必须面临自然灾害风险，且许多的农产品都具有季节性和易损性、易腐性，再加上农业生产的现代化、机械化与组织化运营，因而需要以一定的农业规模为基础；其次是市场交易特性，由于农产品的地理位置等因素，农业供产销具有一定的资产专用性需求，而小规模生产者往往没有经济实力承担这些专用的资产；最后就是农产品市场的不确定因素，市场竞争中的不可预知性风险多，规模经营可以集结资源与实力，进行弹性定价和风险分摊。我国的家庭联产承包责任制在20世纪70~80年代产生了明显的社会与政治效益，解决了农民的温饱，促进了社会公平与稳定。但在现有的农业生产技术条件下，农地经营严重超小、高度分散的状况不利于促进农民增收、农业增产。农地流转实质上是实现农业集中生产与经营，有利于农业科学技术的田间运用，促进农产品生产专业化、市场化以及商品化，最终达到提高农业生产效率、农民生产积极性以及农民收入的目的。因此，农业生产效率改进是农地流转效益的源头。

（二）要素配置因素：效益动因

人力资源、经济资源以及社会资源的丰裕程度直接影响着农地的经营方式，而实际上，也正是这些资源赋存在地区间的分布状况决定了农地流转的多样化。农户的经济实力参差不齐，农户的素质、能力在很大程度上影响着农地流转的发展水平，而农地流转能够充分发挥农户的人力、经济和社会资源优势，如流入土地的农户或者大户往往具有一定的经济与资源优势，他们的经济实力和融资能力就构成了农地流转的规模边界；而且他们一般也拥有一定的社会资源，拥有相关产品的销售渠道或者在政府部门中有良好的社会关系，农地流转能够使他们的能力和个性得到充分发挥。除此之外，农地流转还能促进外部资源的优化配置，如土地与劳动力、劳动力与技术等资源的组合。因此，要素配置效率使农地流转具有了外部操作的可行性和实用性。

（三）政策制度因素：间接诱因

我国农业资金支持不足，更缺乏中长期的信贷支持，而农地流转促进了以农地使用权、经营权为抵押物获得贷款，夯实了农业发展的资金链。在我国的许多省份，如浙江、湖南、湖北、广东等地，农地流转逐渐增多，各种大户、合作社、家庭农场层出不穷，这些经营模式的出现并非单一的政府推动，也不是单一的农民逐利行为，而是政府引导下的农民需求诱导型制度变迁。如农地

融资制度与农地流转制度的融合互动，充分发挥了农地要素的融资功能，是新时代农村金融创新成果的重要体现：土地信托机构与土地银行是农村金融组织的创新；以农地使用权、经营权作为抵押物是农村金融的产品和服务创新；家庭农场、土地股份合作社、土地信用合作社是融资主体的创新。因此，政策制度是农地流转效益的间接诱因。

（四）增值增收因素：直接诱因

家庭农场、土地股份合作社以及土地信托、土地银行等农地流转模式的出现就是土地财产权益的深化与实现，使农民获得了土地增值收益，即以土地为标的的农民的国民收入分配权。同时，农地流转可以激发农地潜力，有利于经营方制定中长期生产计划，优化农业生产结构，增加土地与基础设施的投入，改善农业生产环境，提高农业综合生产能力，促进农业产业化水平提升，因而流入地农户可以获得规模收益，流出地农户也可以获得务工收入以及流转收入，从而具有增收效益。

（五）服务新农村因素：效益目标

农地流转一是可以调剂土地余缺，推进农地适度规模经营，有利于农业现代化发展；二是充分发挥了农地的资本功能，解决了农业发展的资金瓶颈，有利于农村经济发展；三是通过农地抵押、信托等流转模式可以参与农地金融业务，建立农民与银行的新型关系；四是农户将闲置的与不愿意耕种的土地流转给愿意多种地的农民，解决了撂荒问题，又保障了土地需求，确保了国家的粮食安全。因此，通过农地流转，可以筹措社会资金，解决农业、农民与农民的发展问题，有利于建立农业与农村发展的长效机制，对于保障农民的合法权益、改变农地流转中农民的弱势地位、保持农村社会稳定具有重要的意义。

第三节　农地流转效益的变迁机制

在实践中，不仅农业生产技术水平，资本的不可分性、稀缺性，农地经营者的能力水平，以及资源的配置组合等影响农地流转效益，农地流转主体的利益导向更是农地流转效益协调的关键因素。由于政府是农地流转的监管者，村组织是农地所有者，而农民作为农地的经营者与管理者，仅具有有限的使用权，因而，政府和村组织对农地具有绝对的博弈能力，而农民的博弈能力较弱。所以，农地流转的效益变迁机制就是农地流转主体的利益博弈过程，是效益在不协调与协调之间的转换。

一、效益不协调的表现

（一）农户与村集体的利益冲突

农户与村集体的利益关系是土地承包合同关系和无偿的委托代理合同关系，农村集体土地的所有权归集体。其中涉及的利益因素有：农户成本，包括农户的承包成本和放弃的务农收益；农户收益就是所能获得的补偿；集体成本则是组织农户的组织成本；集体收益是农户支付的承包成本及截留的部分地租。从表 6-5 中可以看出，集体支持流转，农民流转土地，这是最佳的状态，最利于农村经济的发展；集体不支持流转，农民流转土地，农民要承受风险损失-1，集体没有支出和收益；集体鼓励流转，农民不流转土地，集体付出组织成本-1，农民持续对抗，收益无增加；集体不支持流转，农民也不流转，收益不发生变动，即零和游戏。

表 6-5　农民主体与集体主体的博弈

		集体主体	
		支持	不支持
农民主体	流出	(1, 1)	(-1, 0)
	不流出	(0, -1)	(0, 0)

（二）农户与政府的利益冲突

政府的作用是管制、保护、开发土地资源，引导土地合理流转，追求最优的土地资源配置，以保证粮食安全。土地流转中的农户与政府，从市场的角度看，他们之间不存在任何利益关系；从组织治理的角度看，两者是治理者与被

治理者的关系。其中涉及的利益因素有：政府收益由寻租收益和税费收益组成，其成本主要是一定的法律、行政成本；农户成本就是被政府占据的流转隐性成本，这也是政府收益的一部分，农户不获取收益，政府不付出成本。因此，政府不是在任何情况下都会非常积极地监督和推动土地流转。就政府与农民主体而言，双方的博弈如表 6-6 所示，如果政府鼓励流转，严格按照相关规定管理土地，农民积极支持政府工作，土地资本增值，双方获益分别为 1 个单位；如果在政府不鼓励流转的情况下农民流转土地，那么农民将可能失去政策保障与优惠，风险增加，收益为-1，政府则获得 1 个单位或者更多收益（罚没收入）；而如果农民不流转，那么无论是鼓励政策还是不鼓励政策，由于土地承包经营权特性，农户仍然可以获得应得的部分，即 1 个单位收益。

表 6-6　农民主体与政府主体的博弈

		政府主体	
		鼓励	不鼓励
农民主体	流转	(1，1)	(-1，1)
	不流转	(1，0)	(1，0)

（三）农户与市场主体的利益冲突

农户与市场主体（土地需求者或受让人）的利益关系，是以土地承包经营权租赁为内容的合同关系，其中涉及的利益因素有：农户成本，包括损失的土地农业收益以及评估地租成本；农户收益，包括租金收入、从事非农产业取得的雇工工资收入等；受让人收益，包括土地使用权的资本收益以及流转显性成本；受让人成本，包括租金、农业税费负担和支付给村集体、政府的居间费用和管理费用。收集土地信息、完成流转程序所付出的成本，实际上一般是由受让人与农户分担，是其共同的成本。如表 6-7 所示，在土地市场供不应求的情况下，合理补偿与农民流转土地是效益最大化的选择，土地通过资本化途径增值，各自获得 1 个单位收益；若市场主体没有进行合理的补偿，但农民仍然选择流转，那么最终农民利益受损，对整个经济社会的长远发展不利；而若农民由于对土地的情感因素、依赖土地提供生活保障等不参与流转，不管市场主体如何行为，土地都无法完成资本化增值，收益均为 0。

表 6-7　农民主体与市场主体的博弈

		市场主体	
		合理补偿	不合理补偿
农民主体	流转	(1, 1)	(-1, 1)
	不流转	(0, 0)	(0, 0)

(四) 农户间利益冲突

假设在某个区域内有 n 个农户，农户的收益取决于农产品市场价格，当农地流转发生时，农户收益还受到务工机会以及流转收入的影响。当农地在农户之间不发生流转时，每个农户分别可以获得 1 个单位的收益，此时的农户收入为 n；当农地流转后，流入方农户获得规模收入，假设规模收益为 50%，以两个家庭农户为单位计算，则农户的农地收入为 3 个单位；同时，流入方支付给流出方的费用为 0.5 个单位，则农地流转后的净收入为 2.5 个单位。对于农地流出方，外出务工则可以获得 2 个单位甚至更多的收入，再加上 0.5 个单位的流转收入，总收入也就达到甚至超过 2.5，如表 6-8 所示。非常明显地，与不发生农地流转的农户相比，总收入多了 3 个单位（5-2=3）。

表 6-8　农民主体与农民主体的博弈

		农民主体	
		流入农地	不流入农地
农民主体	流出农地	(2.5, 2.5)	(2, 2)
	不流出农地	(2.5~3, 2~2.5)	(1, 1)

但是仍然存在两种情况：①当一部分农户选择进城务工，而另一部分农户却不愿意流入农地时，这将形成另一种格局，即务工农户仍然可以获得 2 个单位甚至更多的务工收入，当然也有失业的风险，但是他们仍然拥有农地经营权，没有后顾之忧；而继续耕种农地的农户由于没有流入务工农户的农地，没有规模收益。根据市场供需的价格定理，由于耕种农户减少，产量也随之降低，加上资源的稀缺性，务农农户反而可以获得比以前 1 个单位的收入更多的收入，有可能达到 2 个单位的收入。但是非常明显，这种情况下造成了严重的

资源闲置与浪费，是一种扭曲的市场效应，是一种“次优”效益。②当农户不愿意流出农地，而存在大量农地流入需求时，务工农户仅获得务工收入，流入农户则只能依赖付出更高的土地使用费来获得农地，此时，流入方农户的收入将在2~2.5个单位，当这种利润的让渡达到2时，农地流转将停止，维持最终状态。因此，在农户与农户之间的这一纳什均衡中，农户的利益进一步被侵占。随着城市化的进程，农业利益在农户内部之间又进行着一次不均衡的分配，这种扭曲最终只能依靠政策来纠正，如耕种补贴，且这种补贴应当根据当年种植面积来计算，而非实际拥有农地面积。否则，农地流转对农业和农民而言只是一场零和游戏，仍然缺乏农业生产的激励。

二、农地流转效益不协调的根源

（一）追求目标分歧：个人、集体与国家利益的博弈

政府、村级组织以及农民在农地流转中的利益追求分别代表了对国家、集体与个人利益的追求。因此，由于利益追求目标的分歧，必然存在农地流转过程中国家、集体与个人利益的博弈。首先，个体利益支配下的个体选择主要是对于农户。每个农民分散做出的选择、决策都是自觉自愿的，其收益和风险也由个人负责，因而遵循个人利益最大化。亚当·斯密的个人利益说以及经济人假说都阐述了个体追求个人利益的合理性。其次，集体利益主导下的集体选择是对于村集体和中介组织。农村土地归集体所有，村级组织就是集体的代表者，生活并工作在这个组织中的人有共同的利益，他们对农民行为予以干预，某种意义上它也具备利益集团的特征；中介组织则以机构内共同利益最大化为目标。最后，公共利益制约下的公共选择是对于政府。从社会学的角度看，政府也是一种利益集团，但政府的利益价值取向必须是公共利益而非自身利益，政府的公共选择具备公共性、代表性、强制性和集合性。但政府行为最终受组成政府的人的动机的影响，他们也是理性的经济人，因此，政府往往选择那些兼顾公共利益与自身利益的行为，在公共选择中政府人员的自利动机仍然存在并表现出来。所以，农地流转行为存在明显的利益倾向性，也就是由于利益目标的不同，存在着利益冲突。要解决这种冲突，应当做到利益共享、利益统筹兼顾以及利益补偿。目前，我国经济发展过程中农民是利益的相对弱势群体，

也是利益共享的缺失方、利益统筹的需兼顾方以及利益的待补偿方，因而要通过政府干预或者政策支持的方式，实现利益的再次分配，使农地相关产品的价格或者农地经营者的成本保持在既定的水平，从而保证合理的利润水平；还可以通过各种农业补贴、农业保险、基层农技推广等直接地将外溢的利益返还到农业经营者手中，最终实现利益协调、经济发展的可持续性。

（二）追求价值分歧：公平与效率的博弈

公平与效率是市场经济中讨论的重要议题，农地流转过程中也面临相似的问题。在农地流转过程中，公平与效率是重要的价值取向，但是，不同的利益主体对公平与效率的侧重存在偏差，村级组织更强调效率，农民则可能更强调公平。因此，在农地流转过程中存在效率优先与公平优先的博弈问题。效率优先是农业经济发展模式的反映，是在农业经费相对欠缺、农村发展相对落后的地区，为弥补资金短缺，围绕农地创收、经营等问题，以增收和效率为追求目标的农地制度变革，这种思路在一定程度上缓解了农业、农村的财政困境，提高了农地经营效率，但同时也造成了弱势群体的利益缺失，是影响社会公平的重要原因。因而，与效率优先相对的是农民更加坚持的公平优先，即农民能否分享到农地的综合效益，是否享有各项权利。能否分享到农地的综合效益即丰硕成果是由制度、体制因素决定的，农地流转促进了农地适度规模经营，促进了农业产出效率的提高，待分享的“蛋糕”增大了，但农地流转中相关法律法规的缺失又导致了农民在农地流转过程中相关权利的不健全。应当说，目前我国农民的知情权、话语权严重缺失，是相对弱势的群体。因此，无论是效率优先还是公平优先，从利益整合的角度来看，农地流转应当坚持效率与公平齐驱并进的思路，效率优先是经济学的重要命题，目标指向了经济效益的提升，但经济效率绝不是发展的唯一追求目标，还有社会公平、生态环境等，因此效率与公平并行不悖，根据帕累托改进原则，发展的目标应是最大多数人境况的改善。在一个可持续发展的经济环境以及和谐发展的社会环境中，农地流转应当做到高效配置农地、劳动力以及资本资源，减少闲置与浪费，追求协调与平衡，而经济效率至上的农地流转观必然导致许多的不公平，更谈不上对经济发展成果的共享。因此，强调效率与公平齐驱并进的发展思路在农地流转以及农地经营制度的不断创新中尤为重要。

本章小结

本章运用因子分析方法从农业发展、农村发展、农民发展以及城乡协调发展四个方面来测度农地流转效益，得出了 1988～2011 年全国及各地区农地流转的效益状况：全国呈现倒 U 型但总体上升（恶化）的趋势，得分排名也呈现出此规律；分区域则华北、东北和华东地区的农地流转效益排名最前，华中南和西南地区的排名相对靠后，这种分布格局反映了农地流转在我国北部以及东部地区的效益较为突出，而在中部地区和南部地区却可能没有明显的效益或者呈现出负效益。这样的研究结果显示出农地流转效益的不协调性与区域差异性，因此，本章还分析了农地流转效益产生的深层次原因。

第七章 效益视角的农地流转模式分析：案例剖析

第一节 家庭农场模式

家庭农场是一个来源于欧美的舶来词，是农民以家庭方式租赁、承包或经营自主土地的农业经营模式。在中国，“家庭农场”的概念首次出现在2013年中央一号文件中。关于家庭农场的概念，黎东升（2000）提出家庭农场是以农户家庭为基本组织单位，面向市场，以利润最大化为目标，从事适度规模的农林牧渔的生产、加工和销售，实行自主经营、自我积累、自我发展、自负盈亏的企业化经济实体；凌永建（2012）认为以家庭为基本组织单位，专业从事农业生产，并为社会提供农产品的农业家庭组织都可以称为家庭农场，包括实行家庭承包经营的小农户和一些规模种养大户；袁赛男（2013）提出家庭农场是以农户为主要主体，家庭成员为主要劳动力，从事农业规模化、集约化、商品化生产经营，并以农业收入为主要收入来源的农业生产经营单位；黄新建（2013）认为家庭农场应当是以家庭经营为基础，以适度规模经营为目标，以高效的劳动生产率从事农产品的商品化生产活动，获取与农户从事非农产业所得收入相当甚至略高的经济利润的经济单位。从某种程度上讲，专业大户、种植大户都属于家庭农场的范畴。因此，总的来说，我国家庭农场的特征表现在：一是经营性质上的家庭性与适度规模性；二是经营方式上的专业化、集约化、商品化；三是收入来源上的较为单一性，即主要是农业收入。

一、典型案例介绍

案例1：衡阳县金穗叶养殖场。衡阳县金穗叶养殖场农场主欧召治，系该县演陂镇木瓜村木瓜组村民，2009年2月在县工商局注册，经县农经部门备案，成立了金穗叶生猪养殖场，该场流转土地80多亩，承包水面500多亩，且流转土地和承包水面的期限均为30年，从事规模化养殖，拥有养殖水面500多亩（其中，小二型水库一座，330多亩水面），年产各类鲜鱼5000多担，标准化自繁自养生猪养殖场1个，养殖栏舍面积1万平方米，年出栏肉猪5000多头，现存栏能繁母猪300头，肉猪2600多头。自农场成立以来，农场共投入建设资金1820万元，现拥有固定资产总值为1260多万元。在加大投入的基础上，也取得了较好的经济效益，2012年农场生猪产值达1100万元，淡水鱼产值250万元，实现利润总额110万元，获生猪奖励和能繁母猪国家补贴10.8万元。与此同时，在该农场的示范作用下，带动周边邻近400多户农户从事专业养殖，增加了农民收入，2012年5月该场的水产养殖、生猪养殖都通过了农业部无公害农产品质量认证，且水产养殖列为农业部水产健康养殖示范基地。

案例2：湖南省岳阳市平江县小燕现代家庭农场。2013年3月，平江县工商局工作人员将"平江县小燕现代家庭农场"个人独资企业营业执照送到了伍市镇村民凌鑫凡手中，这是湖南第一家经工商部门正式注册登记的家庭农场。家庭农场负责人凌鑫凡通过签订土地流转合同，租用农田120亩、旱地170亩、油茶林200亩，并筹措资金200万元，成立"小燕现代家庭农场"，不仅优化了全镇的种植结构，还为农户带来了更大的效益。小燕现代家庭农场实行经营多元化，涉足粮食、油茶林、生猪养殖、饲料销售等领域，此外，小燕家庭农场还计划新建榨油厂、林地养鸡场、改造养猪场，购买大型农机具等，但存在较大的资金缺口，因此，对家庭农场的金融服务与支持将是家庭农场发展的关键。

二、家庭农场模式的主要效益分析

家庭农场最主要的效益在于扩大农业生产规模，有利于集约化、机械化经营，提高农业效益，促进农户增收。①经营集约效益。家庭农场扩大了经营规模，有利于实现种养结合，引进先进理念和管理经验；以发展规模经营为契机，更适合品牌化运营，打造农产品品牌；在农产品价格正常时，通过出售种植的农产品获得收益；在农产品供大于求时，农户可以通过饲养畜禽获得收益。畜禽粪便不需另行处理，种植业的有机肥料可以免费获得，如湖南平江县的小燕家庭农场就走多元化的发展路线，减少了资源的闲置与浪费。②农民增收效益。规模效益和集约效益带来了显著的经济绩效，同时也释放出更多的劳动力加入到非农产业建设中，解决了务工农户的后顾之忧，而且还有一些流转收入。如岳阳君山区采桑湖镇通过土地流转形成了初具规模的家庭农场，农户土地流转后每亩地每年能收到950元的租金，其中农民尹德林表示，他家共流转了50亩地，一年什么都不做就有4万多元的收入，加上自己还能在地里打工，一天便能赚100元，大大地提高了收入水平。③资源配置效益。通过农地的集中，促进了农业投入的增加，农田水利设施改造力度增加，实现了耕作机械化、标准化以及管理、销售的统一化，也促进了资金、技术、人力等要素的有效结合，激活了要素市场，提高了农业生产水平和土地产出效益。④新型农民培育效益。家庭农场经营能很好地留住农村的青壮年劳动力，化解“空心村”现象，留守儿童问题也就迎刃而解；而随着资本的介入，能够形成固定的、稳定的职业，有利于职业农民、新型农民的培养。⑤市场竞争效益。规模生产和经营后便于市场化运作，可以打破封闭的农村经济模式，实现资本、劳动力、信息和技术的结合，充分发挥市场的调节作用。

家庭农场为农村经济条件的改善提供了契机，但是农地流转也存在一些不利的社会后果：一是由于规模经营没有小农经营的灵活性，且农场主以农业收入为主要收入，所以家庭农场的风险调控至关重要；二是超大规模家庭农场对农村基层治理以及农村社会秩序的稳定具有关键性的影响。因此，一味地大规模流转经营并不是最优的选择，必须在农村社会保障、农业风险调控、农村金融制度以及农村基层治理制度等配套制度中循序渐进地开展，保持适度的经营规模。

三、家庭农场模式的效益约束分析

家庭农场经营效益的约束因素主要有：①城乡劳动力市场尚未衔接。农村

劳动力的转移是农地流转的前提条件。因此，只有当工业化、城镇化能够吸纳足够多农村劳动力的时候，农地流转后农户生计等才不会成为威胁社会稳定与发展的问题。而目前农民为了保住“活命田”，大都选择兼业甚至宁愿撂荒。因此，城乡尚未衔接的劳动力市场制约了农地流转，也影响了家庭农场的经营规模。②农民文化素质水平约束。我国农村人口文化水平普遍低，限制了他们对现代科学知识的接受能力，约束了农村劳动力在城镇的发展。③社会体制的制约。一是二元性的约束。我国社会保障体系的二元特征明显，农村人口仍然游离在社会保障体系之外，也造成了我国特有的“民工潮”、“返乡潮”，土地承担着农村的社会保障功能，农民不愿意放弃土地，影响了农地的集中与适度规模经营；而很多常年在外务工的农民在城镇拥有了稳定的职业和收入，但由于户籍制度的约束，不能享受与城市居民同等的福利待遇，逐渐演变为城市边缘人，这从制度上造成了农民不能够放弃土地及其相关的义务。因此，二元性的社会体制使农民不愿意也不能够放弃土地，直接影响了农地的流转与集中。二是农村金融体系的约束。家庭农场经营存在较大的资金缺口，农村金融发展的滞后性阻碍了家庭农场的发展。④农业社会化服务体系约束。家庭农场经营需要一定的外部条件，我国目前的农村服务内容不完善，如产前的资金支持、产中的技术支持以及产后的运输与销售等服务都不能得到满足，我国农业生产在资金支持和产后服务方面严重不足；在乡村服务组织方面，仅在经济较为发达的地区出现了“公司+农户”、“产供销一体化”以及类似的专业协会等组织形式，农业产业化服务组织不健全。⑤农地流转机制约束。科学、合理的农地流转机制是家庭农场经营的关键。农地流转的一些环节尚缺乏法律依据，流转合同不规范，流转利益分配不公平，较易造成流转双方的经济纠纷；而且自发的农地流转也不利于农地的成片管理与经营，难以发挥规模经营的效益。因此，由于农地流转机制的不健全，造成了流转过程中农民权益受损，农地流转积极性不高。

第二节　农地股份合作模式

农地股份合作社是按照股份制和合作制的基本原则，以农民承包地的经营权作为主要出资方式，将土地承包经营权转化为股权，并按照股份从土地经营收益中获得一定比例分红的土地合作经营形式，是一种以价值形态的股份代替实物形态的土地进行农地流转的制度安排，开辟了让农民从土地中重新获得更多收入的新途径。学术界对于它的出现也给予了极大的肯定，认为它是“开启小规模农业现代化之门的一把钥匙”（黄祖辉，2008），是农民与农业适应市场化需要的必然要求（黄祖辉，2001；樊红敏，2011），是农业企业化的有效载体（苑鹏，2003），是最有利于农民利益的形式（程漱兰，2005），还是政府政策的产物，促进了土地市场的发展（王化起，2012）。关于它的效益问题，有学者基于社员与非社员（黄祖辉，2007）、社员与社员（伊藤顺，2011）之间的比较角度，探讨了合作社对农户收益的影响，认为它对社员的影响效益大于非社员，对小规模农户的经济效果明显，对大规模农户的经济效果不显著。也有学者从合作社的治理模式角度进行了分析，构建了基于满意度的治理绩效评价模型（韩国明等，2012）。还有学者从合作社的投入产出效率（内部效率）与社会总福利的总贡献度（外部效率）方面进行了分析（黄祖辉，2013），如张晓山（2009）等认为它的存在有助于完善市场秩序和规模；程漱兰（2005）等认为它具有促进经济竞争、政治民主以及社会稳定的外部正效应；蒋占峰（2003）等认为它能够实现外部利益的内部化和交易成本的节约；黄少安（1995）、王权典（2013）等认为它有助于农地规模经营，提高土地经营效率，增加农民的土地收益；钱忠好（2006）、焦必方（2010）认为它能促使农民参与分享市场化收益，王小映（2003）、金丽馥（2009）等认为农地股份合作社提高了农民与政府的谈判能力，有利于农民分享土地增值收益。农地股份合作社的研究如此丰富，在各地的发展也极为迅速，受到了政府的高度关注。中共十七届三中全会决议把农民专业合作社作为完善农村基本经营制度的一个重要方向，认为它在深化农村改革中扮演着关键角色（樊红敏，2011）；2008~2013 年的中央一号文件也都对农民合作组织的发展提出了要求。到 2012 年底，全国家庭承包耕地流转面积达到 2.78 亿亩，而在全部流转耕地中，流转入农民合作社的占 15.8%。

一、典型案例介绍

案例 1：湖南省望城区光明农地股份合作社。湖南省光明农地股份合作社

位于长沙市望城县白若铺镇光明村，距长沙市中心 22 公里，属长沙半小时经济圈和大河西先导区范围，金洲大道贯穿该村。光明村不仅具有很好的地理区位优势，而且还具有较好的自然资源和人文资源，全村土地总面积 9.4 公里，耕地面积 3482.5 亩，山林 5000 余亩，水面 1200 多亩，旱土 2000 亩，有村民小组 42 个，农户 940 多户，人口 3400 多人，是省市社会主义新农村建设示范村。2008 年 12 月，望城区光明村的斑竹塘、易家屋场、竹围子、易家坡、汤家园、芦冲子、陈家湾等的居民组织发起成立了全省首家进行工商注册登记的土地专业合作社，以农户土地经营权入股、企业合作开发等形式对土地实行集中流转，并坚持"民办、民管、民受益"的原则，实行自主经营、民主管理、入社自愿、退社自由的制度。至 2011 年底，农地股份合作社有水田、山地、水面、旱地共 8149 亩。

光明农地股份合作社的运行机制如下：①股权设置。入股方式包括稻田入股、水面入股、山地入股、旱土入股，然后按亩数计算其所占股份，每亩稻田为 1 股，其他土地按流转定价折算入股；也可以用货币出资；还可以将其他实物、知识产权等能够用货币估价并可以依法转让的非货币财产作价出资。②组织构架。实行一人（户）一票制，成员享有均等的表决权、选举权和被选举权；设立合作社成员大会、理事会、监事会，成员大会是最高权力机构，理事会为合作社的执行机构，职位任期为三年，定期进行换届选举。③财务制度。实行独立核算，严格按财政部制定的农民专业合作社财务会计制度进行核算，按月向主管部门提交报表，并依据成员名册，为每个成员设立个人财产账户，记载成员股金和折股量化到成员名下的个人财产份额。④经营模式。提交土地承包经营权入股申请书，以土地承包经营权量化为货币作为成员出资，自愿填写申请书入社；合作社可以采取出租经营等方式，将入股土地出租给农业企业、种养大户或其他经济组织从事农业生产经营。⑤收益分配。入股农户可以获得土地租金和分红，或到引入项目上工作获得务工收入；当年盈余中的 2% 提取为公积金，用于扩大再生产、弥补亏损或者转为成员出资。流转农地保底收益价格为：每年每亩水田 700 斤稻谷，水面 120 元，旱土 200 元，山地 100 元。

案例 2：湖南省常德市鼎城区逆江坪乡花河土地股份合作社。2013 年 5 月 22 日，花河土地股份合作社正式揭牌，鼎城区逆江坪乡廖花村有村民小组 8 个，农户 216 户，耕地面积 1483 亩。目前，成立的合作社有代表 33 名，监理会成员 2 名，理事会成员 3 名，商定每亩土地折价 3000 元入股，入社后保底收益每年 320 元，年底还有分红，而未加入合作社之前，由于大部分青壮年劳动力外出，大部分农田成“甩田”，即撒把谷种，多少收点稻子，每亩也就 600~800 斤，入社后一亩纯赚 200 元，还没有计算劳动力报酬，农户收入大增，吸引了更多的农户入社，合作社现有农户 250 多户，入股田土 1000 多亩。最后，合作社又通过在网络上发布“招标”消息，以每亩 360 元的价格承包给沅江市的一名农场老板，合作社还赚到了几万元的差价收入。

二、农地股份合作社模式的主要效益分析

农地股份合作社的积极效益有：①农民增收效益。农民在光明农地股份合作社内既可以是股东也可以是合作社的雇员，既能够分享农地股份分红，又可以获得务工收入，农民的收益增加了，同时也解决了外出务工农户的后顾之忧，为农户营造了更加广阔的发展空间，促进了农民增收。2008 年光明村人均年收入仅为 6000 元，到 2012 年已经超过了 1.2 万元。②农业增产效益。农地股份合作社将光明村的农地集中起来，实现了农地、资本与劳动力的要素合作，有效地激活了要素市场，并为农业机械化、产业化、规模化创造了条件，农业产出效益提高。花河土地股份合作社通过规模化、标准化和机械化种植，每亩平均产稻超过了 1000 斤。③市场竞争效益。农地合作社的成员多，经营更加规范、科学，因而具有更强的经济实力，在农产品市场中的谈判能力也增强，提高了区域农业的整体竞争能力。④交易费用节约效益。光明农地股份合作社将农户分散经营的土地流转过来，形成可供投资的规模土地，商家只需与合作社达成协议就可落户，免去了与千家万户农户协商的麻烦，降低了交易费用与其他相关成本，为企业商家搭建了良好的平台。⑤人才集聚效益。合作社需要具有一定市场经营管理能力的企业家，促进了本地人才的培养、回流，也能够吸引一部分外来的人才，丰富农村人才结构，也在当地农民中起到了示范作用，促进了农民思想和意识的进步。⑥项目融资效益。通过与合作社合作，吸引了一批项目落户光明村，通过项目的形式为村镇发展筹措资金。目前有 330 多亩的葡萄基地，如怀化葡萄、天露葡萄等，还有万荷园以及狮子山生态农庄、清逸园、黑茶基地、农家乐等现代农业和休闲项目，带动了光明村在种养殖以及休闲旅游方面的发展。

同时，农地股份合作社也存在以下不良影响：①损害了非社员农户生存与发展的基础和环境，存在隐性不公现象。因为并非所有的农户都参与到农地股份合作社中，因此，合作社强大的经济实力和市场运营能力排挤了非社员农户，导致这部分农户在市场中的地位更加弱化，长此以往，会形成一种潜在的“强迫”入社，因为不入社就难以在农业市场中立足，这可能会违背合作社的自愿入社原则以及市场经济自由竞争的本质。因此，农地股份合作社的福利改善只是针对社员而言，对于非社员则可能有相反的效果。②管理者的道德风险容易造成资源的闲置和浪费，不利于效益的最大化。当农地股份合作社遇到发展机遇时，容易滋生股份合作社管理者的逐利欲望，导致合作社的利益失真，更可能使社员蒙受损失；当农地股份合作社遭遇发展障碍时，如自然灾害、市场环境变化等，管理者的工作投入可能与实际产出不相符，此时相关激励措施难以发挥效用，长此以往，合作社管理者将产生何必认真经营的消极情绪，不利于资源效益最大化。由此，不管是在“顺境”还是“逆境”，都可能存在管理者的消极作为，造成资源的浪费或闲置。③经济组织的逐利行为导致长期效益的挤出风险，不利于可持续性发展。合作社作为经济组织，主要目的是为社员谋福利。环境治理、农地养护、农业生产技术创新等都需要人力、物力与财力的投入，且农业的可持续性还需要严格控制农药、化肥等的使用，但经济组织的逐利性则很有可能为了获得短期高利润而忽视这些方面的投入，长此以往，必然产生短期利益排挤长期利益，农村生产、生活环境遭到严重的破坏，影响区域发展的可持续性。

三、农地股份合作社模式的效益约束分析

目前，制约农地股份合作社发展的主要因素有：①入社农民及土地的异质性。村民在素质、能力、资源间的差异性会影响农地合作社的发展路径与发展方向。资源丰富、能力较强的农户往往收入更高，是所谓的“农村精英”，而能力较差、资源匮乏的农户则往往是只耕种几亩地的贫困家庭；农地本身也存在差异性且遵循边际产出率下降的趋势。农民与农地要素的这种差异性对生产提出了不同的技术和资产投入要求，产生了较高的内生交易费用。因此，农户及其土地间的异质性在很大程度上影响着合作社发展中的产权结构、治理结构，成为制约农地合作社效益最大化的重要因素。②合作社企业家缺乏。由于

我国资源、政策等的倾斜性，具有较高文化水平和经营能力的农村劳动力都流转到城镇或者其他产业当中，农业生产经营缺乏真正的优秀人才；而由于农业收益的相对劣势，也难以吸引和留住外来优秀人才。因此，真正具备合作社知识和合作精神的企业家严重不足，成为制约农地股份合作社效益最大化的关键因素。③农地股权不完整。农地股份合作社中的股份是以农户的农地承包经营权作价的，不包括对土地的处置权，是一项残缺的物权。因此，农地产权残缺导致了股权的不稳定性以及保障性功能差。即只有在合作社经营良好时，农民才可以获得股权收益；当发生亏损时，农民可能既得不到分红，也很难再收回自己的承包地，可能造成农户使用权入股后权益丧失。农地股权的不完整性使农户对参与合作社有所顾虑，合作社难以吸纳众多的社员，其效益也就难以形成。④农村管理体制模糊。目前，市场化的经济制度为农地合作社的出现和发展创造了良好的环境，但是，由于我国农村的社会治理格局，村组织承担着很多的行政行为职责，并且在政府职责之外还有所延伸，脱离村组织的农地合作社与村组织在利益上有冲突。因此，健全农村管理机制，处理好农村基层组织与农地合作社之间的关系，是农地合作社效益充分发挥的必备条件，而目前不够清晰的农村管理体系就制约了农地合作社的发展空间。

第三节 农地信托模式

土地是农民依赖的物质之一，却不一定是资本或者钱。土地能够带来未来收益就变成了土地资本，即土地参与流转，在运动过程中实现增值，给所有者带来预期收益时就成为土地资本，也是一种融资方式，土地的融资功能就凸显了土地的资本特性。农地信托是指土地委托人为有效利用土地，提高不动产的开发与经营效率，而将土地信托于受托人，由受托人利用其专业规划与管理，将开发经营的利润作为信托受益分配金交付给受益人的一种信托行为。因此，农地信托不同于单纯的农地抵押，它们具有以下特征：首先，农地信托机构也属于金融机构；其次，它是专门为土地开发利用事业服务的金融机构；再次，它的主要业务是提供土地抵押贷款和发行土地债券；最后，它的主要服务目标物为农地。

一、典型案例介绍

案例：湖南益阳沅江市草尾镇的农地信托流转。沅江市草尾镇乐园村地处沅江市、南县、大通湖区交界处，益南高速、S202省道、乐漉县道穿村而过。全村有2680人、712户、21个村民小组，有耕地4850亩，2011年农民人均纯收入11806元。2010年上半年起，该村推进土地信托流转，目前信托流转耕地3943亩，占全村耕地面积的81.3%。草尾镇农地信托流转的主要做法如图7-1所示，虚线为土地的流转方向（①~②），农户将农地委托给信托投资公司，由信托投资公司对土地进行整理开发后通过招标、拍卖的方式确定土地经营者；实线为资金的流转方向（(1)~(2)），信托投资公司支付固定收益给农户，再向农地实际经营者收取土地信托费用（即信托收益）。其中，信托投资公司、信托中心以及信托基金都由政府投资成立；信托投资公司还可以发行土地债券、信托投资基金或利用土地信托收益权进行投融资；信托收益主要有三个去处：提高农民的社会保障水平，建设农村公共服务设施，返还给农地流转信托基金做大做强信托公司。

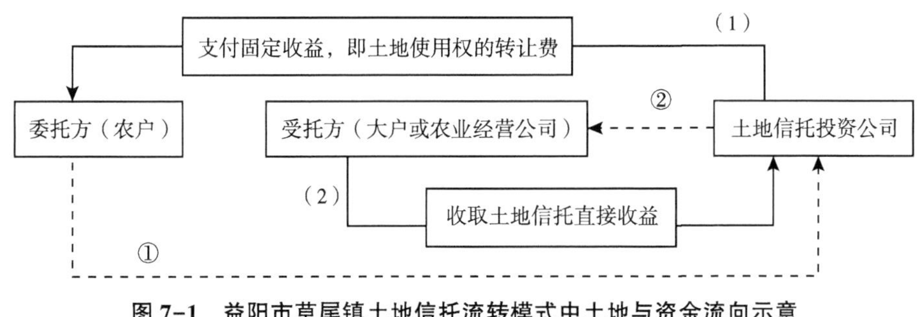

图7-1 益阳市草尾镇土地信托流转模式中土地与资金流向示意

二、农地信托模式的主要效益分析

农地信托流转对农业、农村与农民的发展都具有一些共同的效益：①农地的资本增值效益。农地信托流转促进了农地使用权与金融的内在结合，使农民的土地财产权益得到最大实现。②农民增收效益。依赖农地信托机构，减少了农地私下流转的纠纷和矛盾，为那些失去劳动能力的高龄农户提供了托管土地、收取租金的机会，为老弱病残等弱势群体提供了在家门口就业的机会，增加了农民收入。③资金筹措效益。通过以农地为依托的农村金融创新，吸引了社会资本进驻农业与农村，解决了农村的资金缺乏问题，有利于农民创业与农业生产。④农业信贷效益。农地信托及农地抵押改变了农户与银行的关系，打破了农地不能作为抵押物的禁锢，发挥了农地的融资作用，使农户更易获得资金支持，特别是中长期信贷资金，有利于农业生产规划实施。⑤新型农民培育效益。通过农地信托平台吸引资金和人才的进驻，拓展了农民的视野，给农民提供了更广阔的发展空间，有利于新型职业农民的培育。⑥就业促进效益。农地信托在不改变农地承包经营权权属的前提下，促进了种养大户、专业合作社和农业企业等农业经营主体的出现，提供了多元化的就业岗位；同时也解决了务工农民的后顾之忧，推动了农村剩余劳动力转移。⑦体制协调效益。农地信托流转能够加快二元性的金融体系与社会体系的消除，促进农村金融的发展与创新，推动城乡劳动力市场的衔接和城乡协调发展。

除此之外，农地信托流转还有积极的社会效益，随着土地融资流转制度的发展，农村的生活方式、人员结构、文化观念、社保就业等许多方面都发生了变化，如很多地方由散居形式逐渐转变为集中居住，水利、交通、卫生、环保等各项基础设施不断完善，社会生活和生产环境优化。另外，也存在一定的风险性，如农地信托机构主要经营土地存贷业务，发行土地债券、信托投资基金，且是以贷定存，如果土地不能够贷出去，那么这种流转模式就难以达到预定的效果；而且涉及农地的抵押，当出现无法偿还贷款的情况时，作为担保物的农地将会被处置，这将导致贷款人有可能丧失承包经营权这一基本生活保障。

三、农地信托模式的效益约束分析

①农地流转市场不规范。我国农地流转尚未形成规范化的市场，不能提供完善的流转信息传导与预测、咨询、估价、谈判服务，也没有开展相关的农地融资、信托、保险以及项目招商等业务。②抵押农地产权不完整、不稳定。农地本身存在产权残缺，农民对农地缺乏处分权，使用权也受到限制，农地作为抵押品没有得到法律的认可，流转主体难以在银行获得贷款支持，因而目前体制下的农地本身不是一种有效的抵押品。③农地金融市场不发达。我国农地金

融市场处于初级阶段，农地金融制度不健全，没有专门的农地金融机构，农地融资主体单一，农地金融产品缺乏，导致农地信托流转的服务功能不到位，制约农地流转效益的发挥。④农村征信体系基础差。征信体系建设的主力军主要是农村信用社，但征信能力有限，农村信用信息的收集、评估和查询工作困难，缺乏专业性的信用评估机构和担保机构，信用方面立法存在严重滞后性等，这些因素都使得农地信托流转难以达到其预期目标。⑤风险分担机制不完善。农地流转中的风险有自然灾害风险、经营管理风险、法律法规风险、政策变动风险等。在缺乏有效风险分担机制的条件下，自然灾害、市场经营风险使得农地信托流转后流入方的风险概率提高；农地承包权、使用权不稳定，农村集体内部存在分配制度，有被调整的风险，这导致了较高的交易成本并且抵押权得不到有效的保障，加大了放款机构的风险；农地信托机构不统一，缺乏对农地经营权抵押的监管，也可能造成抵押人无法还款而带来其他风险。

第四节　农地流转模式的选择与制度优化

一、选择标准：适应性分析

（一）家庭农场经营模式的适应性分析

家庭农场模式的适应范围最广，对流转区域、流转条件等也没有太多的要求。从贫困偏远的山区到经济发达地区、从东部到西部、从沿海到内地，都可以开展家庭农场经营。而且这种流转在经济相对落后地区的适应性也较强，因为偏远地区的农地相对分散，农民兼业化普遍，家庭农场可以促使流入户获得一定的规模效益，提高劳动力生产率；同时也能够有序地释放部分剩余劳动力，使其获得流转收入和务工收入。从湖南农地流转的情况来看，衡南县、岳阳等地区由于自然条件制约以及地区整体经济发展滞后，部分农村地区非常落后，没有相关的产业，农地分散不成片且劳动力多外出务工，因此，出租、转让方式以及大户经营模式比较多，家庭农场在政策的指引下也就应运而生。

（二）农地股份合作社模式的适应性分析

农地股份合作社模式的适应性也较广，从发达地区到不发达地区都可以实行。在我国的很多地方都有成功的案例，如湖南望城县光明农地合作社、重庆市长寿区石堰镇麒麟村等都取得了很好的绩效，给地方经济发展注入了活力。但是这些地方的成功都依赖于一定的条件，即具有懂得管理、经营和技术的合作社企业家，可以重点培育本地企业家，通过各种渠道夯实农民的专业知识和市场知识；也可以通过政策优惠鼓励本地优秀人才回乡创业；还可以通过各种激励吸引外来的优秀人才担任合作社管理者。同时，这种模式也存在一定的风险，如果合作社经营不好，那么农户入股的土地有可能变为偿还债务的资产，因此，这种模式对地方的社会保障水平有一定的要求。在人才高度缺乏、地方经济水平较低且社会保障不健全的特贫困地区还不完全适合推广。

（三）农地信托模式的适应性分析

农地信托流转模式主要是在一些经济较发达地区或者有项目为依托的农村地区，这些地区具有良好的客观条件：经济水平较高、土地整理后可以进行成片管理与运营、农民收入中农业收入占比较小即农民对农地的依赖性不强；此外，还需要有科学的农地估价体系、规范的存贷程序、有效的存贷监管等。农地信托机构主要发行土地信托证券、基金以及利用土地发展权进行投融资，期间涉及土地的存贷业务，且主要是以贷定存，如果土地不能够贷出去，那么这种流转模式就难以达到预定的效果；由于关涉农地抵押，当农户无法偿还贷款时，作为担保物的农地将会被处置，这将导致贷款人有可能丧失基本的生活保障。因此，在农业占比较大，社会保障体系不健全，工业化、城镇化以及第二、第三产业不发达的地区，金融发展滞后的地区，尽管它能激活土地潜力，推进土地规模化经营，实现资源增值，促进农民增收，但也要慎重推广。

二、效益强化：经营制度优化

（一）流转主体视角的经营制度优化

农户要加强组织化程度，确保利益表达的有效性。我国农民群体表现出分散化和个体化特征，而农民的组织化程度与利益表达的有效性息息相关。在效益体系中，我国农民是典型的弱势主体，农民的市场知识高度欠缺，对农地流转市场中的深层次利益关系不清楚，且主体化意识不强。因此，农民要加强组织化的程度，落实自身的知情权、参与权，追求合理的利益，更有效地参与谈判，在畅通的利益表达体系中加强与其他主体的交流，从而保证家庭农场、合作社等相关方的利益协调。

家庭农场、合作社与信托机构要加强对市场的把握，防范各种可能的风险。家庭农场、合作社、信托机构可能承担自然灾害风险、经营管理风险、法律法规风险以及政策变动风险等。由于农业收入为家庭的主要收入来源，因此，为保证效益最大化，可以实施订单农业生产以及建立风险保证金制度、农业保险制度，以应对可能出现的自然灾害风险以及法律法规、政策变动风险。同时，要规范合同管理制度与财务监督监察制度，使用统一规范的流转合同文本，并进行备案登记，防止经营管理中的合同风险、市场风险等。

政府要认真履行好评价、监督与引导的职能，营造良好的发展环境。在我国，关于家庭农场、合作社、土地信托等方面的立法还不完善，使得家庭农场、合作社、信托机构的成立、运行没有规范化，而随着家庭农场、合作社数量的增多，在经营主体、经营内容以及政策优惠等方面遇到了很多问题。因此，家庭农场、合作社、信托机构相关法律的缺失影响了家庭农场、合作社与土地信托经营活动的正常开展，也影响了家庭农场、合作社、信托知识的传播，制约了家庭农场、合作社、信托机构积极效益的充分发挥，同时也间接影响了家庭农场、合作社、信托经营上的独立性，束缚了家庭农场、合作社、农地信托的发展潜力。而这些都需要政府的积极支持，营造更优良的发展环境。

（二）流转环境视角的经营制度优化

从内部运营管理视角看，不难发现，效益视角的农地流转模式有两个目标：一是要使各相关主体（农户、村集体、政府、家庭农场、合作社、其他中介组织）的利益达到更优；二是家庭农场、合作社、土地信托的行为目标不仅是追求经济利益，也追求其他的效益，如人才集聚效益、融资效益等。因此，从经济学角度出发，效益视角的农地流转是在优化配置资源的基础上，追求经济效益与社会、生态效益的均衡化。通过规模化与机械化经营，降低农业生产成本，达到资源效益最大化；通过协调生态环境，减少社会负效应，达到生态环境效益最优；通过规范土地流转与合理监督，减少寻租，提高社会满意度，达到效率与公平的效果，而这些效益目标的实现都需要完善的内部制度。家庭农场、合作社与土地信托是涉及农户、集体、企业以及政府等多元主体的一种农地流转方式，尽管其农地入股权利不是完整的（入股土地承包权缺乏处置权利），但是，其一，在股权量化设置的基础上还是必须坚持自愿入股、利益共享、风险共担、民主管理、按股分红的原则；其二，设立合理的内部治理结构，一方面要明确成员的各项权利与义务，如参与权、表决权、监督权、知情权、收益分配权等，另一方面也要明确规定成员大会、理事会以及监事会等权力机构的权力与职责；其三，建立科学的财务管理制度与收益分配制度，合理监督，积极调动成员的参与度；其四，建立健全的目标责任制与约束激励机制，增强民主管理力度与管理者的工作积极性，通过构建完善的合作社内部制度，防止经营管理者的道德风险，更好地应对各种外来风险，促进家庭农场、合作社与土地信托的健康持续运行。

从外部环境发展视角看，当前的农地流转已经进入了一个新的历史阶段，农地流转不断深化，农地的资源、资本与资产（“三资”）属性逐渐凸显与分化，为农业与农民的发展注入了新动力，有利于农业增产、农户增收；另外，农地的融资功能也促进了农村金融的发展，促进了金融组织与金融工具的创新与多元化，给农村发展提供了一个新的筹资渠道，是解决“三农”问题、实现城乡协调发展的关键。要促进农地多元功能的高效化，必须营造良好的外部环境：第一，要尽快做好农地产权的确权与明晰化工作。在农地流转中，存在着政府、村集体、企业、农户、合作组织、中介组织等相关主体，各方主体都有自身既定的权利，如政府与村集体的监督权，农户的知情权、获利权，其他组织的参与权等，只有让参与农地流转的主体充分享有其各自的权利，他们也才会履行相应的义务，积极地承担社会负效应部分的代价，促进效益协调。第二，要提高农户农地的融资参与度，还必须在多方面做工作，不仅仅是完善农地流转市场与农村金融市场，还要实现社会其他方面的同步发展，如只有在就业、教育、医疗、户籍等方面共同发展，才能实现农地的融资功能与农村发展乃至整个社会发展的相互促进。第三，各地农地流转的实践及其经验也是一个值得持续关注的研究内容，将为各种农地流转模式的推广提供借鉴，在实践中拓展与深化研究主题，例如，农地信用合作社的功能及核心影响因素，农地信用合作社模式中农户与银行等其他利益相关者之间的关系转变与博弈等。

本章小结

本章通过对农地流转模式的实例研究，分别探讨了三种农地流转模式——家庭农场、农地股份合作社以及农地信托流转的主要效益、效益约束，并基于不同农地流转模式的区域适应性，提出了相关的制度安排。

第八章　农地流转效益优化的机制设计

第一节　经济效益优化机制：土地资本化

一、农地流转中土地资本化路径的发生机理

土地是农民的重要生产与生存资料，却不一定是资本或者钱。土地能够带来未来收益就变成了土地资本，即土地参与流转，在运动过程中实现增值，给所有者带来预期收益时，就成为土地资本，如“产权证”的流动性使土地权成为资本，让土地所承载的财富增加，因而土地资本化是针对我国长期实行的无偿、无限期、无流动的土地制度而提出来的，土地在交易市场中流动才能转换成资本或钱。农地的财富特性表现为一种存量资产，资产特性则表现为一种活化资本，其资产价值和财富价值引致了对土地资源的大量需求，也激发了土地的供给。在政府和市场的作用下，通过流动、组合、裂变、出租和转让等多种方式进行土地优化配置和有效运作，为农民带来最大限度的增值、获益或盈利的过程就是土地的资本化过程，也即农村土地资源作为资本运营的过程，如图 8-1 所示。

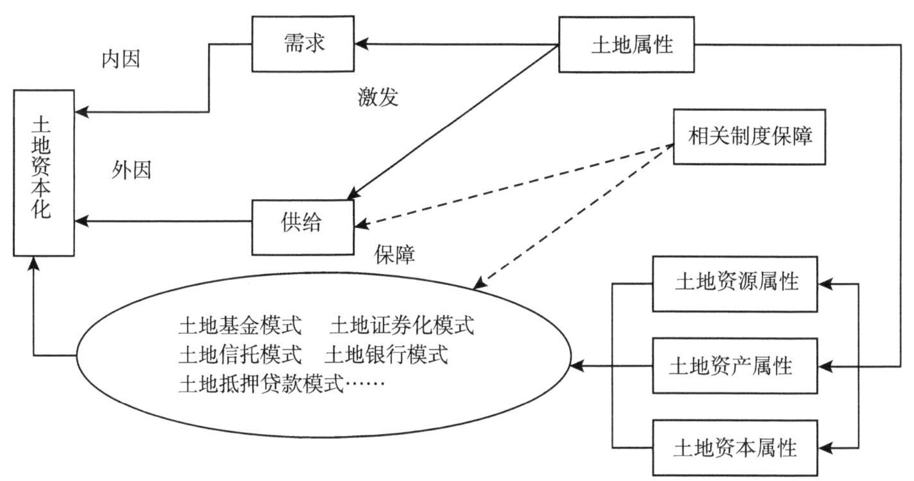

图 8-1　农地流转中土地资本化的发生机理

二、农地流转中土地资本化制度的可行性

土地问题是任何一个国家进行农业现代化、城镇化必然面临的一个现实问题。我国土地资本化实践目前还处于探索阶段，土地资本化理论研究还不够系统，特别是社会主义制度下农村公有制土地资本化的理论研究更是尚未破题；但国外土地资本化的融资制度已发展得较为完善，为国家和地区经济发展做出了巨大贡献，许多都可以被借鉴成为我国农地流转中的土地资本化之路，如土地基金模式、土地银行模式、土地证券化模式、土地信托模式、土地抵押贷款模式等。综合来看，发达国家土地资本化之路发展的特点有：一是土地资本化与工业经济发展高度相关；二是大城市优先发展；三是逆向淘汰现象较为普遍；四是市场机制是土地资本化的制度前提和基础。可供我国借鉴的经验有：一是在强调市场作用的同时，要充分发挥政府的宏观调控作用；二是根据国情特点选择适合本国的土地资本化道路；三是土地资本化要建立在产业发展的基础上；四是要促进城乡一体化协调发展。同时，在发展土地资本化的过程中也要高度注意两点：一是缺乏有效发展规划，将影响土地资本化的健康发展；二是要防止“城市病”。

因此，土地的筹资与融资功能就凸显了土地的资本特性：通过把土地这种存量资产转化为可以增值的活化资本，赋予其资本属性，实现经济效益最大化，包括产权拥有者通过将土地以融资或者入股等形式的投资而获取经济利益的过程，其目的是在促进适度规模经营，提高农业生产的机械化、集约化水平的同时，提高农村土地商业化水平，实现土地资本的最大增值，保障农民的财产权利，以此促进农业的发展和保障农民利益，最终解决“三农”问题。因此，土地资本化是资本流向以及资源配置符合经济规律的体现，能够促进农地资产、资源与资本属性的最大化实现。

三、农地流转中土地资本化的保障机制

一是要有明确的机制目标。土地资本化的基本目标是保障农民权益，维护粮食安全，促进城乡一体化建设，从根本上解决“三农”问题，保证社会稳定发展；具体目标是为政府、市场与农民提供准确、及时、有效的土地信息，促进监督、管理与经营高效运行，从而帮助相关主体做出正确的决策，以规范土地市场运行秩序，提高土地资本化的效率。

二是要有完善的前提条件。目前，中国土地所有权主体不是平等的民事权利主体，同样的土地，不能同权、同价，农民的土地财产权利被长期剥夺，农民集体的最大一块财产性收入不能实现。因此，政府要做的就是明确土地归属，确立法律界定和保护措施，把同权同价作为修改《土地法》的重中之重，特别是《宪法》、《银行法》和《担保法》。此外，土地资本化还必须在下列条件中才有可能顺利运行：土地可以被明确地划分；土地价值可以被评估；土地所有权很明确且受到法律保护；法律明确规定土地使用权和所有权都可以用来抵押；银行或金融机构愿意接受以土地使用权和所有权作为抵押并向抵押人提供贷款。因此，加快土地的确权颁证对整个土地资本化就具有基础性的意义与作用。

三是要有强劲的制度动力与保障。土地资本化过程中不仅要发挥土地作为“资源”、“场所”的生产功能，也要发挥其作为“资产”、“财产”的资本功能。在当前的市场宏观布局及未来的改革导向中，合理地处理土地属性间的关系，保护资源、显化资产、激活资本，使土地的资源、资产及资本属性在不同的制度背景和体制机制中实现平衡、达到多赢效应就是土地资本化的强劲新动力。目前，政府角色存在越位、错位、缺位，如政府对土地资源

市场的干预过多，政府职能实现过程缺乏透明度、缺少制度性监督与约束，以及农民处于信息弱势地位，主体权利缺失。土地资本化的制度创新内容应具有时间上的先后性，第一阶段是关于土地使用权资本化的制度创新，第二阶段是关于土地所有权资本化的制度创新，土地所有权资本化是实现土地资本化的最彻底的方式；而从制度类型上看，应涉及产权制度创新、组织制度创新、管理制度创新、约束制度创新、分配制度创新、融资制度创新、社会保障制度创新等。

四是要有科学的运营原则。土地资本化在新的经济环境中运行要把握好以下几点：一是总体性，或整体性、全局性、系统性。任何改革都会牵一发而动全身，现实中不同业务职能部门间的交叉与矛盾也普遍存在。因此，如何构建整体协调的改革框架和制度体系是关键。二是针对性。要针对实践中的重大矛盾和问题，如产权界定、土地估价、利益分配等进行制度设计，发挥制度的约束与激励效应。三是预见性。即要适当超前，符合政府管理和未来经济的发展趋势。四是可操作性。不可操作的任何改革都是无效的，土地资本化应是我国现实政治、经济、意识形态等约束条件下建立城乡土地要素流转机制的一种最佳选择，应当具备现实可能性和可操作性。

五是要体现利益分配公平性。土地资本化的参与主体有三方：政府、市场、农户。由于我国土地产权所有者的“集体化”定位，城市土地国家所有，农村土地集体所有，在土地资源资产化、土地资产资本化过程中，地方政府作为公权力代表参与土地资本运营实际是对产权主体的虚化，同时“国家”和“集体”垄断了土地市场的控制权，因此，地方政府是土地市场化改革的既得利益者。另外，由于权利体系的不完善及二元体制下市场机制的缺陷，导致灰色土地市场存在，土地资产资本化的信息渠道不通畅，使拥有流动性的市场主体可以主导土地资产资本化的模式及进程，成为土地资本化过程中第二层次的既得利益者，而民众实际上是土地“三资”属性转换过程中的利益受损方，也应是未来土地资本化的利益倾斜方。因此，兼顾三方主体的利益均等性，进行合理有效的制度创新设计，理顺不同主体的权利义务关系，对土地资本化成败具有重要意义与作用。

第二节　社会效益优化机制

一、新型农民的培育路径：农民职业分化+职业农民培育

农民必须有知识、会经营以及懂技术才能更好地适应当前的农业市场环境，人们对此基本上形成了共识。但是，对于如何夯实农民在这些方面的能力却是众说纷纭，主要观点是要丰富农民的培育与教育途径，将农村劳动力的培训经费纳入预算，但这些只是在客观层面上提供满足农民知识需求的供给。从制度变迁的角度来讲，这属于强制型的制度变迁，本书认为应当依赖外部环境和市场条件去促使农民重新进行自身定位，从观念上转变，从而自觉地去改变自己，加强学习，走诱致型的制度变迁路径。

（一）我国新型农民培育的路径依赖

1. 产业发展上的路径依赖

农业分工是建立在产业化、规模化与机械化基础之上的，农业精准生产的很多环节和技术都是在农业产业化的过程中逐步形成的，规模化、机械化又为产业化提供了很多的条件。美国农民的高产出效率就是建立在农业产业化、规模化水平之上的；而我国的农业生产是以农户为单位的小的分散经营，农产品批量小，质量标准不一，履约率低，难以有大流通与大市场。此外，二元性在城乡与工农之间表现仍然突出，农业的比较效益差，农民务农积极性不高，投入不足，农民增收缓慢，这些都制约了农业生产的规模化、专业化、市场化、一体化、集约化等。因此，产业化约束是我国农民发展的农业内部障碍。

2. 人文观念上的路径依赖

在当前的经济水平下，农民的成长空间极大，农民个人再学习的机会也逐渐增多，因此，相对外部环境而言，文化以及观念上的障碍大于技术方面的制约。长期以来，农民都不愿意离开土地，认为土地是一种生存的保障，这种根深蒂固的观念实际上禁锢了农民的发展，也抑制了农民的创造性。虽然越来越

多的农民离开了土地，加入到二三产业中，农村“空心化”问题等，但是农民并不愿意真正放弃土地，“专心”地投入到职业分化中，而多以兼业的形式存在，以种地作为生存的保障，这种发展观念上的禁锢是我国新型农民培育的思维障碍。

3. 制度创新上的路径依赖

在农民发展的制度支持政策中，我国特定的历史战略“工业反哺农业，城市反哺农村”，导致了在农民、农业以及农村问题上，我们更多地使用诸如补贴、拨款以及专项资金等形式以加大解决“三农”问题的力度，但这是一种类似“灌输性”的支持并不能治本。因此，“三农”问题多年以来一直是我国的一大难题，而且随着工业化、城镇化发展不断出现新的问题，如“空心村”问题、留守儿童问题等。因此，在针对农业、农村以及农民发展的制度创新中，更多的是一种供给驱动型的制度，而非需求拉动型的制度、诱致型的制度，因此，这种治标不治本的制度创新是我国新型农民培育的外部环境障碍。

（二）我国新型农民培育的路径选择：农民职业分化+职业农民培育

在农地流转的过程中，家庭经营将仍然是我国农业生产经营的主要微观经济主体，不能把家庭经营和规模化经营、专业化经营以及机械化经营对立起来，要建立起融合的思维方式和方法，改变小农经营的弊端，以家庭经营为基础，构建农业市场化经营机制，实现农业生产的规模化、机械化和专业化效率。因此，经营主体必须走职业化的道路，农民不再是一种身份，而应该成为一类具有重大经济效益和社会效益的职业。新型农民的培育必须促进农民的职业分化，加速职业农民的培育。当然，这里的农民职业分化，并不是强制性地把农民转移出农地，而是要依赖明确的土地产权制度、社会保障制度，促进多余的劳动力向二三产业转移，实现农业生产过程的技术分工，提高农业生产效率。

农民职业分化与职业农民培育是由新的经济社会环境决定的，也是对农民提出的新要求，本书认为依托农地流转可以从以下方面加速农民职业分化与职业农民培育：

一是依托产业化发展，增加新型农民的职业宽度。农业产业化经营是一种农业的延伸增值，如农产品的精深加工、销售等是农业产业化发展的重要标志，它关系着千家万户，将更多的农民从农业生产一线上转移出来，加入到农业的相关服务业、加工业中，农业剩余劳动力得以在离家不远的地方进行职业转化，避免一系列的城市问题与农民边缘化问题，反过来也促进了农村的建设与相关产业的发展，有利于形成新的农业经济增长点，也为农民提供了新的就业岗位，是农民职业分化的主要途径和新型农民培育的渠道。

二是发展多元化教育，挖掘新型农民的职业深度。进一步巩固和完善农村义务教育，培养和造就未来高素质的农民；开辟各种培养渠道，如职业教育、成人教育，根据学用结合的原则，设置农村经济、市场经济和乡镇企业等课程，培养一批有文化、适应时代发展需要的新型农民；加强专业技能培训，健全基层农技推广体系，促进科学技术在农业领域的推广运用，促进农民发展的全面性，通过全方位的教育与重塑，促使农民能够涉足更多的职业领域，能够加强农业生产的技术水平，从根本上改变粗放式的生产方式，提高农业生产技术的深度以及农民职业的深度。

三是运用市场化机制，拓宽新型农民的职业广度。我国城乡户籍制度是以农业户口和非农业户口作为分界线的，户口问题形成了人们在生活条件、就业、医疗等诸多方面的差别，如农民与市民、外地人与本地人、体制内与体制外等，这就导致了农民对农地的依赖性加大，土地成为了体制外的“农民”的一种生活保障，使得在城乡之间双向流动的农民变为了一种具有双重身份的农民工。因此，只有彻底地放开户籍等制度上的约束，按照效益原则实现农地、人力以及资本的优化配置，才能保障制度供给的公平性，才能真正实现农地流转对农民发展的积极效益。

二、城镇化发展：农地融资保证机制

市场化程度影响了土地、资本以及要素在城乡间的流动与效率，因此，衔接良好的农村金融市场与农地流转市场能够实现农地融资功能，保障农地流转效益最大化。因此，要使农地流转在城镇化进程中发挥重要作用，必须建立一种新型的、动态的、综合的农地融资保证机制，确保资金、农地在农户与相关机构之间的协调运转，如图 8-2 所示。

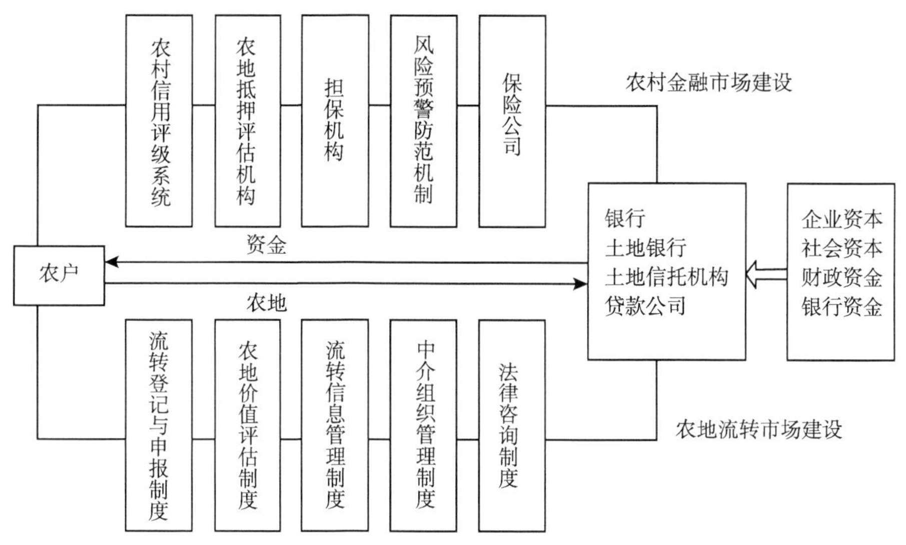

图 8-2　农地融资保证机制

（一）农地流转市场运行机制

要实现农地经营效益最大化，必须有一个完善的农地流转平台：①流转登记与申报制度。通过申报与登记制度来规范流转市场，明确农地抵押的条件，增加农户融资的可能性，防范不合理的农地流转行为损害农户利益。②农地价值评估制度。解决农地物价的扭曲现象，使农地资源开发与利用形成良性的循环，从而提高农地资源的利用效率。③信息管理制度。加强农地流转信息平台的建设，规范信息的采集、录入与管理，及时、准确地发布信息，为有承租与流出需求的主体提供信息浏览和发布服务，并接受农地流转意见和建议。④中介组织管理制度。提供流转信息传导与预测、咨询、谈判等服务，也可以进行流转价格评估，还可以进行相关的农地融资、信托、保险以及项目招商等业务。⑤法律咨询制度。包括对农地承包经营权、使用权、流转手段、流转面积、流转主体资格、登记备案制度、合同管理与鉴证及流转限制条件等的规定。

（二）农村金融市场支持机制

农地流转后，如果没有金融支持，农户将难以完成对农地的投入，农地流转效益的实现就受到金融约束的限制。因此，为农地流转建立健全统一的市场与服务体系，需要加快金融创新的步伐，尽快建立完善的金融支持机制。①农村信用评价系统。金融机构之间要建立农户信用评级系统，根据农户的借款记录、盈利能力以及信誉做出综合评分。②农地抵押评估机构。应特别为农地融资设计评级标准和程序，提供迅速和成本较低的农地抵押担保评级。③担保机构。应按照商业化的运作模式，在对农户提供农地有偿担保的基础上实现自身的发展，可以通过政府、大型企业以及个人等多元化的出资方式组建。④风险预警防范系统。是根据农户以及农地经营情况建设和运行的，以最大限度地防范与化解农民的失地风险和金融机构的贷款风险。⑤保险公司。给担保公司以及农地流入方提供相关保险，降低其风险性。

三、农村社会保障效益："三步走"策略

由于农地很长一段时间就是我国农村社会保障的替代品，因此，一方面，农村社会保障的完善与二元性社会保障体系的瓦解需要消除农地的这种替代作用；另一方面，农地的资本、资源属性要求农地能够完全以类似"商品"的身份在市场中流动，充分发挥资源的配置效应。从这两个方面考虑，如果不建立起健全的农村社会保障体系，那么农地与农民的社会保障就是此起彼伏，但是，农村社会保障最终必须摆脱对农地的依赖。因此，本书认为我国农村社会保障体系的建立必须与农地流转的步伐协调，应当分三步走：第一步是在农村社会保障体系没有建立完善之前，必须继续确保农地的保障功能；第二步是要逐步摆脱农民的农地保障依赖，丰富农地参与农村社会保障的方式；第三步则是依赖农民的长效增收机制，彻底消除二元性的社会保障体系，建立统一的社会保障制度。

（一）继续确保农地的保障功能，逐步完善农村社会保障体系

由于我国农村社会保障功能滞后，城乡二元结构严重，农村社会保障体系的完善必定是一个循序渐进的过程，而农地作为农民最重要的资源、资产和资本，必须在未来一段时间内继续发挥对农户的保障作用。在深化土地保障功能的基础上，应依赖农地流转缩小城乡收入差距，促进农村社会保障体系的提升，逐渐实现城乡社会保障体系一体化。农地流转中农地保障功能的充分发挥

需要一定的条件：一是农地产权必须明确化、清晰化和稳定化；二是要建立有序、规范的农地流转市场；三是要保障城乡土地、劳动力等要素市场的衔接；四是实现城乡公共服务的均衡投入，加大对农地流转后农民的职业培训以及融资支持。

（二）丰富农地流转参与农村社会保障的方式，保证农村社会保障资金

我国农村社会保障缺失的根本在于资金严重不足。农地流转参与农村社会保障的根本原因是利用土地的价值收益为农村社会保障体系的建设积累资金。目前，农地流转参与社会保障的主要方式有农地租金参与社会保障、农地经营权换取社会保障。农民在获得农地流转租金时会预留一部分作为生活、养老以及医疗的支出，而农民通过让渡农地经营权也可以获取社会保障，这两种模式都是农民的行为选择。在农地流转不断深化的背景下，应当强化农地流转后其他经济体以及政府对农村社会保障的投入，一是可以借鉴城镇企事业单位的做法，倡导农业公司、农业合作组织等拿出一部分收益为农民缴纳养老保险、医保等；二是地方政府的土地财政收益也要让利于农村社会保障体系建设，拓宽农村社会保障筹资渠道。

（三）建立农户的长效增收机制，消除社会保障的城乡二元性

农村社会保障缺失的重要原因在于城乡发展的二元性，二元性的消除体现为城乡发展的协调与同步，即城乡收入差距的缩小，然而要缩小城乡收入差距，必须为农民增收创造渠道，农地流转就是重要的途径。但是，当农地流转没有达到一定的规模时，流入方难以进行适度规模经营，不利于对农地、农业的投入，难以获得农业的机械化、规模化效益；另外，规模化的农地流转更稳定、更规范，有利于制订中长期的生产计划，有利于专业化生产与分工，外出务工者也可以签订长期有效的合同，农民的长效增收机制才有可能。因此，农户的长效增收机制是缩小城乡收入差距、提升农村社会保障的基础。

第三节 生态效益优化机制：环境成本内在化机制

一、农地流转的生态外部性问题

农地经营本身具有外部性，如农地的养护、农业污染的治理等，这些是外部不经济；同时，农业产品是关系国计民生的产品，农业的低附加值、弱质性等属于外部经济。生态效益优化机制就是要化解农地经营中的外部不经济。在自由市场机制中，农户依据私人成本等于边际收益开展生产，但从效益最优化的角度看，最佳的生产点应当是社会成本等于边际收益（如图 8-3 中的 E 点）。显而易见，当考虑农地经营的外部不经济时，社会边际成本要大于私人边际成本。过去（家庭联产承包制时期甚至更前），我国农业生产模式是小农模式，使用的肥料都是粪便、秸秆以及一些其他的杂草废物，较少使用农药，因而农业产量一直较低（亩产约 300 斤）。当农户经营规模扩大之后，农户常常过度地开发利用资源而不进行养护与治理，由此产生负效益；同时，在利润最大化的驱动下，为追求产量，农户们会增加生产频率或多使用化肥而非绿色肥料，只管使用农地而较少控制污染排放。长期来看，这导致的结果是农地肥

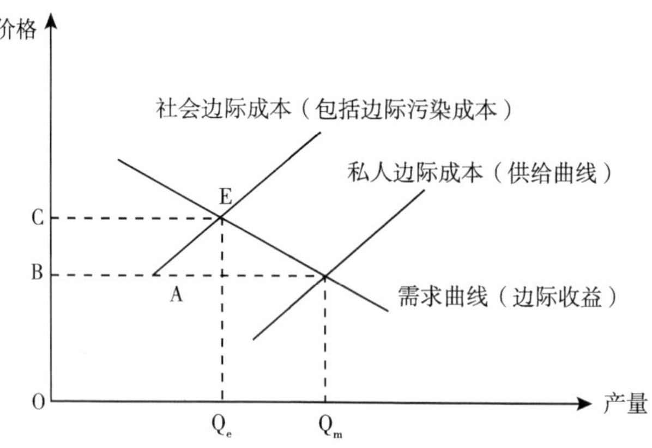

图 8-3 农地经营的成本—效益

力下降、农业生态环境遭受污染甚至不再适应生产，这与我们追求的可持续发展背道而驰。

因此，由于农户决定生产时往往只考虑自身面临的成本与收益，尽管有人意识到过度地使用化肥、农药对人类健康以及环境的危害，但是其行为难以受得到社会的惩戒，往往被置之不理，而将生态环境成本转嫁给未来。如我国的粮食价格虽然较国际上高，农户的经营获利却很低，很大一部分被肥料商、农机经营者等相关方获得，但这些人却不是污染的治理者，不承担污染治理的相关费用；像蔬菜等产品，利润则多由各级中间商分摊，防止农地过度利用与农业污染治理成为经济发展中的盲区，而外部性也成为了农村生态环境恶化的源头。

此外，虽然我国在政策层面上规定农户的农地承包经营权 30 年不变，甚至可以延长至更久，但是，很多的地区由于婚嫁丧娶，或者为追求公平，农地调整频繁，五年、三年甚至一年一调整，导致了农地成为一种公共资源（在所有权虚化的条件下），这也是农地环境恶化的重要原因。

二、环境经济手段：有利于农村生态环境的制度设计

要解决农地流转对环境的消极影响，必须使农地经营的外部效应以及相关成本内部化，促使农户的生产经营活动朝着低污染、绿色健康的方向转变。有利于生态环境的制度设计是农地流转效益最大化的制度保障之一。环境管制是一种常用的环境手段，即政府设定质量标准，通过立法、规定等途径进行直接干预。在工业领域，这种方法形式多样，且效果明显；但是，在农业生产领域，特别是对农业污染的治理以及农地资源的养护上，这种方法几乎完全不具效率。原因在于：不同区域污染与养护标准难以确定，且各农户的控制成本不一样，难以促成最优的配置比例，再加上信息不对称以及寻租活动，管理失灵几乎不可避免。因此，环境监管只能作为一种辅助手段，解决农地流转及经营中的环境问题主要应依赖环境经济手段。

（1）农地流转成本。一般的，农地流转存在以下几种成本：第一类是直接消耗成本（PC），它是指农地流转所增加农地的平均生产成本以及利润，是为获得农业产出而在农地上投入的直接费用，包括耕地、除草、收割等费用。第二类是未来使用成本（UC），农地资源的有限性决定了未来使用成本的客观

性：一是当一个农户使用了某块农地就意味着其他农户丧失了这种使用的权利，而其他农户却可能在未来使用此块农地，这样，现在的农地消耗也损害了未来使用此农地的人的部分利益；二是当这个农户用某块农地种植稻谷时，就放弃了用这块农地种植其他作物可能获得的收益（也就是机会成本）。但当农地的使用是在可以承受的范围内时，未来使用成本就是用于保持农地地力的费用。第三类是外部成本（EC），主要是指所造成的对目前和未来的各种损失，就农户农地经营规模而言，主要是指农业生态环境成本以及人类的健康成本。上述成本可以用下式表达：

$$AC = PC + UC + EC \tag{8-1}$$

其中，AC 为总成本，它不仅包括农户为收获农地产出而花费的成本，也包括农户从事农地经营所应获得的利润，还包括其生产行为对社会和他人造成的损失，并反映了农地资源稀缺程度变化的影响。因此，我们可以理解为 AC 就是由社会所承担的使用农地资源的费用，在理论上就是农产品消费者所付出的价格 P。当 $P<AC$ 时，会刺激农地以及化肥、农药的过度使用；当 $P>AC$ 时，则会抑制正常的消费。由此，AC 将农地与环境结合在一起，使二者直接纳入到价格政策中，促使环境成本内在化，然后通过政策的协调来管理生态环境问题。

（2）环境经济手段。环境经济手段是从成本—效益的视角，引导农户将环境成本内在化，解决市场失灵问题。一类是通过政府的干预解决环境问题，即庇古手段，通过征收税费（负外部性）、提供补贴（正外部性）等来弥补私人成本与社会成本之间的差距。另一类是通过市场机制来解决环境问题，即产权机制和价格机制。我国农地的所有权和使用权分离，农地流转进一步分化了使用权和收益权，由于环境产权难以界定清晰，再加上管理过程中的诸多信息不对称，依赖产权途径的优化机制难以运行，而排污权交易中对于农药、化肥的使用量也难以界定，因此，对于农业生态环境问题的解决，产权机制难以实现。因此，征收“庇古”税和价格机制的方法更为可行。如图 8-3 所示，为了使环境问题得到解决，需要政府制定一定的干预措施，使私人成本与社会成本相等，若产量与污染呈正比，边际污染成本是固定的，则对单位产量征收一定的费用（AE），使农户的私人边际成本等于社会边际成本，农户的产量调整为 Q_e，这样征税额 ABCE 就可以用于环境的改善。

三、农地资源价格制度：农地可持续性的关键

合理的价格是优化资源配置的关键，长期以来，土地无价的观念根深蒂固，农地价格的扭曲导致了对农地的破坏。虽然政府的种粮补贴、化肥农药补贴的初衷是鼓励农民种地，提高其积极性，但是也在一定程度上降低了农民的生产成本，引起了对化肥、农药的过度使用。虽然短期内增加了产量，但是生态环境破坏可能产生的损失大大超过了产量提高的经济效益，而且，微弱的补贴对于促进农民增收仅仅是杯水车薪，不是农民长效增收的有效策略，也不足以成为留住农民继续种田的动力。因此，对农药化肥的价格补贴不是一个有效的制度安排，必须重新对农地资源进行定价，寻求一种能够反映资源利用全部社会成本（包括资源耗竭成本的“真实成本”）的效率价格。

西方的“效率价格”也称为影子价格。Jan Tinbergn 认为，影子价格是以资源有限性作为出发点，将资源充分合理分配并有效利用作为核心，以最大经济效益为目标的一种测算价格，它同时综合了经济效益和社会效益，协调了各方面关系；Kantorovitch 认为，影子价格是对资源使用价值的定量分析，为最优计划价格，生产单位利用它控制产品的生产成本，社会利用其分配资源。总之，影子价格是社会处于某种最优状态下的，反映社会劳动消耗、资源稀缺程度和对最终产品需求的产品和资源的价格。影子价格大于零，表示资源稀缺，稀缺程度越大，影子价格越大，它表明增加此种资源带来的经济效益越大；当影子价格为零时，表示此种资源不稀缺，资源有剩余，增加此种资源并不会带来经济效益。农户家庭经营可以有多种选择，用 $Y=(Y_1, Y_2, Y_3, \cdots, Y_m)$ 表示，从事这些活动所需耗用的资源分别有 m 种，资源的供应为 $r=(r_1, r_2, r_3, \cdots, r_n)$，则使 n 种选择达到最优的条件为：

$$\begin{cases} \max\ E=S_1Y_1+S_2Y_2+,\cdots,+S_nY_m \\ \begin{bmatrix} c_{11}c_{12}\cdots c_{1n} \\ c_{21}c_{22}\cdots c_{2n} \\ \vdots \\ c_{m1}c_{m2}...c_{mn} \end{bmatrix} \begin{bmatrix} Y_1 \\ Y_2 \\ \vdots \\ Y_m \end{bmatrix} \leqslant \begin{bmatrix} r_1 \\ r_2 \\ \vdots \\ r_n \end{bmatrix} \\ Y_1, Y_2, \cdots, Y_m \leqslant 0 \end{cases} \tag{8-2}$$

其中，S 为目标函数；c 为约束条件的系数；E 为总收益；当上述条件达到最优，定义 m 维向量：$P^*=S_rR^-$为农地资源向量 r 的影子价格。该式中，S_r 为对应于基变量 Y_r 的目标函数系数，R 为约束条件的系数矩阵，即：

$$R=\begin{bmatrix} r_{11}r_{12}\cdots r_{1n} \\ r_{21}r_{22}\cdots r_{2n} \\ \vdots \\ r_{m1}r_{m2}\cdots r_{mn} \end{bmatrix} \tag{8-3}$$

借助一个实例来说明，如某农户生产稻谷和烟叶两种产品，其所消耗掉的资源、售价如表 8-1 所示：

表 8-1　农户投入—收益

产品	资源 1：农地	资源 2：其他投入	售价	资源限量
稻谷	6	2	20	资源 1=100
烟叶	1	7	30	资源 2=140

农户收益最大的数学模式为：

$$\begin{cases} \text{Max } E=20Y_1+30Y_2 \\ 6Y_1+2Y_2\leqslant 100 \\ Y_1+7Y_2\leqslant 140 \\ Y_1,\ Y_2\geqslant 0 \end{cases} \tag{8-4}$$

求出农户的最优生产计划量为 $Y^*=[14/16]$，相应的影子价格为：

$$P^*=S_rR^-=(20,\ 30)\begin{bmatrix} \frac{7}{40} & \frac{-1}{40} \\ \frac{-2}{40} & \frac{6}{60} \end{bmatrix}=(2,\ 4) \tag{8-5}$$

即农地资源的影子价格为 2，其他投入的影子价格为 4。假设农户的家庭经营总效益 E 受到 r 的限制，即 E 是 r 的函数，表示为：$E=f(r_1,r_2,r_3,\cdots,r_n)$，根据影子价格的含义，若 r_1 为农业生产要素中的农地资源，则 r_1 的影子价格为：$Pr_1=\frac{\partial E}{\partial r_1}$。这个式子表示，在农业生产系统中，每增加一个单位的农地资源，总效益增加的数值正好等于农地的影子价格。在完全竞争的市场中，影子

价格就是市场价格，但是由于真正意义上的完全竞争并不存在，影子价格与市场价格存在不同程度的偏差，因而目前所说的影子价格已经失去了数学规划中所定义的那种严格性，而是泛指实际价格以外的能够反映资源稀缺程度的社会价值的那种价格，其为资源的合理配置及有效利用提供了正确的价格信号和计量尺度。我国人地矛盾突出，农业的可持续性要依赖土地的可持续性，而价格手段是一种有效的制约手段，可以促使人们对农地资源的合理使用。

第四节　农地流转效益的协调机制

一、协调标准

中共十八大提出了社会发展的平衡性、协调性、可持续性，考虑到农地流转与农业、农民、农村发展的密切关系，以及农地流转对于城乡协调发展的直接、间接影响，效益视角的农地流转应当是一个包容了农业发展持续性、农村发展可平衡性、农民发展全面性以及城乡发展协调性“四性”的框架（见图 8-4）。

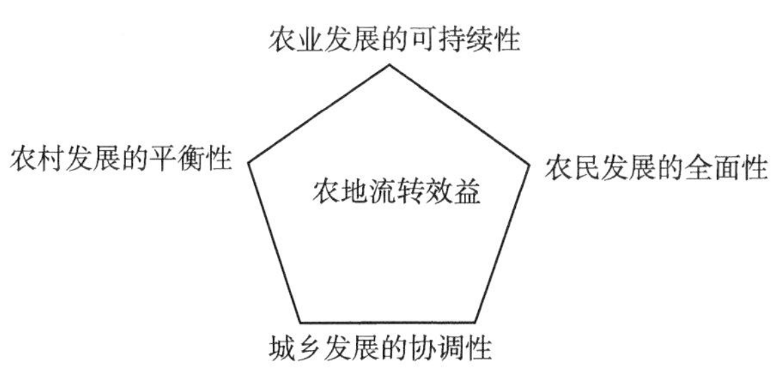

图 8-4　农地流转效益的协调框架

（1）是否有利于保持农业发展的可持续性。由于农地的资源、资产和资本属性，农地流转关系到农民的生存问题。在农地流转过程中，无论是农户还是农业企业家都是一个理性的经济人，都是为了追求自身利益最大化而不是社会利益最大化，而个人利益的最大化势必追求成本最小化，“如排污不治污”、

“用土不护土”等，这些影响到农业可持续性的因素往往被短期的农地流转经济利益所掩盖。因此，注重农业可持续性，将对农地流转具有一定的约束力，起到保持、监管、治理以及激励等积极作用，从而有效地避免负面效应在农业系统内产生耦合、传播、扩散和变异，减少对农业生产系统的破坏。

（2）是否能够促进农民发展的全面性。在我国，农地不仅是一种财富来源，更是一种精神寄托、一种社会保障，因而农地流转应当体现以人为中心的原则。农地流转之后，部分农民继续从事农业生产，但是需要学习新的农业生产与管理知识，有些农民转而从事与农业生产相关的服务业，还有些农民转行加入到城镇化、农村工业化的建设中，这些都需要农民接受新的知识与理念，需要实现传统农业经营思想与现代化管理技术相结合。因此，农民发展的全面性是考察农地流转效益的核心体现。

（3）是否能够促进农村发展的平衡性。农地流转加速了农村合作组织、农业大户的产生，为地方发展创造了更优良的农村投融资环境。在农地流转基础上出现的新型农业经营主体，如农地股份合作社、家庭农场等，使得农村经济发展环境和农村文化环境受到外来因素的影响，出现了农业与其他产业的新思想、新技术的融合。因此，农地流转对农村发展在文化、基础设施等方面具有显著的作用，对农业经营制度、农地管理制度提出了新的要求，起到了促进、改善与融合等积极效应，从而有助于农村又好又快地发展，而农村发展是否平衡就成为了衡量农地流转效益的重要方面。

（4）是否有利于促进城乡发展的协调性。农地流转最直接的是对“三农”的影响。同时，土地、劳动力是城市化、工业化必备的重要资源禀赋，在城市和农村经济发展的过程中，农地流转是否有利于土地和劳动力资源在城乡间的最优化配置，进而有利于城乡协调发展是农地流转最终效益的重要体现。因此，城乡经济发展的一体化程度必须被纳入农地流转效益的考量分析体系中。

二、协调原则

（1）农地农用原则。农地流转必须坚持农地农用的原则，即只在农业内部流转，在各从事农业生产的自然人与法人之间流转，而不能将农地流转到其他产业中。因此，农地流转应当是保障农地资源的重要途径，也是确保我国农业发展可持续性的契机。否则，农地资源的流失关系到国家粮食安全，将影响

到我国国民经济的根基，不利于社会的持续健康发展。根据第三章的分析，农地流转具有区间的经济溢出效益，因此，在坚持农地农用原则的基础上，可以适当扩大农地流转的广度和深度，以农地为依托带动区域间劳动力、资金等要素禀赋的重新组合，实现资源组合效应，使全社会共享农地流转的效益。

（2）市场配置原则。农地流转实际上是由农地这种特殊商品在农地市场上的供求状况与买卖关系决定的。因此，基于经济人与理性人的假设，农民是否愿意流转农地取决于农地流转前后的收益比较，只有当农地流转后的预期收入大于流转前的收入，农民才会愿意流出土地；而流入方只有当流转后农地的收益达到其预期的水平才会愿意经营流入土地。同时，由于农地的多重作用（既是生产资料，又是生存保障，也是精神寄托），农地流转必须遵循市场配置原则，若政府在未出现不规范流转或农地抛荒现象时予以强行干预，将可能扭曲市场配置作用，出现寻租而农民权益得不到保障的现象。

（3）节约集约原则。我国是一个农业大国，也是一个人口大国，人地矛盾突出。土地资源与人口规模的不匹配导致的粮食安全问题一直是各界高度关注的焦点。为满足人们对粮食、畜牧产品等的需求，保障国家粮食安全，维持生活稳定，农地利用的节约和集约就显得尤为重要和迫切。农地流转是一个重要的契机，通过农地流转要尽量实现对一些零碎土地、“四荒地”的重新利用，增加农地的总容量，扩充土地资源。另外，通过农地流转要实现土地的集中经营与管理，实现农业生产经营的规模化、集约化、机械化，提高土地产出率，进而有效地化解我国日益凸显的人地矛盾。

（4）收益公平原则。公平原则首先体现为农民的自愿原则，受我国农地产权性质的限制，农地具有多重产权主体——政府、集体与农民。集体是我国农地的所有权主体，农民是农地承包权、使用权的主体。对于农地的收益权，在农业税时代，农民缴纳的农业税可以视作集体或者政府主体的收益表现，而在农业税费取消之后，政府主体似乎放弃了对农地的收益权，并且自 2006 年起还发放农业补贴。农地流转的出现，使集体和政府以中间组织的角色重新获得了收益权，并且在这种委托—代理关系中，农民处于相对的弱势地位，因而容易产生收益分配不公。所以，农地流转在解决农地效率的同时必须兼顾公平原则。

（5）因地制宜原则。根据第五章的分析，我国农地流转的区域效益是有差异的，因此，农地流转应当依据地区发展特点灵活调整。第一，由于地区之间发展水平的差异性，经济结构体系间存在巨大的变化，农地流转要能适应这种变化，促进当地产业结构升级，给地方经济发展注入活力；第二，不同地区在自然条件上存在差异，农地流转要根据这种客观条件的不同而有所变化，充分发挥地区比较优势；第三，不同地区的农民素质也有所差异，而流转中较为复杂的股份制流转和融资流转对农民知识能力提出了要求；第四，不同地区风俗习惯等的差异也影响到农地流转的效益协调。

(6) 惠农利民原则。首先，依照“自愿、有偿、依法”的原则，在不改变土地农业用途的基础上，农地流转确保了所有权、稳定了承包权、灵活了使用权，实现了合同规范、权责明确、纠纷减少，有效保护了农民的农地承包经营权，推动了农地组织化程度，最终达到了农民受益的目的。其次，农地流转打破了城乡二元体制，进城务工的农民通过把农地存入土地银行、土地信托机构或者直接到银行抵押贷款，利用融通到的资金作为资本进行合理的投资，或扩大生产规模，或进行创业资金，或进行科技学习，提高了赚钱能力；承包大户通过贷入土地，获得了农地经营规模效益，提高了务农收入；回乡的农民还可以重新从土地银行或者土地信托机构中提取农地，继续从事农业生产，在增加农民收入的同时也给农户们提供了更多的择业自由与空间。因此，农地流转在多方面体现了惠农利民原则。

三、协调机制

效益协调是一个高效运行机制的结果，反映了农地流转在运作、管理、服务、监督等方面的有效性，也反映了在制度、政策方面的合理性。因此，基于农地流转中农户主体地位的弱势性和关键性，效益协调机制应当以农户为中心，遵循“利益诉求—能力培养—政策支撑—风险防范—纠纷解决—评价监督”的思路进行建设。

(1) 利益表达机制。构建多元、畅通的利益表达机制是效益协调的关键，也是深化农民土地权利的重要手段。首先，要加强主体的利益表达意识。农民的市场知识欠缺，对农地流转市场中的深层次利益关系并不十分清楚，因而必须加强农民的主体化意识，落实农民对农地流转的知情权、参与权，引导他们追求合理的利益，并采取合适的手段来保障自身的利益。其次，要建立多元、畅通的利益表达渠道。受我国行政体制的制约，利益表达渠道狭窄，中间环节多，信息表达往往不能及时传达甚至容易失真，因此，要充分利用各种行业协会、大众媒体，实现农地流转中各相关主体的利益诉求。

（2）就业培训机制。我国农民的知识水平不高，农地流转后，剩余劳动力增加，若不加强对农民的就业培训，那么尽管农民能够获得就业机会，但也不一定能够胜任，因而必须创建适合的就业培训机制，提高农民的素质水平，促进农地流转与农民就业对接。在就业培训机制中，首先要有多元化的就业培训渠道，可以通过各种职业院校以及培训学校对农民进行职业技能的训练；其次要丰富培训方式，可以集中进行短期培训，也可以利用周末、晚上等时间开展培训，还可以通过农技推广人员以及发放相关技能手册的形式对具有一定基础的农民进行培训；最后要加强培训内容的针对性和实用性，提高农民的社会适应性和就业率。

（3）金融支持机制。农地流转后，如果没有金融支持，农户将难以完成对农地的投入，农地流转效益的实现就受到金融约束的限制。因此，为农地流转建立健全统一的市场与服务体系，需要加快金融创新的步伐，尽快建立完善的金融支持机制。一是加快构建多层次、多渠道的农村金融体系。通过鼓励涉农金融机构之外的金融机构与资金进入农业领域，鼓励村镇银行和小额贷款公司的建立，以及放开民间金融机构，允许民间融资合法化等渠道来丰富和完善农村金融体系，满足农地流转的融资需求。二是要通过农地确权与登记制度，明确农地抵押的条件，完善农村贷款抵押担保体系，增加农户融资的可能性。

（4）风险预警与防范机制。农地流转中的风险有自然灾害风险、经营管理风险、法律法规风险以及政策变动风险等。为防止效益失衡，需要在农地流转中建立风险防范机制：一是建立流转风险保证金以及农业保险制度，应对可能出现的自然灾害风险以及法律法规、政策变动风险。二是规范合同管理制度与财务监督监察制度，使用统一规范的流转合同文本，并进行备案登记，防止经营管理中相关主体的寻租风险、合同风险、市场风险等。三是加快相关法律法规建设，将农地流转风险控制纳入政策性农业保险的立法范畴，建立农地流转的风险防范机制，减少流转双方的风险性。

（5）纠纷调解机制。农地流转涉及经济利益，矛盾纠纷在所难免，因此，必须建立矛盾的疏导与解决机制。首先，应当设立土地纠纷调解机构，专职负责纠纷的受理与处理工作，以减少对农地流转市场的影响。其次，应当遵循先调解、再仲裁的原则，把矛盾化解在源头。2012 年 3 月，湖南益阳河坝镇由政府牵头，联合大通湖区司法局、公安局，成立了农地纠纷人民调解室，建立了农地纠纷调解机制，对农村土地承包、经营、流转纠纷的案件，在征求当事人意见后，暂缓立案，交由人民调解室进行诉前联合调解、多元调解，至 2013 年 5 月，河坝镇司法所已办理土地纠纷案件 126 件，涉及土地 2316 亩。①

（6）评价监督机制。评价监督并不是目的，而是效益协调实现的重要手段，在于进行及时的反馈及调整，以保证农地流转过程中相关主体之间各自的利益诉求，实现各方利益的动态平衡，避免利益的倾斜侵害弱势方的权利。因此，要通过建立多元化的评价机构，特别是第三方监督与评估，设立多层次的利益平衡评价方法，广泛收集建议，及时掌握效益失衡的原因，使评价与监督透明化、客观化。

本章小结

本章基于前文的分析，分别从经济效益、社会效益以及生态效益的角度探讨了农地流转效益优化的路径，认为：①可以通过土地资本化之路来提高农地流转的经济效益。②可以通过加速农民职业分化与培育职业农民来推动农地流转过程中农民的发展；可以依靠农地建立农地的融资保证机制来促进城镇化的发展；可以通过逐步放开农地的社会保障功能来推动农村社会保障的发展。③可以通过环境成本内在化机制来保证农地流转对生态环境的积极效益。④协调机制的构建要遵循是否促进了农业的可持续发展、农民的全面发展、农村的平衡发展以及城乡的协调发展的标准以及农地农用、因地制宜、惠民利民、节约集约、市场配置、收益公平等原则。

① 陈烁羽，胡娟．益阳河坝镇完善土地纠纷调解机制［N/OL］．益阳日报．http：//www.yyrtv.com/news/n28918c37.html，2013-05-18.

第九章 研究结论与展望

本书改变了仅仅从农业产出和农民增收角度出发分析农地流转效益的做法，将社会效益、生态效益都框定在内，重点研究了以下三个方面的问题：第一，农地流转的经济效益、社会效益与生态效益如何，区域差异性特征如何，并以提高农地流转的经济、社会和生态效益为导向，构建了农地流转的效益优化路径；第二，自农地流转从政策层面被解禁以来，其综合效益怎样，是否表现出区域性与不协调性，并根据效益的生成机理、发生逻辑与变迁机制，构建了效益的协调机制；第三，从实践案例出发，从效益视角剖析了不同的农地流转模式，包括效益表现与约束因子，并分析了不同模式的区域适应性，提出了不同模式的制度推进机制。通过对这三个大的方面的深入研究，本书得到了如下的研究结论与政策建议：

（1）农地流转作为独立要素的农业产出效益在 1988～2002 年最为显著，但随着经济的发展，土地的产出红利消失，农业产出将更多地依赖于农业技术创新。在间接效益上，农地流转内生作用于支农投入的产出弹性比作用于劳动力资本的产出弹性更大，农地流转内生作用于劳动力资本时，改变了剩余劳动力对产出增加的牵制效应，促进了农业劳动力的生产潜力，农地流转内生作用于投入资本的产出效益则取决于农地流转制度的健全程度以及农业生产技术。因此，应巩固流转根基，营造良好环境，加强风险防范，为农业现代化创造条件，促进农业持续增产。

（2）农地流转作为独立要素对农民人均纯收入的影响最为明显；农地流转内生作用于农业投入资本的人均纯收入弹性次之；农地流转内生作用于劳动力的人均纯收入弹性最小。分项收入中，在隐性流转阶段，农地流转作为独立要素对财产与转移性收入的弹性效益最大，农地流转内生作用于劳动力资本对农民家庭经营性收入的效益弹性最大，农地流转内生作用于投入资本对农民财产与转移性收入的效益弹性最大；在合法化阶段，农地流转作为独立要素对农民工资性收入的效益弹性最大，农地流转内生作用于劳动力资本仅对农民家庭经营性收入的效益弹性最大，农地流转内生作用于投入资本对农民财产和转移性收入的效益弹性最大。因此，要借助农地流转与劳动力、资本的联动效应来促进农民增收，即要发挥农地作为资本的杠杆性功能。

（3）本地区的经济发展对相邻地区的农地流转强度存在较强的空间依赖，农地流转对粮食主产区、主销区经济增长的空间效应存在明显的区域差异。在粮食主产区，农地流转对经济增长表现出更强的直接和间接拉动效应，在粮食主销区则相对较弱。此外，农地流转通过影响工业化、农业现代化和农村劳动力转移等中间变量而间接推动区域经济增长；农地流转和城镇化对地区经济增长产生逆向效应——农地流转后机械化水平得到增强，农地收益率得到相对提高，从而导致部分农村劳动力返乡务农。因此，由于农地流转经济效益的区域性，应注重不同地区的土地市场和劳动力市场的衔接，注重制度的差异性，考虑地区经济发展特点、人们生活水平、地理特征以及社会习俗等的影响。

（4）农地流转促进农村劳动力转移与农地适度规模经营，对新型农民培育产生了多重影响，是新型农民培育的有效渠道与动力。短期内农地流转表现出积极的文化效益与技术效益，而经营效益受短期投入成本的“挤出”影响不明显；长期内则表现为积极的技术效益和经营效益，长期的文化效益受我国体制因素的约束不确定。因此，必须在体制与政策上进行改进与完善，其一是要深化户籍制度的改革，消除制度的二元性；其二是要发展多元化的农村教育，丰富新型农民的培育方式。

（5）农地流转只对生活和医疗保障起到直接的影响效益，但农地流转通过影响城乡收入对农村社会保障的作用显著，且具有差异性；当跨越一定的门槛值时，由于多重现实因素，就业和养老保障功能逐渐丧失，收入差距缩小，最终将促进城乡社会保障的一体化，这说明农地流转在农村社会保障体系建设中的重要作用。因此，由于农地流转的阶段性功能，要完善我国农村社会保障体系，应当继续确保农地的保障功能，丰富农地流转的参与方式，并依托农地流转建立农户的长效增收机制。

（6）农地流转对城镇化发展的效益受制于市场化发展程度即市场资源配置效率，第一，农地流转对中国城镇化具有一定的促进作用，并且市场化程度或资源的配置效率可以加剧这种促进效应，而过度的干预则可能对城镇化产生挤出效应；第二，农地流转对于城镇化不同方面的影响不同，其中，农地流转对人民生活水平城镇化的影响最为显著；第三，市场化程度本身对城镇化发展也有一定的贡献，突出表现在对经济的城镇化和对人民生活水平的城镇化上。因此，提高市场化程度及资源的配置效率可以促进农地资源流转效率的提高，最终促进城镇化进程。

（7）农地流转生态总效益即对农业可持续性的效益，其直接效益在农地流转解禁阶段的大部分年份表现为积极的，间接效益则在多数年份都表现为消极的，直接效益大于间接效益且总效益不稳定；在农地流转的规范化阶段，直接效益为负，间接效益为正，间接效益大于直接效益且总效益变得稳定；结合环境库兹涅茨曲线，可以初步判断我国农村目前处于人均收入增加、环境污染由低趋高的阶段。因此，应依赖环境成本内在化机制来削减农地流转对农业可持续性的负效益，优化农村生态环境。

（8）在农地流转的生态分解效益中，农地流转加重了农用化肥、农药的使用量，但农用塑料薄膜和农用柴油的消耗量减少了，而粮食播种面积占比的提高会增加对化肥、柴油以及农药的使用量，但对塑料薄膜有一定的节约效应。此外，经济增长和劳动生产率的提高都加大了农村生态环境的压力，且生态效应在不同的区域呈现出明显的差异性。因此，在农地流转过程中，应注重推进土地适度规模经营以及土地流转管理制度创新，促进经济循环发展；完善地区功能区划，建立环境有偿使用制度；并构建土地流转效应动态监测机制。

（9）全国农地流转综合效益呈现倒 U 型但总体上升（恶化）的趋势，得分排名也呈现出此规律；分区域则华北、东北和华东地区的农地流转效益排名最前，华中南和西南地区的排名相对靠后，这种分布格局反映了农地流转在我国北部以及东部地区的效益较为突出，而在中部地区和南部地区却可能没有明显的效益或者呈现出负效益。综合来讲，农地流转效益的产生机理就是在经济发展与制度改革的背景中，通过新型经营实体内部经济效益优势（节约、集约效益，分摊风险等）的发挥以及对外部市场竞争条件的适应性（信息充分等），最终产生农地流转经营的经济、社会与生态效益，这一生成机制还受到一些约束因子的影响，如人的约束与制度的约束。因此，基于农地流转效益的发生逻辑与农地农用、市场配置、节约集约、收益公平、因地制宜的协调原则，应遵循“利益诉求—能力培养—政策支撑—风险防范—纠纷解决—评价监督”的思路去建设一个相对合理、完善的效益协调机制。

（10）不同的农地流转模式具有不同的适应性。家庭农场模式的适应范围最广，对流转区域、流转条件等也没有太多的要求，从贫困偏远的山区到经济发达地区、从东部到西部、从沿海到内地，都可以开展家庭农场经营。农地股份合作社模式的适应性也较广，从发达地区到不发达地区都可以实行，但依赖于一定的条件，即具有懂得管理、经营和技术的合作社企业家，同时，这种模式也存在一定的风险，如果合作社经营不好，那么农户入股的土地有可能变为偿还债务的资产，因此，这种模式对地方的社会保障水平有一定的要求，在人才高度缺乏、地方经济水平较低且社会保障不健全的特贫困地区还不完全适合推广。农地信托模式主要是在一些经济较发达地区或者有项目为依托的农村地区，这些地区具有良好的客观条件：经济水平较高、土地整理后可以进行成片管理与运营、农民收入中农业收入占比较小即农民对农地的依赖性不强；此外，还需要有科学的农地估价体系、规范的存贷程序、有效的存贷监管等。因此，以效益为导向来选择农地流转模式，就需要从制度层面上予以配合与协调，从主体责任视角，要求农户加强组织化程度，家庭要加强对市场风险的控制，政府要加强监管、引导的职能。从内部管理视角看，要明晰职责，建立健全的目标责任制与约束激励机制；从外部管理视角看，要做好相关制度的协调工作，加强对先进经验的借鉴。因此，要提高中国农地流转的效益，促进农地流转在农村减贫、农业供给侧结构性改革以及农村一二三产业融合发展中的战略性意义，应着重抓好以下三个方面的制度建设：

1）建立农地流转的效益支撑制度。

主体明确、产权明晰。明确农地流转市场的供给主体，首要的是落实土地登记制度，完善农村土地的产权制度，清晰农用地的产权主体；明晰的农地产权有利于农业经营者对其从事的农业生产形成稳定、合理的预期。我国农地私有化的适用性不强，而应当是设立长期而有保障的农地经营权或使用权，以推动农地的合理有序流转。在市场机制中，明晰的产权有将利于发挥最优的经济效益。

权能确认、权责清晰。通过转让、租赁、作价入股、联营、抵押等多种形式的流转、融资，赋予农用地相应的土地权能，明确农村农用地的权利，拓展发展权；并加强金融机构对农村土地流转的支持，开发相应的金融产品，支持农业生产、农民创业。同时，发挥好政府对农地流转的指导、监督作用，为农户流转土地提供明晰产权、规范合同等基础支撑和信息发布、政策咨询、价格

评估等公共服务，保障农地流转的顺利进行。

2）建立农地流转的效益强化制度。

从主体发展视角，一是要依赖农民合作组织。鼓励农户通过联合与合作，依托专业合作社、龙头企业等专业服务组织，提高规模化经营水平。如湖南光明村的农地股份合作社，促进了农民之间的合作，提高了农地流转的速度与效率，也为农民提供了有效的保障。二是要加强政府与市场的共同作用。由于我国农地的集体所有性质，应规范政府在农地流转中的引导与监督作用。如益阳草尾镇土地信托流转，由政府牵头设立“土地信托服务中心”，不以营利为目的，促进了农地流转与集中。三是要鼓励发挥市场在农地流转中的调节作用，如建立完善的中介组织，通过特定的公司去收购和转卖土地。

从管理运营视角，要推进土地适度规模经营以及土地流转管理制度创新，促进经济循环发展。规模化经营能够依赖机械能力释放出更多的劳动力，在提高农业产出的同时为城乡一体化提供人力和土地支撑。一方面，要依赖土地适度规模经营与管理制度创新，加强对土地的管理与监控，进一步规范中介组织、交易程序、交易行为、收益分配等工作；另一方面，要通过“土地流转—适度规模经营—更高的产出—更多的投入—经营范围扩大”这样一个循环路径，提高土地收益，促进经济发展。

从监督检查视角，要构建农地流转效应动态监测机制。生态环境恶化与利益驱动的土地流转有关，在农村土地流转中重视生态效应是人与自然和谐发展的表现，是保证合理开发利用资源和保持生态平衡的前提。在土地利用用途管制机制的基础上，各地区对土地流转后的生态环境要进行动态监测，通过预警机制、危机处理机制和环境修复机制，及时掌握情况、适当调整，保障生态环境的健康可持续。同时，也要注意防范农地流转中农民工市民化以及农村空心化等问题。

从区域发展视角，要完善地区功能区划，发挥规划的统筹与控制效益。首先，面对日益紧张的环境、资源压力与经济发展需要，应当结合土地功能区划和产业结构调整，严格控制土地用途；要根据土地利用总体规划、城镇体系规划及国民经济和社会发展规划，保证耕地红线。其次，在开展土地流转之前，要进行充分的环境影响评价，严格执行可行性论证制度，确定其对土地生态环境的影响较小时才可以进行。最后，对农业用地实施适当的休耕计划或者套种作业，结合生态恶化的土地审批制度和土地有偿使用等综合管理制度，避免土地资源匮乏，发挥规划的统筹与控制效益。

3）建立农地流转的效益保障制度。

加强立法保障和政策导向。农地流转离不开立法保障和政策导向，应出台专门的财政、金融、税收等扶持政策，建立严格的工商企业租赁农户承包地准入和监管制度，防止流转农田非粮化、非农化，及时纠正违法侵害农民承包经营权的行为，引导土地流向专业大户、家庭农场，发展多种形式的适度规模经营。如出台专门的农地法，保证农地流转中各方的权责；建立健全土地纠纷管理制度，为农民提供相应的法律援助；修订相应的法律法规，以使其能够适应建设用地市场化的需求。

建立合适的风险防范、预警与补偿机制。通过建立农民就业的培训机制、农民创业的金融支持机制、法律咨询与纠纷调解机制，以及探索多渠道农地流转方式，丰富土地流转后农民的收入渠道；并按农用地的土地使用权基准地价，对农用地的承包经营者进行补偿，促进农民生产积极性，促进务农农户的收入增加，保证农民在流转农地后原有生活水平不降低、长远生计有保障。

囿于笔者时间与能力，本书还存在很大的延伸性，也是接下来笔者相关研究的方向：一是进一步完善农地流转的效益评价体系；二是从微观家庭角度，运用实证分析方法，测算具体农地流转模式的效益，并进行制度安排与优化路径设计；三是对农户之外的农地经营主体的效益进行研究，由于农地流转中农地经营主体在不断创新，不同农地经营主体的效益渠道、追求价值都有所差异，因此，应当对不同农地经营主体的效益进行评价，以分析各类经营主体的主要效益来源、效益约束因子以及制度支撑机制。

参考文献

[1] 邓大才．土地政治：地主佃农与国家［M］．北京：中国社会科学出版社，2010.

[2] 克劳斯·丹宁格．促进增长与减少贫困的土地政策［M］．北京：中国人民大学出版社，2007.

[3] 速水佑次郎，Vernon W. Ruttan. 农业发展的国际分析［M］．北京：中国社会科学出版社，2000.

[4] 吕世辰等．农村土地流转制度下的农民社会保障［M］．北京：社会科学文献出版社，2012.

[5] 陈志刚．农地产权结构与农业绩效——基于转型期中国的实证研究［M］．北京：中国大地出版社，2006.

[6] 郝爱民．制度变迁对中国农户经营行为影响研究［M］．北京：知识产权出版社，2008.

[7] 中国土地学会编．21 世纪中国土地科学与经济社会发展［M］．北京：中国大地出版社，2002.

[8] 周其仁．产权与制度变迁——中国改革的经验研究［M］．北京：社会科学文献出版社，2002.

[9] 王克强．中国农村集体土地资产化动作与社会保障机制建设研究［M］．上海：上海财经大学出版社，2005.

[10] 曹宗平．中国城镇化之路［M］．北京：人民出版社，2009.

[11] 林卿．农地制度与农业可持续发展［M］．北京：中国环境科学出版社，2000.

[12] 王群勇．STATA 在统计与计量分析中的应用［M］．天津：南开大学出版社，2007.

［13］辛鸣．制度论：关于制度哲学的理论构建［M］．北京：人民出版社，2005.

［14］姜文来．水资源价值论［M］．北京：科学出版社，1998.

［15］何传启．效益管理［M］．北京：中国科技出版社，1992.

［16］邢姝媛．农地流转影响因素研究［D］．四川农业大学硕士学位论文，2005.

［17］赵继新．中国农民合作经济组织发展研究［D］．中国农业大学博士学位论文，2004.

［18］冯晓兰．农村土地流转中土地银行模式培育研究［D］．中共湖北省委党校硕士学位论文，2013.

［19］石永明．新农村土地流转背景下劳动力转移问题研究——以重庆市璧山县为例［D］．西南大学硕士学位论文，2009.

［20］刘航．农地内部流转的绩效评价及影响因素分析［D］．华中农业大学硕士学位论文，2011.

［21］祁艳．都市区农户农地流转行为及流转绩效评价研究——以重庆市沙坪坝区为例［D］．西南大学硕士学位论文，2011.

［22］尹爱飞．农用地流转绩效评价研究——以重庆市为例［D］．西南大学硕士学位论文，2010.

［23］王平达．农业可持续发展和农户经济行为［D］．东北农业大学硕士学位论文，2000.

［24］庞佑林．农地资源开发与土地持续利用研究［D］．南京农业大学硕士学位论文，2000.

［25］陈和午，聂斌．农户土地租赁行为分析——基于福建省和黑龙江省的农户调查［J］．中国农村经济，2006（2）：42-48.

［26］戴中亮．农村土地使用权流转原因的新制度经济学分析［J］．农村经济，2005（1）：27-29.

［27］李以学，彭超，孔祥智．农村土地承包经营权流转现状及模式分析［J］．价格理论与实践，2009（3）：42-43，56.

［28］邓大才．论农户承包土地流转的条件和模式［J］．南方农村，2002（2）：29-32.

［29］金松青，Klaus Deininger. 中国农村土地租赁市场的发展及其在土地

使用公平性和效率性上的含义［J］. 经济学（季刊），2004（3）：1003-1028.

［30］姚洋. 中国农地制度：一个分析框架［J］. 中国社会科学，2000（2）：54-65.

［31］张红宇. 中国农地调整与使用权流转：几点评论［J］. 管理世界，2002（5）：76-87.

［32］江淑斌，苏群. 农村劳动力非农就业与土地流转——基于动力视角的研究［J］. 经济经纬，2012（2）：110-114.

［33］马瑞，柳海燕，徐志刚. 农地流转滞缓：经济激励不足还是外部市场条件约束？——对4省600户农户2005～2008年期间农地转入行为的分析［J］. 中国农村经济，2011（4）：36-49.

［34］石敏，李琴. 我国农地流转的动因分析——基于广东省的实证研究［J］. 农业技术经济，2014（1）：49-55.

［35］杜文星，黄贤金. 区域农户农地流转意愿差异及其驱动力研究——以上海市、南京市、泰州市、扬州市农户调查为例［J］. 资源科学，2005（6）：90-94.

［36］田传浩，贾生华. 农地制度、地权稳定性与农地使用权市场发育：理论与来自苏浙鲁的经验［J］. 经济研究，2004（1）：112-119.

［37］宋辉，钟涨宝. 基于农户行为的农地流转实证研究——以湖北省襄阳市312户农户为例［J］. 资源科学，2013，35（5）：943-949.

［38］申云，朱述斌，邓莹，滕琳艳，赵嵘嵘. 农地使用权流转价格的影响因素分析——来自于农户和区域水平的经验［J］. 中国农村观察，2012（3）：18-20.

［39］覃美英，程启智. 农地使用权流转市场有效需求不足的成因研究［J］. 理论导刊，2007（3）：67-69.

［40］朱建军，郭霞，常向阳. 农地流转对土地生产率影响的对比分析［J］. 农业技术经济，2011（4）：78-85.

［41］钱忠好. 我国农地的特殊性及对策［J］. 经济纵横，1996（3）：33-35，47.

［42］张浩博，陈池波. 集体土地确权对农村土地流转效应的影响——基于A县的案例分析［J］. 江西农业大学学报（社会科学版），2013，12（2）：166-169.

[43] 郜亮亮，黄季焜．不同类型流转农地与农户投资的关系分析［J］．中国农村经济，2011（11）：9-18.

[44] 邓大才．农村土地使用权流转研究［J］．财经问题研究，1999（10）：67-70.

[45] 钟涨宝，狄金华．中介组织在土地流转中的地位与作用［J］．农村经济，2005（3）：35-37.

[46] 刘文勇，孟庆国，张悦．农地流转租约形式影响因素的实证研究［J］．农业经济问题，2013（8）：43-48，111.

[47] 商春荣，王冰．农村集体土地产权制度与土地流转［J］．华南农业大学学报（社会科学版），2004（2）：25-29.

[48] 贾生华，张娟锋．土地资源配置体制中的灰色土地市场分析［J］．中国软科学，2006（3）：17-24.

[49] 陶银球．市场化条件下我国农地所有权制度改革研究［J］．求索，2010（11）：186-188.

[50] 钱忠好．中国农村土地制度历史变迁的经济学分析［J］．江苏社会科学，2000（3）：74-85.

[51] 杨继瑞，朱仁友．建立城市土地储备制度的探讨［J］．管理世界，2002（3）：13-18.

[52] 许恒周．农地发展权的设立与土地征用制度改革［J］．广东土地科学，2005（3）：26-30.

[53] 金文成，孙昊．农村土地承包经营权流转市场分析［J］．农业经济问题，2010（11）：53-56.

[54] 钟文晶，罗必良．禀赋效应、产权强度与农地流转抑制——基于广东省的实证分析［J］．农业经济问题，2013（3）：6-15，110.

[55] 俞海，黄季焜，Scott Rozelle，Loren Brandt，张林秀．地权稳定性、土地流转与农地资源持续利用［J］．经济研究，2003（9）：82-92.

[56] 岳意定，刘莉君．基于网络层次分析法的农村土地流转经济绩效评价［J］．中国农村经济，2010（8）：36-47.

[57] 易可君．农村土地流转模式研究［J］．岭南学刊，1995（6）：38-42.

[58] 杨德才．论我国农村土地流转模式及其选择［J］．当代经济研究，

2005 (12): 49-53.

[59] 王权典，付坚强 . 新时期农地流转创新模式与市场运行保障机制 [J]. 华中农业大学学报（社会科学版），2013，107（5）：46-54.

[60] 阮小莽 . 农村土地信托流转中的金融创新及配套安排 [J]. 福建金融，2013（2）：53-57.

[61] 张忠明，钟鑫 . 土地流转的有效形式——土地托管模式 [J]. 江苏农业科学，2013，41（7）：403-406.

[62] 夏显力，王乐，赵敏娟，罗丹 . 农地由细碎化走向规模化的制度优化及路径 [J]. 西北农林科技大学学报（社会科学版），2013，13（5）：22-28.

[63] 傅晨，范永柏 . 东莞市农村土地使用权流转的现状、问题与政策建议 [J]. 南方农村，2007（2）：44-47.

[64] 阮建青 . 中国农村土地制度的困境、实践与改革思路——“土地制度与发展”国际研讨会综述 [J]. 中国农村经济，2011（7）：92-96.

[65] 李振义 . 我国现行农村集体土地产权流转管理机制的缺失及对策 [J]. 农村经济，2007（6）：24-27.

[66] 王颜齐，郭翔宇 . 土地承包经营权流转：双边交易与集中交易 [J]. 农业技术经济，2012（10）：46-54.

[67] 赵晓秋，李后建 . 西部地区农民土地转出意愿影响因素的实证分析 [J]. 中国农村经济，2009（8）：70-78.

[68] 刘红梅，王克强，陈晓荣，程偲丽 . 大城市郊区农村土地承包经营权稳定及制约因素分析——以上海市郊区为例 [J]. 中国农村经济，2010（8）：48-57.

[69] 曲昊月，肖金波 . 政治效率、经济效率与农村土地产权制度变迁 [J]. 河南城建学院学报，2013，22（3）：68-72.

[70] 姚洋 . 农地制度与农业绩效的实证研究 [J]. 中国农村观察，1998（6）：1-10.

[71] 姚洋 . 集体决策下的诱导性制度变迁 [J]. 中国农村观察，2000（2）：11-22.

[72] 姚洋 . 非农就业结构与土地租赁市场的发育 [J]. 中国农村观察，1999（2）：16-21.

[73] 游和远，吴次芳．农地流转、禀赋依赖与农村劳动力转移［J］．管理世界，2010（3）：65-75.

[74] 俞志方．关于我国农地使用权流转的内涵、价值及对策分析［J］．求实，2010（12）：107-110.

[75] 杨凯育，李蔚青，王文博．现代土地信托流转可行性模式研究［J］．世界农业，2013，408（4）：17-21，34.

[76] 韩俊．土地政策：从小规模均田制走向适度规模经营［J］．调研世界，1998（5）：8-9.

[77] 孙自铎．农业必须走适度规模经营之路——兼与罗必良同志商榷［J］．农业经济问题，2001（2）：42-45.

[78] 王秀清，苏旭霞．农用地细碎化对农业生产的影响——以山东省莱西市为例［J］．农业技术经济，2002（2）：2-7.

[79] 吴郁玲，曲福田．土地流转的制度经济学分析［J］．农村经济，2006（1）：24-26.

[80] 卢盛荣，李文溥，易明子．农民增收：地权稳定抑或土地流转？——基于对漳浦县农地细碎化和农业投入的产出弹性分析［J］．东南学术，2012（2）：86-94.

[81] 游和远，吴次芳，鲍海君．农地流转、非农就业与农地转出户福利——来自黔浙鲁农户的证据［J］．农业经济问题，2013（3）：16-27.

[82] 李中．农村土地流转与农民收入——基于湖南邵阳市跟踪调研数据的研究［J］．经济地理，2013，33（5）：144-149.

[83] 冯炳英．农村土地流转的绩效和发展对策［J］．农业经济，2004（4）：24-25.

[84] 钱忠好．中国农地保护：理论与政策分析［J］．管理世界，2003（10）：60-70.

[85] 王小鱼，王翠英．我国现行农村土地制度的绩效分析：从经济与社会两个维度［J］．调研世界，2006（7）：12-16，41.

[86] 侯明利．劳动力流动与农地流转：关联特点、影响因素及破解路径［J］．河南师范大学学报（哲学社会科学版），2013（7）：66-70.

[87] 胡初枝，黄贤金，张力军．农户农地流转的福利经济效果分析——基于农户调查的分析［J］．经济问题探索，2008（1）：184-186.

［88］邹伟，孙良媛．土地流转、农民生产效率与福利关系研究［J］．江汉论坛，2011（3）：31-36.

［89］孙云奋，齐春宇．农地类型差异与农地流转困境分析——以山东省为例［J］．农村经济，2012（1）：40-44.

［90］许恒周，石淑芹，吴冠岑．农地流转市场发育、农民阶层分化与农民养老保障模式选择［J］．资源科学，2012，34（1）：136-142.

［91］畅引婷．农地流转中农民社会保障的新思路——吕世辰教授《农村土地流转制度下的农民社会保障》一书评介［J］．山西师大学报（社会科学版），2013（9）：1.

［92］陈锡文．如何推进农民土地使用权合理流转［J］．中国改革（农村版），2002（9）：35-37.

［93］张丁，万蕾．农户土地承包经营权流转的影响因素分析——基于2004年的15省（区）调查［J］．中国农村经济，2007（2）：24-34.

［94］赵强社．深化农地经营权流转的政策设计——基于陕西典型案例分析［J］．调研世界，2012（2）：36-39.

［95］汪建红，曹建华．农村土地流转机制效应与绩效——以江西为例［J］．江西农业大学学报（社会科学版），2006（4）：32-35.

［96］谢小蓉，傅晨．2000～2007：中国农村土地使用权流转研究综述［J］．财贸研究，2008（5）：23-29.

［97］刘鸿渊．农地集体流转的农民收入增长效应研究——以政府主导下的农地流转模式为例［J］．农村经济，2010（7）：57-61.

［98］汪恭礼．农地流转与全面实现现代化——以江南某镇为例［J］．地方财政研究，2013（1）：61-64，70.

［99］聂良鹏等．土地流转对粮食安全的影响与对策［J］．山东农业大学学报（社科版），2013，57（2）：65-70.

［100］胡新艳，罗必良，王晓海．农地流转与农户经营方式转变——以广东省为例［J］．农村经济，2013（4）：28-32.

［101］冯远香，刘光远．新疆农地流转与种植结构变化分析——基于区域粮食供给安全视角下［J］．农村经济与科技，2013，311（2）：30-32.

［102］赖丽华．乡村治理视域下的农村土地流转研究［J］．江西社会科学，2013（7）：204-209.

［103］ 琚兆成．关于土地流转过程的农村金融效应探究［J］．时代金融，2013（1）：153.

［104］ 邓大才．论农地社会价值及其核算［J］．云南行政学院，2002（2）：62-66.

［105］ 谢宝利．制度变迁与制度绩效：来自中国内地的分析［J］．中国农学通报，2004（5）：324-327，355.

［106］ 杨钧．新型城镇化视域下的农地流转资本化及途径研究［J］．河南农业大学学报，2013，47（4）：486-491.

［107］ 王德福．农地流转模式对农村社会稳定的影响——一个阶层分析的视角［J］．学习与实践，2012（6）：84-90.

［108］ 刘锐．土地流转、阶层分化与乡村治理转型——基于湖北省京山J村的调查［J］．南京农业大学学报（社会科学版），2013，13（2）：92-100.

［109］ 闫小欢，霍学喜．农民就业、农村社会保障和土地流转——基于河南省479个农户调查的分析［J］．农业技术经济，2013（7）：34-44.

［110］ 李天慧．基于农地流转的农牧民人口边缘化问题研究——以海南州为例［J］．现代经济信息，2013（6）：391.

［111］ 魏欣，李世平，张忠潮，崔彩贤．基于农地产权制度视角的农户农业面源污染行为分析［J］．农村经济，2012（5）：108-112.

［112］ 程志强．农地流转形式和农业产业化垂直协调的契约安排研究［J］．中国市场，2012（46）：83-89.

［113］ 陈训波，武康平，贺炎林．农地流转对农户生产率的影响——基于DEA方法的实证分析［J］．农业技术经济，2011（8）：65-72.

［114］ 匡远凤，彭代彦．中国环境生产效率与环境全要素生产率分析［J］．经济研究，2012（7）：62-75.

［115］ 姜松，王钊，曹峥林．不同土地流转模式经济效应及位序——来自重庆市的经验证据［J］．中国土地科学，2013，27（8）：10-18.

［116］ 李勇，杨卫忠．农户农地经营权和宅基地使用权流转意愿研究——以浙江省嘉兴市“两分两换”为例［J］．农业技术经济，2013（5）：53-61.

［117］ 唐浩，曾福生．现实中的农地产权状况还影响农地流转吗？［J］．农村经济，2008（11）：27-29.

[118] 郑宏，李保华．农地流转、分工演进与二元经济结构转化［J］．理论月刊，2013（7）：160-164.

[119] 史卫民，马宁．我国农地流转中政府的角色定位及其实现的法制保障［J］．管理现代化，2013（1）：13-16.

[120] 陈楚舒，刘琼，唐培华．基层政府在农地流转中的公共服务能力构建研究［J］．山西农业大学学报（社会科学版），2013，12（1）：33-37.

[121] 梁亚荣，张梦琳．土地承包中农民权利意识的审视——基于江苏省的实证研究［J］．中国农村观察，2007（5）：49-56.

[122] 许恒周，曲福田．农村土地流转与农民权益保障［J］．农村经济，2007（4）：29-31.

[123] 姜海，陈江龙，曲福田．中国农地承包经营权登记制度研究［J］．江苏农业科学，2006（1）：13-15，32.

[124] 余群．农地承包经营权流转中介组织的选择——基于交易费用视角［J］．福建农林大学学报（哲学社会科学版），2014（1）：56-59.

[125] 彭新万．基于农地与农村人口自由流动视角的户籍、社会保障、农地管理联动改革的政策框架——一个关于重庆、江西部分农村实地调研后的思考［J］．求实，2013（7）：87-91.

[126] 刘甲朋，崔嵬．中国农地流转研究观点综述［J］．经济纵横，2003（6）：55-59.

[127] 刘润秋．近期中国农村土地流转模式理论争鸣及原因探析［J］．农村经济，2011（5）：31-35.

[128] 于传岗．我国农村土地流转方式、流转成本与治理绩效分析［J］．江汉论坛，2011（6）：82-87.

[129] 陈柏峰．农地的社会功能及其法律制度选择［J］．法制与社会发展，2010（2）：143-153.

[130] 彭开丽，彭可茂，席利卿．中国各省份农地资源价值量估算——基于对农地功能和价值分类的分析［J］．资源科学，2012，34（12）：2224-2233.

[131] 贺振华．农村土地流转的效率：现实与理论［J］．上海经济研究，2003（3）：11-17.

[132] 孙海兵，张安录．农地外部效益内在化与农地城市流转控制［J］．

中国人口·资源与环境，2006，16（1）：83-87.

［133］林善浪．农村土地规模经营的效率评价［J］．当代经济研究，2000（2）：37-43.

［134］陈志刚，曲福田．农地产权制度变迁的绩效分析——对转型期中国农地制度多样化创新的解释［J］．中国农村观察，2003（2）：2-9.

［135］张光宏．农地产权制度效率：历史分析与启示［J］．农业经济问题，2005（6）：62-65.

［136］张琦，高振南，雷原．土地制度市场化改革的理论回顾：1978~2008［J］．改革，2008（11）：82-89.

［137］常伟．农村土地基本制度的形成与演化［J］．调研世界，2009（10）：6-8.

［138］钱忠好．农村土地承包经营权产权残缺与市场流转困境：理论与政策分析［J］．管理世界，2002（6）：35-45.

［139］韩冰华，张安录．论农地制度创新与中国农地资源合理配置［J］．生态经济，2004（10）：30-34.

［140］余鹏翼，李善民．广东南海农地使用权市场化的制度绩效分析［J］．南方经济，2004（9）：35-37.

［141］吴方卫，顾焕章．农业经营制度变革与农业生产率变动分析［J］．南京农业大学学报，2000（2）：105-108.

［142］马晓河，崔红志．建立土地流转制度，促进区域农业生产规模化经营［J］．管理世界，2002（11）：63-77.

［143］朱冬亮．土地调整：农村社会保障与农村社会控制［J］．中国农村观察，2002（3）：14-21.

［144］何国俊，徐冲．城郊农户土地流转意愿分析——基于北京郊区6村的实证研究［J］．经济科学，2007（5）：111-124.

［145］戴青兰．农地流转对发展现代农业的影响及其对策［J］．江西农业大学学报（社会科学版），2007（12）：21-23.

［146］谭淑豪，Nico Heerink，曲福田．土地细碎化对中国东南部水稻小农户技术效率的影响［J］．中国农业科学，2006，39（12）：2467-2473.

［147］张宏斌，贾生华．土地非农化调控机制分析［J］．经济研究，2001（12）：50-54.

［148］龙翠红，易承志．中国农村劳动力流转的格局与现代新型农民培养［J］．经济问题探索，2011（1）：104-110.

［149］邹薇，张芬．农村地区收入差异与人力资本积累［J］．中国社会科学，2006（2）：67-80.

［150］高梦滔，姚洋．农户收入差距的微观基础：物质资本还是人力资本［J］．经济研究，2006（12）：71-80.

［151］徐金海，蒋乃华．“新型农民培训工程”实施绩效分析——基于扬州市的调查［J］．农业经济问题，2009（2）：54-59.

［152］周晓红．流动与城市体验对中国农民现代性的影响——北京“浙江村”与温州村一个农村社区的考察［J］．社会学研究，1998（6）：58-71.

［153］董江爱．公共政策、政治参与和政治发展——中国农村基层民主的发展逻辑［J］．经济社会体制比较，2009（5）：139-144.

［154］岳浩永，梁冬，徐文全．基于完善农地流转制度的农村社会保障体制创新［J］．农村经济，2005（10）：82-84.

［155］祝华军．农业机械化与农业劳动力转移的协调性研究［J］．农业现代化研究，2005，26（3）：190-193.

［156］史慧．青海民族地区“失地”农牧民边缘化问题探析——基于海南州农地（草场）流转背景下的实证分析［J］．人力资源管理，2012（8）：138-142.

［157］赵帮宏，张亮，张润清．新型农民培训影响因素的实证考察［J］．统计与决策，2010（11）：89-92.

［158］刘芳，王琛，何忠伟．北京新型农民科技培训的需求及影响因素的实证研究［J］．农业技术经济，2010（6）：61-66.

［159］王帅男，孙静昕．基于我国城乡收入差距问题探讨农村社会保障制度的建设［J］．知识经济，2013（3）：72.

［160］徐倩，李放．财政社会保障支出与中国城乡收入差距——理论分析与计量检验［J］．上海经济研究，2012（11）：81-88.

［161］黄应绘，田双全．中国城乡收入差距对社会稳定的效应分析：1986~2008［J］．统计与决策，2011（11）：105-108.

［162］余松林．非经济因素对中国农村社会保障影响及其解决的对策探析［J］．西北工业大学学报（社会科学版），2007，27（3）：25-29.

［163］ 汪敏．我国农村社会保障模式选择及影响因素分析［J］．武汉理工大学学报（社会科学版），2009，29（1）：50-57.

［164］ 童星，赵海林．影响农村社会保障制度的非经济因素分析［J］．南京大学学报（哲学、人文科学、社会科学），2002，39（5）：13-19.

［165］ 李斌宁．我国农村社会保障模式的内涵和影响因素［J］．学术界，2009（2）：267-270.

［166］ 仇晓洁，温振华．我国农村社会保障水平与工业化、城镇化水平关系的研究［J］．经济问题，2009（8）：65-58.

［167］ 高帆．我国农村土地的保障功能应逐步弱化［J］．经济纵横，2003（6）：4-9.

［168］ 钟涨宝，狄金华．农村土地流转与农村社会保障体系的完善［J］．江苏社会科学，2008（1）：147-151.

［169］ 王克强．从地产对农民的生活保障效用谈农村社会保障机制建设的紧迫性［J］．社会科学研究，2000（2）：94-97.

［170］ 王瑜，黄蓓，杨翠迎．农地社会保障功能弱化与农村社会保障制度建设［J］．农村金融研究，2011（4）：59-62.

［171］ 徐美银．土地功能偏好、保障模式与农村土地流转［J］．华南农业大学学报（社会科学版），2014（1）：1-10.

［172］ 许恒周，金晶．农地流转市场发育对农民养老保障模式选择的影响分析——基于有序 Probit 模型的估计［J］．资源科学，2011（8）：1578-1583.

［173］ 盛广耀．新型城镇化理论初探［J］．学习与实践，2013（2）：13-18.

［174］ 刘倩，赵民．论城市化发展的影响因素——从经济增长到社会和谐发展的考量［J］．城市规划，2008（5）：9-19.

［175］ 黄勇，宋炳坚．推进浙江农村工业化与城镇化互动发展的思考［J］．中国农村观察，2000（5）：43-57.

［176］ 李魁．东亚工业化、城镇化与耕地总量变化的协动性比较［J］．中国农村经济，2010（10）：86-95.

［177］ 栾贵勤，孟伟，盖伦．人口流动对城镇化率的影响［J］．中国农村观察，2012（5）：28-31.

［178］ 薛凤旋．外资：发展中国家城市化的新动力——珠江三角洲个案研究［J］．地理学报，1997（3）：193-206.

［179］王世存．论新型城镇化视域下的农地流转资本化及途径［J］．实事求是，2013（3）：35-40.

［180］城镇化进程中农村劳动力转移问题研究课题组．城镇化进程中农村劳动力转移：战略抉择和政策思路［J］．中国农村经济，2011（6）：4-14，25.

［181］朱莉芬，黄季焜．城镇化对耕地影响的研究［J］．经济研究，2007（2）：137-145.

［182］吴丽梅，谭荣．城市化和耕地保护——以广东省为例［J］．广东土地科学，2004（1）：32-35.

［183］韩兆洲，孔丽娜．城镇化内涵及影响因素分析［J］．南方农村，2005（1）：40-42.

［184］高强．影响城镇化发展的因素探析［J］．经济与管理研究，2005（2）：13-17.

［185］陈凤桂，张虹鸥，吴旗韬，陈伟莲．中国人口城镇化与土地城镇化协调发展研究［J］．人文地理，2010（5）：53-158.

［186］曾福生，高鸣．中国农业现代化、工业化和城镇化协调发展及其影响因素分析——基于现代农业视角［J］．中国农村经济，2013（1）：24-38，39.

［187］王冰．合理利用土地资源与中国农业可持续发展［J］．农业经济问题，1998（7）：37-40.

［188］胡业翠，赵庚星．农业可持续发展与土地资源优化配置［J］．农业现代化研究，2002（2）：102-105.

［189］李长健，徐丽峰．完善农村土地流转　实现农业可持续发展［J］．贵州大学学报（社会科学版），2010（6）：20-23.

［190］赵峰．农地产权制度与农业可持续发展［J］．农村经济，2001（11）：2-5.

［191］胡亦琴．农地流转制度创新与中国农业可持续发展［J］．学术月刊，2011（9）：70-73.

［192］邹晓云，张晓玲，柴志春．征地补偿测算方法研讨会综述［J］．中国土地科学，2004（3）：63-64.

［193］胡玉坤．农地制、土地利用与可持续发展——以内蒙古一个村落的60年变迁为例［J］．中国农业大学学报（社科版），2013，30（1）：31-44.

［194］山世英．山东农业可持续性发展指标体系及其能力评价［J］．农业

技术经济，2002，21（4）：47-50.

［195］张婷，张文秀，郑循刚．四川盆地西缘山区农业发展的可持续性评价［J］. 农村经济，2004（6）：25-27.

［196］赵学平，陆迁．区域农业可持续性定量评价研究——以陕西省为例［J］. 华南农业大学学报（社会科学版），2007（1）：17-22.

［197］刘喜广．山东省农业可持续发展能力评估及障碍因素分析［J］. 中国农业资源与区划，2009（3）：51-55.

［198］曹执令．区域农业可持续发展指标体系的构建与评价——以衡阳市为例［J］. 经济地理，2012（8）：113-116.

［199］袁久和，祁春节．基于熵值法的湖南省农业可持续发展能力动态评价［J］. 长江流域资源与环境，2013（2）：145-150.

［200］罗敏，曾福生．基于因子分析法的农业现代化发展水平地区差异性分析［J］. 湖南农业科学，2011（23）：142-146.

［201］王静，郝晋眠，段瑞娟．农用地利用社会效益评价的指标体系与方法研究［J］. 资源·产业，2005（1）：64-67.

［202］王德福，桂华．大规模农地流转的经济与社会后果分析——基于皖南林村的考察［J］. 华南农业大学学报（社会科学版），2011，10（2）：13-22.

［203］臧俊梅，王万茂，朱亚夫，马连营．我国农地利用经济效益的东、中、西部差异比较分析［J］. 农村经济，2006（1）：39-42.

［204］黎东升，曾令香，查金祥．农户家庭经营组织创新的基本模式——家庭农场发展研究［J］. 江西农业经济，2000（2）：7-8.

［205］凌永建，朱秀丽，胡然挺，林建军，项益锋．家庭农场发展亟待多方扶持——浙江宁波家庭农场发展情况调研［J］. 农村经营管理，2012（11）：26-28.

［206］黄新建，蒋睿清，付传明．以家庭农场为主题的土地适度规模经营研究［J］. 求实，2013（6）：94-96.

［207］杜静．江苏省农地股份合作社发展模式简析［J］. 江苏农村经济，2011（4）：45-46.

［208］黄祖辉．中国农民合作组织发展的若干理论与实践问题［J］. 中国农村经济，2008（11）：4-8.

［209］黄祖辉，傅夏仙．农地股份合作制：土地使用权流转中的制度创

新［J］. 浙江社会科学，2001（5）：40-43.

［210］樊红敏. 新型农民专业合作经济组织内卷化及其制度逻辑——基于河南省A县和B市的调查分析［J］. 中国农村观察，2011（6）：12-24.

［211］苑鹏. 农民专业合作经济组织：农业企业化的有效载体［J］. 农村经营管理，2003（5）：4-8.

［212］程漱兰. 两个趋向：农村合作经济发展的"新契机"［J］. 中国合作经济，2005（4）：24.

［213］王化起. 论后乡镇企业时期集体经济中的干部私有化及其影响——基于广东义村股份合作社的个案研究［J］. 中国农村观察，2012，108（6）：33-41，95.

［214］黄祖辉，梁巧. 小农户参与大市场的集体行动——以浙江省箬横西瓜合作社为例的分析［J］. 农业经济问题，2007（9）：66-71.

［215］伊藤顺，包宗顺，苏群. 农民专业合作组织的经济效果分析——以南京市西瓜合作社为例［J］. 中国农村观察，2011（5）：2-15.

［216］韩国明，郭鹏鹏. 农民自主成立的合作社与"支部+合作社"治理绩效的比较分析［J］. 中国农村观察，2012（6）：22-30.

［217］黄祖辉，扶玉枝. 合作社效率评价：一个理论分析框架［J］. 中国合作经济评论，2013（1）：1-13.

［218］张晓山. 农民专业合作社的发展趋势探析［J］. 管理世界，2009（5）：89-96.

［219］蒋占峰. 农地股份合作制的制度优势和创新绩效评价［J］. 河南师范大学学报（哲学社会科学版），2003（3）：27-29.

［220］黄少安. 从家庭承包制的土地经营权到股份合作制的"准土地股权"：理论矛盾、形成机理和解决思路［J］. 经济研究，1995（7）：32-37，20.

［221］王权典. 土地股份合作的法经济学分析与实践规制检讨——以广东南海模式为例［J］. 农村经济，2013（2）：32-37.

［222］钱忠好，曲福田. 农地股份合作制的制度经济解析［J］. 管理世界，2006（8）：47-55.

［223］焦必方，孙彬彬，叶明. 农户参与分享土地市场化收益的研究——兼论农地股份合作［J］. 社会科学，2010（6）：53-60.

［224］王小映. 土地股份合作制的经济学分析［J］. 中国农村观察，2003

(6)：31-39.

[225] 金丽馥．新时期农村土地股份合作制探析［J］．当代经济研究，2009（1）：31-35.

[226] 李双海．土地资本化与经济可持续发展［J］．财会月刊，2006（12）：19-20.

[227] 王兴稳，纪月清．农地产权、农地价值与农地抵押融资——基于农村信贷员的调查研究［J］．南京农业大学学报（社会科学版），2007，7（4）：71-75.

[228] 朱强，李民．论农地资本化流转中的风险与防范［J］．管理世界，2012（7）：170-171.

[229] 刘广明．论农地融资功能强化及其制度构建［J］．求实，2011（2）：40-45.

[230] 何晓星，王守军．论中国土地资本化中的利益分配问题［J］．上海交通大学学报（哲学社会科学版），2004（4）：11-16.

[231] 何志军．农村经济发展的必然选择——农村土地资本化［J］．农村经济与科技，2010（8）：118-119.

[232] 蒋省三，刘守英．土地资本化与农村工业化——广东省佛山市南海经济发展调查［J］．经济学（季刊），2004（4）：211-228.

[233] 罗叶．论中国特色农村土地产权制度——兼论农民土地承包经营权从物权化向资本化的转移［J］．当代经济研究，2009（6）：39-43.

[234] 龚晓红，庞新军．土地要素、土地资本化与经济增长——基于重庆统筹城乡视角的实证研究［J］．重庆理工大学学报（社会科学），2011（6）：41-48.

[235] 张跃进．农村土地使用权资本化的两大效应［J］．中国城市经济，2006（8）：46-48.

[236] 杨帅，温铁军．经济波动、财税体制变迁与土地资源资本化——对中国改革开放以来“三次圈地”相关问题的实证分析［J］．管理世界，2010（4）：32-41，187.

[237] 刘欣欣．中国农地金融的实践探索与启示［J］．南方金融，2012（5）：61-64.

[238] 张正峰，赵伟．土地整理的生态环境效应分析［J］．农业工程学

报，2007（8）：281-285.

［239］van Dijk T. Scenarios of Central European Land Fragmentation ［J］. Land Use Policy，2003（20）：149-158.

［240］James K. S. K. Off-Farm Labor Markets and the Emergence of Land Rental Markets in Rural China ［J］. Journal of Comparative Economics，2002（30）：395-414.

［241］Lin，Justin Yifu. Endowment Technology and Factor Markets：A Nature Experiment of Induced Institutional Innovation from China's Rural Reform ［J］. American Journal of Agricultural Economics，1995，77（2）：231-242.

［242］Brandt，Loren，Jikun Huang，Guo Li，Scott Rozelle. Land Rights in Rural China：Facts，Fictions and Issues ［J］. The China Journal，2002，47（1）：67-97.

［243］Joshua M.，Duke，Eleonora M. Price Repression in the Slovk Agricultural and Market ［J］. Land Use Policy，2004（21）：59-69.

［244］Qu F. T.，N. Hetrink，W. M. Wang. Land Administration Reform in China：Its Impact on Land Allocation and Economic Development ［J］. Land Use Policy，1995（12）：193-203.

［245］Dwayne B. J. M.，L. Brand. Land，Factor Markets and Inequality in Rural China：Historical Evidence ［J］. Exploration in Economic History，1997（34）：460-494.

［246］Yanjie Zhang，Xiaobing Wang，Thomas Glauben，Bernhard Brümmer. The Impact of Land Reallocation on Technical Efficiency：Evidence from China ［J］. Agricultural Economics，2011（42）：495-507.

［247］Binswanger H. K. Deininger. World Bank Land Policy：Evolution and Current Challenges，In. D. Umali Deininger and C. Maguire，eds：Agriculture in Liberalizing Economics：Changing Role for Government：Procedings of the Fourteenth Agricultural Sector Symposium ［M］. Washington：The World Bank，1995.

［248］Shuyi Feng. Land Rental Market and Off-Farm Employment Rural Households in Jiangxi Province，P. R. China ［D］. Ph. D thesis，Wangeningen University，2006.

［249］Zhang Qian Forrest，Ma Qingguo ，Xu Xu. Developmet of Land Rental

Markets in Rural Zhejiang: Growth of Off-Farm Jobs and Institution Building [J]. The China Quarterly, 2004 (180): 1031-1049.

[250] Peter Ho. The Wasteland Auction Policy in Northwest China: Solving Environmental Degradation and Rural Poverty [J]. The Journal of Peasant Studies, 2003 (30): 121-159.

[251] John C. Bergstrom. Postproductivism and Rural Land Values [R]. Department of Agricultural and Applied Economies, The University of Georgia, Faculty Series, FS 01-20, November, 2001.

[252] Terry V. D. Scenarios of Central European Land Fragmentation [J]. Land Use Policy, 2003 (20): 149-158.

[253] Wang J. R., Gail L., Cramer E. J. Production Efficiency of Chinese Agriculture Evidence from Rural Household Datas [J]. Agricultural Economics, 1996 (15): 17-28.

[254] Bergstrom John C., B. L. Dillman, John R. Stoll. Public Environmental Amenity Benefits of Private Land: The Case of Prime Agricultural Land [J]. Southern Journal of Agricultural Economics, 1985 (7): 139-149.

[255] Daniel Hellerstein, Cynthia Nickerson, Joseph Cooper et al. Farmland Protection: The Role of Public Preferences for Rural Amenities [R]. Agruicultural Economic Report, No. (AER815), 2002 (11): 74.

[256] G. Van Huylenbroeck, J. Castro Coelho, P. A. Pinto. Evaluation of Land Consolidation Projects (LCPs): A Multidisciplinary Approach [J]. Journal of Rural Studies, 1996, 12 (3): 297-310.

[257] David Miranda, Rafael Crecente, M. Flor Alvarez. Land Consolidation in Inland Rural Galicia, N. W. Spain, Since 1950: An Example of the Formulation and Use of Questions, Criteria and Indicators for Evaluation of Rural Development Policies [J]. Land Use Policy, 2006, 23 (4): 511-520.

[258] Schultz T. W. Transforming Traditional Agriculture [M]. New Haven CT: Yale University Press, 1964.

[259] Welch F. Education in Production [J]. Journal of Political Economy, 1970, 78 (1): 35-59.

[260] Huffman W. E. Allocative Efficiency: The Role of Human Capital [J].

Quarterly Journal of Economics, 1977, 91 (1): 59-77.

[261] Driscoll J. C., A. C. Kraay. Consistent Covariance Matrix Estimation with Spatially Dependent Panel Data [J]. Review of Economics and Statistics, 1998 (80): 549-560.

[262] Arellano M., S. Bond. Some Tests of Specication for Panel Data: Monte Carloevidence and an Application to Employment Equations [J]. Review of Economic Studies, 1991 (58): 277-297.

[263] Arellano M., O. Bover. Another Look at the Instrumental Variables Estimation of Error-Components Models [J]. Journal of Econometrics, 1995 (68): 29-51.

[264] Blundell, Bond. Paper Presented at the Eighth International Conference on Panel Data Göteborg University, 1998 (7): 11-12.

[265] Rosenberger, Randall S., Rchard G. Walsh. Nonmarket Value of Western Valley Ranchland Using Contingent Valuation [J]. Journal of Agricultural and Resource Economies, 1997, 22 (2): 296-309.

[266] Aliza Fleiseher, Yacov Tsur. The Amenity Value of Agricultural Landscape and Rural-Urban Land Allocation [R]. Paper Provided by European Regional Science Association in Its series ERSA Conference Papers, 2005 (5): 55.

[267] Barbier E. B. Natural Resource Policy and Economic Framework [C]. Annexe 1, in James Tarrant et al., Natural Resources and Environmental Management in Indonesia, Jakarta: USAID, October, 1987.

[268] Barbier E. B., Markandya A., Pearce D. W. Environmental Sustainability and Cost-Benefit Analysis [J]. Environment and Planning, 1990 (22): 1259-1266.

[269] Barbier E. B. Valuing Environmental Functions: Tropical Wetlands [J]. Land Economics, 1994, 70 (2): 155-173.

[270] J Ballet, N Sirven, M Requiers-Desjardins. Social Capital and Natural Resource Management [J]. The Journal of Environment Development, 2007 (4): 355-374.

[271] Foley J. A., DeFries R., Asner G. P. et al. Global Consequences of Land Use [J]. Science, 2005, 309 (5734): 570-574.